영어학개론

영어학개론

2015년 8월 25일 초판 인쇄
2015년 8월 30일 초판 발행

지은이 | 마르쿠스 비스방거, 아네트 베커
옮긴이 | 구자혁
펴낸이 | 이찬규
펴낸곳 | 북코리아
등록번호 | 제03-01240호
주소 | 462-807 경기도 성남시 중원구 사기막골로 45번길 14
　　　 우림2차 A동 1007호
전화 | 02-704-7840
팩스 | 02-704-7848
이메일 | sunhaksa@korea.com
홈페이지 | www.북코리아.kr
ISBN | 978-89-6324-423-5 93740

값 15,000원

* 이 도서의 국립중앙도서관 출판예정도서목록(CIP)은 서지정보유통지원시스템 홈페이지(http://
  seoji.nl.go.kr)와 국가자료공동목록시스템(http://www.nl.go.kr/kolisnet)에서 이용하실 수
  있습니다. (CIP제어번호 : CIP2015023899)

INTRODUCTION TO ENGLISH LINGUISTICS

영어학개론

마르쿠스 비스방거, 아네트 베커 지음 / 구자혁 옮김

북코리아

머리말

이 책은 영어학을 처음 공부하는 학생들과 그들을 가르치는 선생님들을 위해 마련하였다. 특별히 언어학 입문 강의를 듣는 학생들을 위해 계획하였기 때문에 어떠한 사전 지식도 필요하지 않다. 이 책은 사용자가 편하게 이용할 수 있도록 쉬운 용어를 사용하였다. 더욱이 수많은 예시와 140여 개의 도해를 포함하고 있다. 간단한 입문서 하나로 언어학처럼 점차 세분화되면서 성장하는 학문 분야의 모든 세부사항을 포함할 수도 없고, 또 포함하려고 시도해서도 안 된다는 것은 말할 필요도 없다. 이 책은 다음과 같은 언어학의 핵심 분야와 중심 개념들을 초보자들에게 소개하는 출발점으로 의도되었다:

▶ 언어학자들은 무엇에 관심이 있는가?

▶ 영어는 어떻게 진화되었는가?

▶ 우리는 말소리를 어떻게 생성하고 사용하는가?

▶ 단어는 어떻게 형성되는가?

▶ 문장은 어떻게 형성되는가?

▶ 소리, 단어, 문장들은 의미와 어떤 관계를 가지는가?

▶ 언어는 맥락 속에서 어떻게 사용되는가?

▶ 언어는 사회적 요인들과 어떤 관계를 가지는가?

핵심용어들은 볼드체로 강조된 반면, 예시들은 이탤릭체로 표시되었다. 각 장의 끝마무리에서 (부록에 해답을 실은) 연습문제를 볼 수 있을 것이고, 보다 자세한 정보를 제공해줄 주석이 달린 참고문헌과 추가 참고도서 목록은 책 말미에 실었다. 색인은 이 책에서 언급된 모든 핵심용어들과 가장 중요한 저자들의 이름을 수록하고 있다. 자료의 선택은 우리의 강의 경험에 근거하고 있다. 개별 장들은 비록 이 책에서 보여준 순서대로 독자들이 따라 읽을 것을 제시하고 있지만 대부분 독립적으로 읽을 수 있다.

우리들은 영감을 불러일으키는 많은 질문, 토론, 제안을 해준 우리 학생들과 동료들에게 감사함을 전한다. 특별히 각 장의 초기 원고에 대해 귀중한 논평을 해주신 워너 바우어, 아니타 페처, 제임스 피스크, 말리스 헬링거, 얀 호프마이스터, 게르다 라우어바흐, 우르술라 렌커, 실비아 미에스츠코프스키, 카롤리나 플리자-푸스트, 그레고리 포치, 니콜라 프렌더-가스트, 미카엘 쉬프만, 브리타 쉬나이더, 줄 투르커, 크리스틴 포크트-윌리엄에 감사드린다. 또한 놀랄만한 인내심과 전문적 지원을 아끼지 않은 편집자 유르겐 프로이들과 색인을 편집하는 데 도움을 주신 지빌레 클레커에게도 고마움을 전하고 싶다. 물론 이 책의 남아 있는 모든 결점들은 전적으로 우리의 책임이다.

만일 앞으로 있을 편집을 위해 질문, 논평, 제안들이 있으면 주저하지 말고 Annette.Becker@ruhruni-bochum.de와 markus.bieswanger@uni-flensburg.de로 연락주기 바란다.

아네트 베커와 마르쿠스 비스방거

2판의 머리말

이 책의 2판을 위해서 우리는 책의 말미에 주석이 달린 참고 문헌을 보강했고 약간의 설명과 도해를 개정하였다. 그러나 초판과의 모순을 없애기 위해 꼭 필요한 경우를 제외하고는 변화를 최소한으로 줄이도록 하였다.

우리 책을 입문반에서 사용하고 귀중한 피드백을 아낌없이 제공해주신 개별적으로 언급하기에는 너무나 많은 타 대학의 동료와 학생들에게 감사함을 전하고 싶다. 비록 우리에게 제안한 모든 것을 수용할 수 없었지만 여러분의 노력을 아주 고맙게 받아들인다. 미래의 편집을 위해 질문, 논평, 제안들은 여전히 환영하는 바이며, 초판 머리말 끝에 있는 이메일 주소로 보내주기 바란다.

마르쿠스 비스방거와 아네트 베커

3판의 머리말

세 번째 판은 이전 판들의 전반적 계획을 계속 이어가고 있다. 책 말미의 참고문헌뿐만 아니라 2판의 모든 장들이 보강되었고 몇 개의 연습문제가 개정되었다. 통사론에 대한 장은 상당 부분 다시 쓰여서 이제는 통사 분석과 적용에 대한 전통적인 접근법에 더 초점을 두게 되었다.

이 판을 준비하는 데 도움을 준 사람들에게 매우 고맙게 생각한다. 이전 판의 머리말에서 감사함을 표시했던 분들 이외에, 새로운 통사론 장의 초기 원고에 대해 도움이 되는 논평을 해주신 카리나 파레로, 구이도 이세켄마이어, 베레나 미노우, 조나단 몰, 줄리아 잘찡어에게 특별히 감사드린다. 앞으로 있을 편집을 위해 여러분의 논평과 제안은 초판 머리말 끝에 있는 이메일 주소로 계속 보내주길 바란다.

마르쿠스 비스방거와 아네트 베커

8

차례

3장 음성학과 음운론

4장 형태론

5장 통사론

INTRODUCTION TO ENGLISH LINGUISTICS

1 서론

이 장은 언어학의 범위를 정하고,
이 학문 분야의 갈래들과 주요 개념들을 간단히 개관한다.

언어학이란 무엇인가?

> "언어학자의 관점에서 볼 때 '이성적' 또는 '지식을 가진' 종인 호모사피
> 엔스는 무엇보다도 '말을 하는' 호모로퀜스 종이다."
> (매튜스 2003: 14)

언어학은 인간 **언어**에 관한 모든 것, 즉 자발적으로 생성된
말소리나 청각장애자들이 사용하는 수화의 몸짓 등을 통해
생각이나 감정을 표현할 수 있는 인간 특유의 능력과 주로
관계가 있다. 언어학은 **언어** 또는 **특정언어의 과학적 연구**로
넓게 정의될 수 있다. 언어를 체계적으로 연구하는 학자들은
자신들을 대개 **언어학자**라 부른다. 옥스포드 고급 시사영어
사전에 나오는 다음 정의들을 비교해보자:

lin·guist /lɪŋgwɪst/ 명사

① 몇 개의 외국어를 잘 아는 사람:

She's an excellent linguist.

I'm afraid I'm no linguist.

(= 나는 외국어가 어렵다는 것을 안다.)

② 언어나 언어학을 연구하는 사람

이 책에서 우리는 *linguist*라는 말을 위 사전목록의 두 번
째 정의 ②로 사용하겠다. 언어학의 관점에서 볼 때, 언어학
자가 여러 다른 언어를 반드시 유창하게 말할 필요는 없다.
마치 전문 지리학자가 세상의 모든 강, 마을, 도시를 다 암기
해야 할 필요가 없는 것과 같다.

세계 도처의 사람들은 수천 년 동안 언어에 관심을 가지면서 언어 연구의 다양한 관점을 발전시켜왔다. 그 결과, 오늘날의 언어학자들은 아주 다양한 각도에서 언어에 접근해서 언어의 여러 양상들을 전문으로 연구하고 있다.

언어학의 여러 분야 1.2

언어학 분야는 언어를 연구하는 아주 다양한 방법들을 포함하고 있는데, 언어학을 여러 **분야**(또는 **하위분야**)로 세분하게 된다. 전통적으로 언어학자들은 언어학의 다섯 개 **핵심 분야**를 꼽는데, **음성학**(말소리 전반에 대한 연구), **음운론**(개별 언어의 음체계 연구), **형태론**(단어의 생성, 구조, 형태에 대한 연구), **통사론**(한 단어 이상의 구조적 단위, 즉 구와 문장에 대한 연구), 그리고 **의미론**(단어와 문장의 의미 연구)이다. 이 책의 3장에서 6장에 걸쳐 이 분야들을 순서에 따라 소개할 것이다. 따라서 우리는 아래에서 위로의 접근법에 따라 언어의 가장 작은 단위인 말소리에서부터 시작하여 보다 큰 언어구조로 연구해나갈 것이다.

전통적인 핵심 분야

분 야	음성학	음운론	형태론	통사론	의미론
관심사	말소리 전반	언어의 음체계	단어와 구성요소	구와 문장	단어와 문장 의미

도해 1.1
전통적인 핵심 언어학
분야(단순 모형)

하지만 이러한 언어학 연구의 핵심 분야들만이 언어학이라는 우산 아래 포함되는 것은 아니다. 최근 몇십 년 안에 많

핵심 분야의 확대

은 언어학 분야들이 나타났는데, 그중 (맥락 안에서 의미를 연구하는) **화용론**과 (언어와 사회 사이의 관계를 연구하는) **사회언어학**이 이 책에서 다루어질 것인데, 오늘날 가장 역동적이면서 널리 연구되고 있는 언어학의 분야이기 때문이다. 이제 많은 언어학자들은 언어학의 핵심 분야에 관해 이야기할 때 화용론과 사회언어학을 포함시킨다.

더 많은 분야 언어학과 사회학에 대한 중첩된 관심의 결과로 발달한 사회언어학과 비슷하게 많은 다른 언어학 분야들이 **학제적 학문영역 재편성법**을 기술하기 위해 생겨났다. 몇 가지 예를 들면, 인류언어학(인류학과 언어학), 생물언어학(생물학과 언어학), 임상언어학(의학과 언어학), 전산언어학(전산학과 언어학), 민족언어학(민족학과 언어학), 철학언어학(철학과 언어학), 그리고 심리언어학(심리학과 언어학)이 있다.

다른 종류의 분야 우리가 지금까지 언급해온 언어학 분야는 대부분 전통적으로 핵심 분야에 들거나 아니면 언어학과 인접 학문 분야의 공동연구로부터 발달해온 것이다. 우리는 이제 다른 이유로 구별이 되는 두 가지 분야, 즉 **응용언어학**과 **말뭉치언어학**을 잠시 살펴볼 것이다.

응용언어학은 현실 세계에서 언어와 관련된 문제를 해결하려는 언어학 분야로 대충 정의될 수 있다. 본래 응용언어학은 근본적으로 언어교육 특히 외국어교육을 위한 언어학적 연구의 관련성에 초점을 맞추었지만, 이후에 범위를 많이 확대해왔다. 이제 포함되는 다른 적용 분야들은, 예를 들면, 언어장애의 언어학적 분석과 국가언어정책의 입안이 있다. 오늘날 넓은 의미에서 '응용'이라는 말은 응용심리언어학이나 응용사회언어학에서처럼 다른 언어학 분야와 결합되어 자주 사용되고 있다.

다른 한편으로, 말뭉치언어학은 언어학 연구 결과의 가능한 적용에 의해 정의되는 것이 아니라 사용된 방법론에 의해 정의된다. 말뭉치는 믿을 만한 언어자료의 모음집으로 흔히 컴퓨터로 해독할 수 있는 데이터베이스 형태로 되어 있다. 말뭉치언어학자들은 실제 언어사용에 관심을 가진다. 예를 들어, 언어학자들은 이 말뭉치에서 어떤 언어적 특성을 가진 모든 것들을 찾아서 그 특성이 출현하는 횟수와 문맥을 해석한다.

다양한 접근방법과 전문영역으로 인해 용어상 차이가 빈번히 나타난다. 이 책에서는 가능하다면 대부분의 국제 언어학 교재에서 널리 받아들여지는 용어를 사용하겠다. 그러나 언어학자들 사이에서조차 언어학 용어의 사용에 차이점이 있음을 명심해야 한다. 앞으로 진행하면서 우리는 용어상의 차이가 나타나는 아주 중요한 몇 가지 경우들을 언급할 것이다.

언어학의 주요 개념들   1.3

21세기 초 언어학은 여전히 대부분 스위스 언어학자 **페르디낭 드 소쉬르**(1857-1913)의 발상에 기초를 두고 있는데, 그것은 20세기 초 언어학 연구방향을 근본적으로 바꾸게 된 계기를 마련해주었다. 이것은 유럽인의 관점에서 본 언어학에 특히 맞는 말이다. 소쉬르의 발상은 사후 그의 강의 자료들을 편집하여 몇몇 제자들이 만든 《일반언어학강의》라는 책으로 1916년 출간되었다. 이후 많은 언어학자들은 소쉬르를 현대언어학의 창시자로 여긴다.

페르디낭 드 소쉬르

도해 1.2
페르디낭 드 소쉬르

소쉬르의 발상에 의해 생겨난 중대한 변화 중의 하나는 **공시적 연구**(공시언어학)라 불리는 특정 시점에서의 언어 연구와 **통시적 연구**(통시언어학 또는 역사언어학)라 명명된 시간의 흐름에 따른 언어변화 연구 사이의 차이를 구별하는 것이다. 공시적 연구의 우월성을 주장한 소쉬르의 영향을 받아 19세기 우세했던 역사적 언어학 연구 방향에서 20세기와 21세기에 우세해진 공시적 언어학 연구 방향으로의 패러다임 전환이 이루어졌다. 역사언어학은 완전히 소멸되지는 않았지만, 오늘날에는 오히려 언어의 역사에 걸쳐 여러 다른 시점에서 체계적인 공시적 기술에 기반을 두고 있다.

> *"언어학에서 연구의 대상은 문어와 구어 모두가 아니다.*
> *구어만이 그 대상으로 역할을 한다."*
> (소쉬르 1916: 24-25)

또 다른 중대한 변화는 **구어의 우위성**에 대한 소쉬르의 주장 때문에 생겨났다. 19세기 대부분의 언어학 연구는 문어에 관심이 있었지만, 소쉬르(1983: 24)는 문어의 유일한 존재 이유가 구어를 대변하는 것이라 주장한다. 이러한 개념은 소쉬르의 언어기호 모형에서 굉장히 중요하다(도해 1.3 참조).

소쉬르의 발상과 관련하여 마지막으로 여기서 언급하고자 하는, 언어 연구 방향에서 또 따른 근본적 변화는 **규범적** 언어학 시대에서 **기술적** 접근법으로의 전환이다. 기술언어학은 실제 언어사용의 사실들을 기술하는 것을 목표로 하는 반면, 규범언어학은 '올바른' 규칙을 규정하는 것을 목표로 한다. 다시 말해 언어가 어떻게 사용되어야 하는지에 관한 규범적 규칙을 정하는 것이다. 20세기가 시작된 이래로 언어학은 점차로 **규범주의**를 비판하며 **기술주의** 접근법을 선호하고 있다.

소쉬르의 발상은 어떤 언어공동체 구성원들이 공유하는 언어체계의 **구조**에 언어학의 초점을 두는 것이다. 이렇기 때문에 소쉬르식 언어학이 **구조언어학**(또는 **구조주의자 언어학**)이라 불리게 된다. 연구의 중심은 **언어체계**(랑그)이지 개인에 의한 구체적인 **언어사용**(빠롤)이 아니다. 구조주의 언어학은 언어체계의 모든 요소들, 그리고 이들 사이에 존재하는 관계를 기술하고 분석하는 것을 목표로 한다. 이러한 요소들 그리고 그들의 상호관계는 음성, 단어, 문장과 같은 언어학의 모든 구조적 층위에서 조사된다.

구조주의

소쉬르가 현대언어학에 끼친 획기적인 공헌 중 또 다른 하나는 구어 우월성에 대한 그의 주장과 관련되어 있는 **언어기호**에 대한 모델이다. 소쉬르에 따르면, 언어기호는 동전의 양면처럼 밀접히 관련되어 있는 두 부분으로 구성되어 있다. 표현층위에서 **시니피앙**(기표)라 불리는 하나의 음성이나 또는 **음성배열**(음성형태)과 의미층위에서 **시니피에**(기의)라 불리는 **개념**으로 구성된다.

언어기호

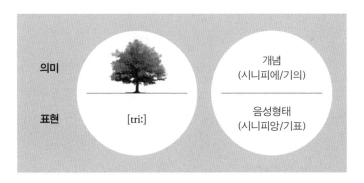

의미

표현   [triː]

개념
(시니피에/기의)
―――――
음성형태
(시니피앙/기표)

도해 1.3
소쉬르의 언어기호
모델(소쉬르 1983:
67)

자의성

    소쉬르는 언어기호의 음성형태와 의미 사이에 어떠한 자연스러운 내적 연결고리가 없다고 강조한다. 단어의 형태가 그것의 의미에 영향을 주지도 않을 뿐더러 의미 또한 형태로부터 예측할 수 있는 것이 아니다. 이것은 똑같은 개념이 여러 다른 언어에서 완전히 다른 음성 형태로 불릴 수 있다는 사실에 의해 입증된다. 예를 들어, 영어에서 [dɒg]으로 나타낼 수 있는 동물을 대개 독어에서는 [hunt]로, 그리로 불어에서는 [ʃjê]으로 일컫는다. 음성형태와 개념 사이의 관계가 이처럼 **자의적**이라고들 한다. 언어기호의 **자의성** 원리는 한 기호의 음성형태와 개념 사이의 관계가 단지 **관습**에 의해서만 이루어진다는 것을 말한다.

도해 1.4
언어기호의 자의성

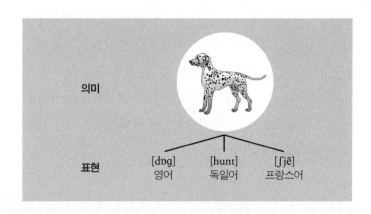

의성어

    그러나 자의성의 원리가 완벽하게 들어맞지 않는 몇 가지 표현들이 있다. *boom*[buːm]이나 *bang*[bæŋ]과 같은 단어들은 적어도 음성형태와 의미 사이의 일치를 적어도 부분적으로나마 보여준다. 기술하는 소리와 비슷한 음성을 포함한 표현들을 **의성어**라 부른다. 따라서 의성어는 자의성 원리의 예외로 흔히 인용된다.

소쉬르의 관념과 구조주의 언어학 사상이 현대언어학에 미친 중요한 영향은 근본적으로 반박의 여지가 없다. 그러나 20세기 초 이래의 언어학 분야를 이야기할 때 언급해야 할 적어도 다른 두 개의 영향력 있는 언어학파가 있다.

중요한 학파 중의 하나는 1930년경 발달하기 시작한 언어학파로 **기능주의**(또는 **프라그 기능주의학파**)로 흔히 일컬어지고 있다. 기능주의는 구조주의 사상들을 부분적으로 계승하지만 언어의 기능과 개별언어학적 특징에 초점을 맞추고 있다. 예를 들어, 칼 뷜러가 제안한 소위 오르가논 언어모델은 언어의 세 가지 주 기능들을 구별한다: 화자로 하여금 자신의 신념이나 기분을 표현할 수 있게 하는 표현기능, 세상에 대하여 이야기할 수 있는 묘사기능, 그리고 요청이나 요구를 할 수 있게 하는 호소기능이다.

1950년대 이래로 **생성언어학**(또는 **형식주의**)이라 불리는 언어학파가 점차 영향력을 증진시켜왔는데, 특히 미국 언어학에서 그러했다. 생성이라는 말은 1957년 노엄 촘스키의 《통사구조》에서 소개되었다. 아주 단순화시켜서 말한다면, 생성적 접근법은 모든 언어의 화자들이 이론적으로 무한한 문법적인 문장들을 단어와 단어조합의 규칙과 같은 아주 제한된 수단으로 발화 또는 생성할 수 있다는 사실을 반영한다. 촘스키는 우리가 성장하면서 가지게 되는 언어에 대한 지식, 즉 **언어능력**과 실제로 발화하는 언어, 즉 **언어수행**을 구별한다. 우리 모국어에 대한 완전한 지식이 종종 우리의 **문법**으로 일컬어진다. 생성언어학은 전통적으로 통사론 분야에서 가장 영향력이 있었다.

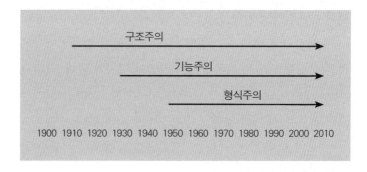

오늘날 구조주의, 기능주의, 그리고 형식주의는 도해 1.5 에서 보듯이 현대언어학에서 나란히 존재한다. 게다가 역사 언어학에 대한 관심이 1990년대 이래로 고조되고 있다. 역 사언어학은 이제 공시언어학의 다른 분야에서 발달된 결과 와 방법들을 포함시키고, 언어 말뭉치를 사용하여 역사의미 론, 역사화용론, 그리고 역사사회언어학과 같은 새로운 하위 분야들을 만들어가고 있다.

INTRODUCTION TO ENGLISH LINGUISTICS

2 간결한 영어사

이 장은 영어의 역사를 처음부터 현재까지 간략히 개관한다.
영어의 여러 다른 시기들을 여행하면서
오늘날 세계에서 사용되고 있는
영어의 지위를 살펴볼 것이다.

언어학 관점에서 본 영어사

영어학 입문서에 영어의 역사를 왜 포함시킬까? 마치 현대 영어가 아직 충분히 복잡하지 않은 것인 양 몇 세기 전 영어의 상황을 왜 애써 다루어야 하는가?

> *"시간은 모든 것을 바꾼다:
> 언어가 이 보편적인 법칙에서 벗어나야 할 아무런 이유가 없다."*
> (페르디낭 드 소쉬르)

그 대답은 영어의 역사를 통해 보통명사 복수표시 -s의 기원이나 많은 불규칙 동사 같은 현대영어의 수많은 특징과 불규칙성을 설명해줄 수 있기 때문이다. 또한 영어사를 한 번 들여다보면 영어가 비교적 단기간 통용되었고, 역사적으로 많은 다른 언어들과 관련을 맺어왔다는 것을 알게 된다.

언어변화

우리는 소쉬르의 영향을 받아 언어학이 흔히 **공시언어학**과 **통시언어학**으로 나뉜다는 것을 앞 장에서 보았다. 통시언어학 즉 역사언어학은 **언어변화**에 대한 연구이다. 그것은 이런 변화에 대한 기술과 설명에 관심을 가진다. **모든 살아있는 언어들은** 사용하는 사람들의 요구가 변하듯이 **끊임없이 변화한다**는 것에 언어학자들은 대체로 동의한다.

언어변화에 대한 기제와 동기는 여전히 논의 중이어서 완전히 이해된 것도 아니다. 전통적으로 역사언어학은 두 가지 중요한 변화 유형을 구별하는데, 홀로 언어변화가 일어나는 **내적 요인**에 기인한 변화와 **외적 요인**으로 비롯된 변화가 그것이다. 후자는 주로 다른 언어와 접촉해서 야기되는데, 무엇보다도 외래어 **차용**과 같은 언어학적 자질들의 차용이다. 언어변화는 한 언어의 모든 언어학적 층위에 영향을 끼친다.

영어의 변화가 대략 1,500년 동안 진행되었다는 것을 반영하여, 영어사는 흔히 **네 개의 중요한 시기를 구분한다**. 즉, 앵글로 색슨으로도 불리는 **고대영어, 중세영어, 초기 근대영어**, 그리고 소위 **현대영어**를 포함한 **근대영어**이다. 시기는

시기

도해 2.1
영어의 시기

시기	역사적 사건	주요 언어학적 특징
영어 이전의 언어 (450년경 이전)	켈트족	▶ 켈트어 사용 ▶ 지명 등에서 켈트어 흔적
	고대 로마인 (43-410년)	▶ 라틴어가 공식언어 ▶ 켈트어를 통해 전달되었기 때문에 약간의 라틴어 흔적
고대영어 (450-1150년경)	5세기 중엽부터 게르만족 (앵글족, 색슨족, 주트족, 프리지안족) 침입	▶ 대개 게르만어 어휘 ▶ 완전 굴절형 ▶ 굴절어미의 단순화 시작
중세영어 (1150-1500년경)	1066년 노르만 정복	▶ 프랑스 어휘 대거 유입 ▶ 단순화된 굴절어미 ▶ 대모음추이 시작
초기 근대영어 (1500-1700년경)	1476년 잉글랜드에 윌리엄 캑스턴에 의해 인쇄술 도입 영어의 세계로의 전파 (식민지화)	▶ 대모음추이 ▶ 표준화와 규칙화 ▶ 라틴어, 그리스어, 프랑스어, 기타 유럽어로부터 대규모 차용
근대영어 (1700년경-현재) 현대영어 (1900년경-현재)	세계어로서의 영어	▶ 거의 굴절형이 없음 ▶ 전 세계 언어로부터 차용

특징적인 언어학적 발달뿐만 아니라 역사적 사건을 기초로 해서 구별한다. 그러나 언어가 돌발적이라기보다 점진적으로 변하기 때문에 그 구분선이 다소 애매하다.

2.1.1 고대영어(450-1150년경)

영어 이전의 언어

고고학적 증거에 따르면 나중에 영국인이 된 게르만족들이 침입하기 오래 전부터 현재 영국제도로 알려진 곳에 사람들이 살고 있었다. 영어가 쓰이기 전 영국에서 사용되었던 언어들에 대해 불행히도 우리는 많이 알고 있지 못하다. 이것은 주로 기록된 문서가 없기 때문이다. 우리가 분명히 알고 있는 언어는 켈트어와 고대로마어이다.

켈트족

켈트족이 영국제도에 거주하면서 그들의 관습과 언어가 함께 퍼지게 된 것은 기원전 몇 세기 전부터의 일이다. 이러한 관습과 언어가 기원후 43-410년 로마의 영국 통치에서 적어도 부분적으로나마 살아남게 된 것은 아마도 어느 정도 로마인들로부터 지리적으로뿐만 아니라 사회적으로 떨어져 있었기 때문이다. 그러나 영어에 미친 켈트어의 영향은 아주 미미하다. 왜냐하면 켈트족들은 기원후 5세기 게르만족의 잉글랜드 침입 시 영국본토의 서북부 지방으로 패퇴했기 때문이다(2.1.2 참조).

영어와의 언어접촉으로 켈트어가 영향을 미친 흔적은 거의 장소명에만 남아있다. 이런 장소명은 동부나 동남부보다 북서부지방에서 더 흔하다. 런던과 리즈와 같은 정착지의 이름들이 아마도 켈트 지명으로 거슬러 올라갈 것 같지만, 켈트어에서 기원된 대부분의 지명은 언덕이나 강과 관련된 이름이다. 언덕을 지칭하는 켈트어는 우스터셔 주 브리든(웨일스어 *bre* '언덕')이나 랭커셔 주 펜들(웨일스어 *pen* '꼭대기')과 같은 장소명에서 발견될 수 있다. 템즈라는 이름은 켈트어의 강 이름이고, '물'을 뜻하는 여러 켈트 단어 중 하나는 우스크 강 이름에 남아 있다(*uisge/uisce bretha* '생명수'의 첫 번째 단어인 스코틀랜드갈릭어 *uisge*와 아일랜드어 *uisce* '물'은 근대영어 *whisk(e)y*의 기원임을 참조).

고대로마인들은 줄리어스 시저 통치 시 기원전 55년에 브리튼 섬에 처음으로 침입하였지만 거의 백 년이 지나서야 영원한 정착이 이루어졌다. 기원후 43년 로마인들이 그 섬에 대규모로 침입을 시작하여 점령을 하였다. 로마인의 통치 기간 동안 라틴어가 공식적인 언어가 되었지만 토착민들에 의해 널리 사용되지 않아 켈트어를 대신하지 못했다. 로마의 브리튼 점령은 기원후 410년 로마 부대들이 마지막으로 철수하면서 끝났다. 이때는 게르만족들이 그 섬에 침입하기 훨씬 전이어서 이 당시 그들과의 직접적인 접촉은 없었다. 이 기간 동안 영어에 미친 라틴어의 영향은 아주 미미했다. 왜냐하면 라틴어가 켈트어를 통해 전달되어야 했고 켈트어의 영향과 똑같은 요인들에 의해 제한을 받고 있었기 때문이다. 이런 식으로 영어에 들어온 몇 안 되는 요소들 중 하나는 고대영어 *ceaster*인데, 라틴어의 *castra* '캠프'를 뜻하고, 정착지를 뜻하는 고대영어에서 흔히 나오는 지명이다. 이렇게 해서 영국의 *Chester*라는 도시는 그 이름이 로마의 영향에 기인한다.

그러나 라틴어가 고대영어에 보다 널리 영향을 끼친 두 시기가 있는데, 첫째는 게르만족이 대륙을 떠나 브리튼 섬에 도착하기 전 라틴어의 요소들이 게르만 방언에 전달된 경우

고대로마인

이고, 둘째는 597년 시작된 로마 선교사들의 체계적인 브리튼 기독교화에 기인한다.

영어의 역사는 5세기 중엽 지금 잉글랜드라 불리는 지역에서 시작되었는데, 많은 게르만족, 즉 주트족, 색슨족, 앵글족, 그리고 적어도 일단의 프리지안족이 동남부에 정착해서 게르만 방언들을 사용하는 것에서 비롯되었다. 그들은 정착지를 점차 확대했고 그렇게 함으로써 영어를 말하는 지역이 확대되어 마침내 약 800년경에 이르러서는 켈트어를 말하는 북부 스코틀랜드 고원, 서부의 웨일스 고원과 콘월의 서부 끝자락을 제외한 모든 지역을 점령하였다. 성직자이자 철학자인 성 비드(672-735년경)는 그의 《영국 국민 교회사》(라틴어로 731년에서 완성)에서 이 사건들을 다음과 같이 기술하고 있다:

서기 449년에 [...] 앞서 말한 왕[보티간]이 불러들인 앵글족 또는 색슨족들이 세 척의 긴 배를 타고 영국에 도착하였다. [...] 그들은 전투를 하기 위해 북쪽에서 온 적들과 교전하여 승리를 쟁취했다; [...] 더 많은 선단들을 급하게 보내어 아주 많은 사람들을 데리고 와서는 먼저 온 사람들과 무적의 군대를 만들었다. [...] 건너온 사람들은 독일의 가장 강력한 세 민족인 색슨족, 앵글족 그리고 주트족이었다. 켄트 사람들, 아일 오브 와이트 사람들, 그리고 웨스트 색슨 지방 사람들이 주트족의 자손들인데, 후자는 와일 오브 와이트 섬 맞은편에 위치해 있으며 오늘날까지도 주트족이라 불린다. 이스트 색슨인, 사우스 색슨인, 그리고 웨스트 색슨인이 색슨족의 후손들이다. [...] 앵글족의 후손으로는 [...] 이스트앵글인, 미들랜드앵글인, 메르시아인, 노섬브리아의 모든 민족, 즉 홈버 강 북쪽에 살고 있는 모든 민족, 그리고 영국의 기타 민족들이다.

(크리스탈 2002: 164를 간단히 줄인) 비드의《영국 국민 교회사》에서 인용

고대영어의 방언

　침략한 민족들의 방언구획과 그들이 접촉한 다른 언어들 때문에 영어는 초창기부터 언어학적 변이가 있었다. 이렇게 해서 주요 3 방언구역이 고대영어에서 식별될 수 있다: 웨스트 색슨(영국 남부 및 서남부), 켄트(영국 동남부) 그리고 앵글리아인 데, 후자는 흔히 메르시아(훔버 강 남쪽 영국 중심부)와 노섬브리아 (잉글랜드 훔버 강 북부와 스코틀랜드 동남부)로 나누어진다. 현존하는 고대영어 문헌들은 모두 위 방언구역에서 나타났다. 그러나 보존된 대부분의 고대영어 자료들은 웨스트 색슨 방언으로 쓰여 있어, 웨스트 색슨 왕국의 성장과 더불어 900년 이후 이 방언의 문학 표준어로서의 위상을 반영한다.

영어와 영국이라는 이름

　게르만 침입자들은 켈트 거주민들을 웰라스 '외부인'이 라 불렀는데, 이 말에서 웰쉬 '웨일즈인'이라는 이름이 나왔다. 이번에는 켈트인들이 게르만 정복자들을 색슨인이라 불

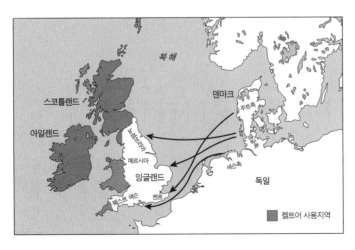

도해 2.2
고대영어의 주요 방언의
기원과 분포(크리스탈
2002: 174)

렀는데, 이는 초기 라틴어로 글을 쓴 사람들이 그들을 색소 네스와 색소니아라 불렀던 데서 비롯된 관행이었다. 그러나 곧 (사람들을 뜻하는) 앵글리와 (나라를 뜻하는) 앵글리아가 일반적으로 서게르만족을 일컫는 말로 또한 사용되었다. 고대영어 엥글리 '앵글인'은 이러한 사용에서 유래되었고, 고대영어 작가들은 그들의 언어를 처음부터 엥글리쉬라 말했다. 나라를 뜻하는 엥글라 론드 '엥글인의 땅'이라는 이름은 기원후 1000년이 되어서야 비로소 나타나기 시작한다.

**영어, 하나의
게르만어**

일반적으로 말하자면, 영어는 인구어족의 일원으로 대륙의 다른 게르만어들과 관련 있는 하나의 게르만어이다. 전통적인 분지도(또는 수지도)에서 볼 수 있듯이, 가까운 어족은 게르만어 중에서 서게르만어 분지에 속하는 언어들로, 예컨대 프리지아어, 네덜란드어, 독일어 등이다(도해 2.4 참조).

**글로 표현된
최초의 기록**

로마 알파벳 문자를 이용해 알파벳 서체로 쓴 고대영어의 최초 용례는 700년경으로 거슬러 올라간다. 그보다 더 오래 전에 고대영어 룬 문자 명문들은 그 글자의 최초 여섯 글자의 이름 중에서 첫 음, 즉 'f, u, p(=th), a, r, k'의 이름을 따서 부르게 된 룬 알파벳(futhorc/futharc alphabet)으로 새겨졌다.

도해 2.3
룬 문자 알파벳(뫼스너
2003: 4)

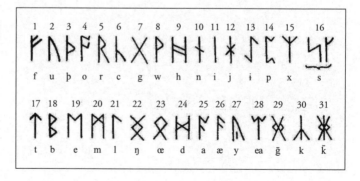

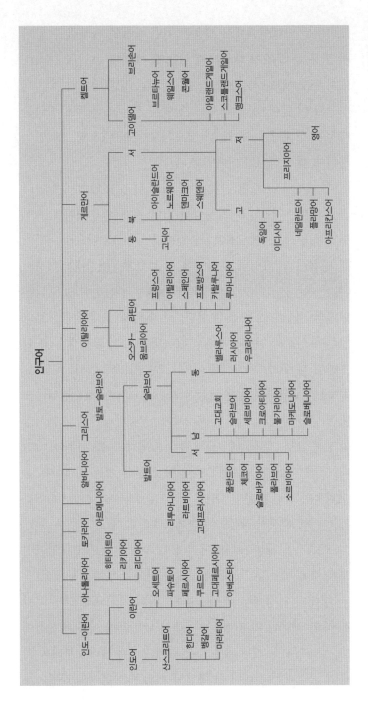

도해 2.4
인구어족(펜넬 2001:
22)

로마자는 고대영어에서 사용된 어떤 음들을 나타낼 수 없어서 많은 룬 문자가 대신해야 했는데, 예컨대 손 ⟨þ⟩, 윈 ⟨p⟩, 애쉬 ⟨æ⟩, 에드 ⟨ð⟩, 요흐 ⟨ʒ⟩ 등이 있다. 고대영어의 이런 특징들과 이 언어가 발전하는 과정에서 겪은 다른 주요 변화들 때문에 현대영어 화자들이 별도의 지식이 없으면 고대영어 문헌에 쉽게 다가가기 어렵다.

고대영어 문헌

현재까지 보존된 **시**나 **산문**으로 된 고대영어 문헌들이 풍부하지는 않을지라도 상당히 많이 존재한다. 가장 중요한 단일 시집으로 《베오울프》가 있는데 약 3,000행으로 이루어진 영웅시다. 그러나 고대영어 시는 또한 《뱃사람》, 전쟁시 《몰든 전투》, 그리고 캐드먼과 키네울프의 신앙시 같은 많은 단편의 시로도 모습을 보인다. 시 이외에 고대영어는 보다 일찍이 산문의 전통을 발전시켰는데 주로 앵글로색슨 왕 알프레드 대왕(871-899) 덕분이다. 그는 비드의 《영국 국민 교회사》를 포함하여 많은 책들을 라틴어에서 영어로 번역하게 했을 뿐만 아니라, 그의 사후 2세기 이상 계속된 영국 역사상 가장 중요한 기록인 《앵글로색슨족 연대기》를 편찬케 하였다. 기타 다소 잘 보존된 고대영어 산문의 예는 베네딕트 종교개혁과 관련된 문헌들인데, 특히 앨프릭(955-1010년경)이라는 한 수도원장의 작품들이 눈에 띈다.

고대영어의 언어학적 특징들

어휘

위에서 언급한 고대영어의 방언 차이 말고도 고대영어의 모든 주요 방언들이 공유하는 많은 언어학적 특징들이 있다.

현대의 관점에서 볼 때, 고대영어의 가장 두드러진 특징들 중의 하나는 라틴어에서 유래된 낱말들이 아주 제한적이고, 현대영어 어휘의 많은 부분을 차지하는 불어로부터의 차용이 없었다는 것이다. **고대영어 어휘는** 켈트어와 라틴어로부터의 약간의 차용을 제외하면 **거의 다 서게르만어에서 비롯되었고**, 787년부터 어휘나 지명에 **스칸디나비아어에 의해 약간의 영향**을 받았지만, 그 단어들 중 80퍼센트 이상이 그 언어(고대영어)에서 차츰 사라졌다. 그러나 살아남은 서게르만 단어들은 현대영어 어휘의 핵심을 이루며 일상 언어에서 빈번히 출현한다. 그것들은 '아이'(고대영어 *cild*)나 '마시다'(고대영어 *drincan*)과 같은 기본개념을 표현하고, 조동사, 접속사, 한정사, 전치사 등과 같은 현대영어 기능어의 대부분을 구성한다(4.1 참조).

형태론과 통사론

    고대영어는 라틴어나 현대독일어와 같이 **굴절어**였는데, 이 말의 뜻은 한 문장 단어들의 문법기능이 대개 어미 형태로 되어 있는 **굴절요소**에 의해 주로 표시됨을 뜻한다. 결과로 고대영어의 어순은 다소 자유롭다. 이와 같이 완전히 굴절된 언어들은 **분석적** 언어에 반하여 **종합적**이라 불린다(2.1.2 참조).

    고대영어의 명사는 **수**(단수/복수)뿐만 아니라 **격**과 **성**을 나타내기 위해 굴절요소를 이용했다. 현대독일어와 같이 **네 개의 격**들이 구별된다: **주격**, **속격**, **여격**, 그리고 **대격**이다. 이러한 구별을 나타내기 위해 사용된 어미의 규칙적 모양에 따라 고대영어 명사들은 **어형변화**에서 어군을 이루는데, 이는 초기 게르만어에서부터 비롯될 수 있다. 고대영어 명사들 중 삼분의 일 이상이 소위 남성 *a*-어간형에 속하는 반면, 여성 *o*-어간형과 중성 *a*-어간형이 각각 사분의 일에 해당되었다(도해 2.5 참조). 고대영어는 **남성**, **여성**, 그리고 **중성**으로 구별되고, 소위 **문법성**을 가지고 있는데, 이는 고대영어 명사들의 성이 생물학적 성과 일치하지 않는다는 것을 의미한다. 예를 들어, 생명이 없는 사물이 여성(예: 고대영어 *giefu* '선물')과

고대영어 남성 *a*–어간 *stān* '돌', 중성 *a*–어간 *scip* '배', 여성 *o*–어간 *giefu* '선물'					
	단수	복수	단수	복수	단수	복수
주격	*stān*	*stān-as*	*scip*	*scip-u*	*giefu-u*	*giefu-a*
속격	*stān-es*	*stān-a*	*scip-es*	*scip-a*	*giefu-e*	*giefu-a*
여격	*stān-e*	*stān-um*	*scip-e*	*scip-um*	*giefu-e*	*giefu-um*
대격	*stān*	*stān-as*	*scip*	*scip-u*	*giefu-e*	*giefu-a*

남성(예: 고대영어 *stān* '돌', 여기서 *ā*는 장모음 *a*를 뜻함)이 될 수 있는 반면, 여성을 지칭하는 낱말이 중성(예: 고대영어 *wif* '아내'와 *mægden* '소녀')가 될 수 있다. 이러한 체계는 여전히 현대독일어에서 발견될 수 있는데, *das Mädchen* '소녀'가 중성이고 *der Stein* '돌'이 남성이다.

고대영어 **형용사**는 5격(도구격)을 부분적으로 유지하고 있으며, 약·강으로 알려진 별개의 어형변화를 구분하고 있어 명사보다 훨씬 더 많은 어형변화를 가지고 있다. 무엇보다도 정관사 *the*의 전신인 고대영어 **인칭대명사**와 **지시대명사**는 완전하게 굴절된 어형을 가지고 있었다.

고대영어 **동사체계**는 **현재**와 **과거**의 두 단순시제만을 형식적으로 구별하였다. 그 체계는 과거의 형성에 기초하여 **강동사**와 **약동사**로 구분된다. 강동사는 **모음전환**(또는 **모음교체**)으로 알려진 어간모음의 교체라는 특징이 있다. 그것들은 대개 부정형, 1인칭과 3인칭 단수과거, 복수과거, 그리고 과거분사에 나타나는 어간모음의 전형적인 순서에 따라 일곱 개 유형으로 나뉜다: *drīfan* '몰다', *drāf*, *drīfon*, *(ge)drīfen*와 같은 강동사 1형을 예로 들 수 있다. 많은 현대영어 '불규칙' 동

34

사들은 여전히 어간모음의 교체를 보여주고 있는데, 예를 들면 *drive*, *drove*, *driven*이 있다. 약동사들은 세 개의 다른 유형으로 나누어지지만 모두 공통적으로 치음접미사라 불리는 어미를 더함으로써 과거와 과거분사를 만든다(3.1.2 참조). 예를 들어 *hīeran* '듣다'는 과거 *hīerde*와 과거분사 *(ge)hīered*를 가진다(약동사 1형). 치음접미사는 현대영어의 '규칙적' 과거 시제 표시 *-ed*의 기원이다.

고대영어의 **자음**들은 영어의 역사과정에서 어떠한 커다란 구조적 변화를 겪지 않았기 때문에 현대영어의 자음과 비슷하다. **모음**에 관한한 그 상황은 완전히 다르다. 특히 장모음은 고대영어에서 현대영어에 이르기까지 상당한 변화를 가져왔다(2.11 참조). 예를 들면 고대영어 *mōna*는 현대영어 *moon*으로, 고대영어 *stān*은 현대영어 *stone*으로 변화하였다.

발음

중세영어(1150-1500년경)

2.1.2

1066년 노르망디 공 정복왕 윌리엄 군대가 영국을 침입하였다. 이것이 **노르망디 정복**으로 알려져 있다. 해롤드 왕과 거의 모든 영국의 귀족들이 헤이스팅스 전투에서 살해되었고 같은 해에 윌리엄이 영국의 왕위에 오르게 되었다. 그의 통치는 사회, 종교, 정치에서 근본적인 변화를 가져왔을 뿐만 아니라 영국 역사상 모든 사건들이 영어에 가장 커다란 영향을 끼치게 하였다. 노르만인들은 영국에서 지배층이 되었다. 따라서 프랑스어, 엄밀히 말해서 노르만 프랑스어가 상류층과 소위 앵글로 노르만 궁중에서 선호되는 언어가 되었다. 더욱더 많은 영국 혈통의 화자들이 점차적으로 프랑스어를

노르만 정복

도해 2.6
캔터베리 이야기

적어도 얼마만큼씩 습득하게 되면서, 군중들의 일상 언어는 항상 영어였다는 사실에도 불구하고 **프랑스어가 영어에 강한 영향력을 초래**하였다. 이러한 영향력이 약 1150년까지 분명하게 감지될 수 있는데, 이러한 이유로 1150년이 고대영어와 중세영어를 나누는 대략적인 기준선으로 받아들여지고 있다.

중세영어문헌 영어에 대한 신망이 낮고 대부분의 행정 및 종교 자료들이 프랑스어나 라틴어로 쓰였기 때문에 초기 중세영어기에 영어로 쓴 출처들은 드물다. 그러나 대체로 아주 다양한 방언으로 쓰인 비교적 많은 중세영어 문헌집들이 특히 1250년 후에 살아남게 되었다. 살아남은 많은 문헌들은 시로 구성되어 있다. 이 시기에 가장 중요한 작가로는 시인이자 아마도 가장 영향력 있고 널리 읽히는 중세영어 교재인 캔터베리 이야기라 불리는 24개의 이야기를 집대성한 **제프리 초서**(1342년경-1400)이다.

고대영어 기간이 끝날 무렵 프랑스어의 영향과 기타 발전들이 고대영어와 중세영어 사이의 몇 가지 두드러진 차이점을 가져왔다.

중세영어의 가장 두드러진 특징들 중 하나는 **영어 어휘에서 쉽게 관찰할 수 있는 프랑스어의 엄청난 영향**이다. 몇 세기에 걸친 친밀한 언어접촉으로 중세영어 기간이 끝날 때까지 엄청난 프랑스어 어휘를 영어로 바꿔놓게 되었다. 모든 생활 양상의 수많은 단어들이 차용되었는데, 그중에는 *government*, *religion*, *art*, *justice*, *fashion*, *army*, *navy*, *literature*, *poet*이 들어 있다. 어림잡아 현대영어 어휘의 30-40%가 프랑스어에서 비롯되었다. 그러나 정확한 수치가 어떠하든 틀림없이 이러한 단어들의 대부분이 중세기에 영어에 차용되어 전래된 많은 게르만어 단어들을 대신하였다.

동물	cow, ox	sheep	deer	swine, sow
고기	beef	mutton	venison	pork

도해 2.7
동물들과 그것에 상응하는 고기를 뜻하는 현대영어 어휘들의 비교

위 표는 현대영어에서 어떤 동물들의 명칭이 고대영어에서 전래된 용어를 계속 사용하는 반면, 상응하는 고기의 이름은 모두 프랑스어에서 비롯되었다는 것을 보여준다. 이것은 중세기 영국사회의 구조를 반영하는데, 이 기간 동안 생산된 고기를 구입해서 소비할 수 있었던 프랑스어를 말하는 상류계층 사람들과는 대조적으로 영어를 말하는 하류계층 사람들은 사냥을 하고 가축을 돌보는 일을 책임지고 있었다.

중세영어의 몇 가지 언어학적 특징들

어휘

*milk*나 *cheese*와 같이 하류계층 사람들이 이용할 수 있는 수 많은 물품들의 이름은 고대영어 용어를 계속적으로 사용하고 있다.

형태론과 통사론 그러나 중세영어기에 광범위한 변화는 어휘뿐만 아니라 영어 문법에서도 보인다. 광범위한 **굴절어미의 상실**이 일어나서 영어를 보다 **분석적인 언어**로 바꾸었다(2.1.1과 2.1.4 참조). 이 말의 뜻은 영어가 한 문장 안에 있는 단어들의 관계를 표현하기 위해 비교적 **고정된 어순**에 점차 의존하게 되었다는 것이다. 그러므로 중세영어는 **굴절어미 평준화 기간**으로 전통적으로 불린다. 굴절어미의 쇠락은 이미 고대영어기 말 무렵부터 시작되었는데, 아마도 전래된 게르만어 단어들이 첫 음절에 강세를 가지고 있다는 사실에 기인한다. 이것은 강세가 없는 어미에 있는 모음들이 자신의 완전한 성질을 잃게 되는 경향이 있다는 것을 의미한다.

명사와 **형용사**의 굴절어미들은 너무 많이 줄어들어 더 이상 격, 수, 성의 차이를 나타낼 수 없게 되었다. 형용사는 약·강 어형변화의 차이와 굴절표시의 모든 흔적들을 마침내 완전히 잃게 되었다. 명사체계에서는 본래부터 구별이 되었던 어미들 *-a, -u, -e, -an, -um*이 소위 중간모음 슈와 [ə]로 발음되는 *-e*로 처음에 줄었다가 마침내 사라졌다(3.1.2 참조). 다른 격 형태들이 **어형융합**이라 알려진 과정을 통해 오로지 하나의 행태로 합쳐졌다. 복수를 나타내는 한 형태만이 남게 되었고, 단수에서 유일한 굴절의 잔재는 속격 *-(e)s*이다. 이것은 명사 굴절어미가 이미 현대적 상태에 도달했다는 것을 의미한다.

명사와 형용사 어미의 감소, 불변화 관사 *the*의 확립이 중

	일반 단수	속격 단수	일반 복수
중세영어	*ston(e)*	*ston-es*	*ston-es*
현대영어	*stone*	*stone's*	*stones*

세영어에서 **문법적 성의 상실**을 책임지는 원인들에 속한다. 때때로 논리적 성으로 일컬어지는 **자연적 성**이 생명체의 성을 분간해내고, 반면 모든 무생물은 일반적으로 중성이다. 나라와 배처럼 극히 예외적인 것들도 있다.

동사 또한 어미의 약화와 굴절어미의 평준화를 향한 일반적 경향을 보이지만 구조적 변화의 정도가 덜 심한 것으로 나타난다. 중세영어 기간 동안 동사체계의 주요 변화들은 많은 **강동사의 상실**과 이전에 강동사에서 많이 발견되는 **강변화에서 약변화로의 점진적 전환과정**이었다. 약 유형의 동사들은 외국어 특히 대부분 약 체계에 포함되었던 당시 프랑스어로부터 **많은 동사들의 차용**에 의해 더욱 강화되었다.

우리는 영어의 **자음**들은 고대영어 이후로 많이 변하   **발음**
지 않았고, 고대영어에서 중세영어에 이르기까지 고대영어 *hring* → 중세영어 *ring*과 같은 단어에서 보듯이 *l, n, r* 앞에서 첫머리에 있는 *h*의 상실과 같은 오직 몇 가지 작은 변화만이 일어났다고 이미 위에서 언급한 바 있다. 다른 한편 **모음체계**는 몇 가지 근본적인 변화를 겪었는데, 어떤 환경에서 장음화와 단음화의 예들, 그리고 영어의 굴절어미 상실에 대해 적어도 커다란 책임이 있는 비강세 위치에서 /a/, /e/, /o/, /u/가 /ə/로 감소 등이 포함된다(위 참조).

2.1.3　초기 현대영어(1500-1700년경)

인쇄의 도입

초기 현대영어기의 시작은 15세기 후반 영국에 **인쇄의 도입**으로 초래된 영향과 관련이 있다. 활자체 인쇄는 15세기 중엽 독일에서 발명되어 **1476년** 웨스트민스터에 인쇄기를 설치한 **윌리엄 캑스턴**(1422년경-1491)에 의해 영국에 도입되었다. 책들은 더 이상 손으로 베껴 쓸 필요가 없어졌고, 영국 역사상 처음으로 많은 동일한 책들이 출판될 수 있었다. 인쇄는 글로 써진 작품들을 훨씬 많이 발행하여, 영어의 **표준화**에 기여했고, **철자와 발음의 기준**을 마련해주었다.

> *"이름이 무엇이든 어떠리? 우리가 장미라고 부르는 꽃은 어떤 명칭으로 불러도 향기가 좋을 것이다."*
> (윌리엄 셰익스피어.《로미오와 줄리엣》II, ii, 1-2)

초기 현대영어 문헌

주로 인쇄 효율성의 결과로 더 많은 여러 사회층의 사람들이 당시 적당한 가격으로 구입할 수 있는 문서자료에 접근했다. 영어로 된 2만 개 이상의 제명들이 1640년까지 영국에 나타났고, 초기 현대영어 원문의 많은 자료들이 오늘날까지 남아있다. 초기 현대영어기에 영어 발달에 끼친 가장 중요한 영향 중에서 윌리엄 **셰익스피어**(1564-1616)의 작품과 일명 **흠정역 성서**로 일컬어지는 1611년의 **킹 제임스 성경**이다.

초기 현대영어의 몇 가지 언어학적 특징

초기 현대영어는 상당한 변화의 기간이어서 표준화의 열망에 공헌하였다. 인쇄의 도입과 최초의 영어사전으로 비롯된 17세기 중엽까지 철자 관행의 광범위한 규칙화는 별도로 치더라도 초기 현대영어는 주로 어휘와 모음체계에서 근본적인 변화를 겪었던 특징이 있다.

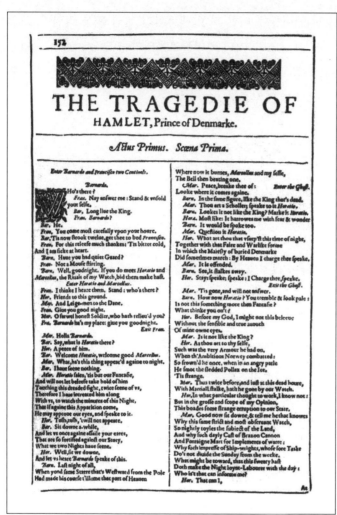

어휘

초기 현대영어기는 **영어 어휘의 대확장**과 다른 언어로부
터 단어의 엄청난 유입을 목도하였다. 먼 곳의 탐험, 그로 인
한 외국문화와 친밀하지 않은 환경과의 접촉이 새로운 단어
가 필요한 이유 중의 하나였다. 대륙으로부터 새로운 개념
과 발명품들의 확산, 그리고 르네상스(1500-1650) 기간 동안

고전 언어들에 대한 다시 새로워진 관심 또한 라틴어, 그리스어, 프랑스어, 기타 언어들로부터의 수많은 차용을 가져왔다. 다음 목록들은 초기 현대영어 기간 동안 차용된 단어들의 극히 적은 부분을 포함한다:

도해 2.10
몇몇 초기 현대영어
차용어들(크리스탈
2003b: 60)

라틴어와 그리스어

anonymous, appropriate, atmosphere, catastrophe, chaos, crisis, criterion, emphasis, encyclopedia, enthusiasm, exact, exaggerate, excursion, exist, expensive, explain, habitual, immaturity, impersonal, lexicon, lunar, monopoly, necessitate, obstruction, parasite, parenthesis, pathetic, pneumonia, relaxation, relevant, scheme, soda, species, system, tactics, temperature, thermometer, transcribe, utopian, vacuum, virus

프랑스어

alloy, anatomy, bayonet, bigot, bizarre, chocolate, colonel, comrade, detail, entrance, equip, explore, grotesque, invite, moustache, muscle, naturalize, passport, pioneer, progress, shock, ticket, tomato, vase, vogue, volunteer

이탈리아어

balcony, ballot, carnival, concerto, design, giraffe, grotto, lottery, macaroni, opera, piazza, rocket, solo, sonata, soprano, stanza, trill, violin, volcano

스페인어와 포르투갈어

alligator, anchovy, apricot, armada, banana, barricade, cannibal, canoe, cockroach, corral, desperado, embargo, guitar, hurricane, maize, mosquito, negro, potato, port(wine), sombrero, tank, tobacco

기타 언어

알곤키안어: *racoon, skunk*; 아라비아어: *harem*;
네덜란드어: *keelhaul, knapsack, landscape, yacht*; 힌디어: *guru*;
게일어: *trousers*; 말레이어: *bamboo, ketchup*; 노르웨이어: *troll*;
러시아어: *rouble*; 페르시아어: *bazaar, caravan, turban*;
타밀어: *curry*; 터키어: *coffee, kiosk, yogurt*; 웨일스어: *flannel*

어떤 사람들은 새로운 어휘의 유입을 확장으로 봤지만 다른 사람들은 외국어로부터 어휘의 광범위한 차용을 강력히 반대했다. 후자는 언어가 대부분의 사람들에 의해 이해하기 어려운 소위 **현학적인 용어**로 인하여 모호하지 않고 "순수하고" "섞이지 말아야" 된다고 주장했다. 너무 많은 외국어의 차용으로 1604년 로버트 코드리가 출판한 아마도 첫 번째 단일 언어로 된 영어사전처럼 **어려운 단어**들을 포함시킨 사전들의 편찬이 이어졌다.

"모든 다른 교훈 중에서도 이것을 먼저 배워야 하는데, 우리는 결코 어떤 이상한 현학적 용어를 가장하지 않고 평범하게 말해야 한다."
(토마스 윌슨, 1553, 《수사학의 예술》, 보우와 케이블 2002: 218에서 인용)

영문법에서 중요한 구조적 변화들이 초기 현대영어기 이전에 완료되어서 그 당시 통사론과 형태론은 이미 현대영어와 아주 비슷하였다.

명사의 굴절체계는 오로지 두 개의 격(공통격, 소유격)과 복수 표시자 *-s*를 가지고 있어, 근본적으로 오늘날 영어와 같았다. 셰익스피어는 *eyen* 'eyes'와 같은 단어에서 복수어미 *-en*을 여전히 가끔 사용한다. **동사체계**는 강동사가 약동사화되는 경향이 계속됐고, 드물지만 진행형이 출현하는 특징이 있다.

주어-동사-목적어(SVO) 모양의 **어순**은 초기 현대영어기 이전에 이미 확립되었지만, 이 일반규칙으로부터의 일탈이 현대영어보다는 여전히 더 빈번하였다. 일탈 중의 하나가 *"and then you will see clearly"*(영어성경 개정판 1989) 대신에 *"and then shalt thou see clealy"*(킹 제임스 성경, 마태복음 7.5)에서처럼 문두 부사 뒤에서 주어와 동사의 도치가 있었다.

발음　　　　초기 현대영어의 **자음체계**는 현대영어와 대부분 일치한다. *knee*, *know*, *gnome*에서처럼 /n/ 앞에 있는 어두 /k-/와 /g-/의 손실이나 *folk*, *palm*에서처럼 어떤 환경에서 어간 /l/의 손실과 같은 몇 가지 작은 변화들이 초기 현대영어 시기에 발생했다.

대모음추이　　　　그러나 **모음체계**는 **대모음추이**라 흔히 불리는 근본적인 변화를 겪었다. 대모음추이는 14세기에 시작해서 몇 세기에 걸쳐 완성되었고 **중세영어의 모든 장모음에 영향**을 주었다. 중세영어의 장모음들은 발음위치가 **인상**되거나 **이중모음**으로 바뀌었다. 즉, 그것들은 두 모음의 소리가 결합하여 함께 발음되는 것으로 바뀌었다(3.1.2 참조). 예를 들어, 중세영어 *fode* '음식'의 장모음 /o:/는 인상되어 장모음 /u:/로, 중세영어 *child*와 *lyf* '삶'의 장모음 /i:/는 /aɪ/로 이중모음화되었다. 이 변화는 일종의 **연쇄반응**으로 일어났던 것 같다. 그러나 모음도의 맨 아래에 있는 모음들이 처음 인상되어 밀어내기 연쇄라 불리는 것처럼 나머지 모음들을 밀어냈는지 아니면 맨 꼭대기에 있는 모음들이 우선 이중모음화된 후 끌어당기기 연쇄라 불리듯이 더 낮은 모음들을 끌어당겨 하나의 빈

도해 2.11
대모음추이(주커
2007: 54)

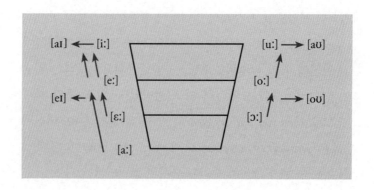

공간을 만들게 되었는지 논란의 여지가 있다. 어떤 언어학자들은 심지어 둘의 혼합을 제안하기도 한다.

기타 변화

중세영어의 단모음에 영향을 끼친 가장 중요한 변화들 중 하나는 영국 남부에서 원순후고모음 /ʊ/의 원순화와 중앙화이다(도해 8.3 참조). 결과로 /ʊ/는 현대영어 *but*과 *cup*에 서처럼 /ʌ/가 되었다(모음도를 보려면 앞표지 안쪽 면을 보라).

현대영어(1700년경-현재)

2.1.4

현대영어기의 시작을 알리는, 노르만 정복이나 인쇄기 도입과 같은, **어떠한 역사적 사건도 없다.** 1700년이 현대영어기의 시작으로 대개 정해진 것은 영어가 이 시점까지 거의 모든 측면에서 현재의 상태에 도달했기 때문이다. 현대영어기의 초기 몇십 년 안에 그것은 점차 성문화되고 표준화되었다. 이것은 1755년 두 권으로 출판된 사무엘 존슨의 영향력 있는 영어사전과 18세기 출판된 매우 인기 있던 몇 권의 문법서와 같은 중요한 작품들의 덕택이다(초기 현대영어기에 늦게 시작돼서 현대영어에서 정점을 이루었던 영어의 지리학적 확장에 대해서 다음 2.2절을 보라). 현대영어는 1,000년 이상의 끊임없는 변화의 결과이다.

현대영어의 **어휘**는 **세 개의 다른 그룹**으로 나뉠 수 있는 여러 다른 기원의 단어들로 이루어져 있다. 첫째, 고대영어로부터 생존해온 전래된 게르만 단어들의 지속적 사용, 둘째, 영어 역사를 통틀어 라틴어, 그리스어, 프랑스어, 기타 유럽어로부터 차용된 어휘, 셋째, 19세기 초 이래로 발생했던 사회, 문화, 과학의 발달뿐만 아니라 영어의 지리학적 확장

현대영어의 몇몇 언어학적 특징들 어휘

의 결과로 차용되었거나 만들어진 낱말들이다(2.2 참조). 아주 최근에 컴퓨터와 통신기술의 급속한 발전이 *software*와 *download* 같이 새롭게 빈번히 사용되는 많은 영어 단어들을 만들어냈다. 이러한 기술과 기타 분야에서 영어의 우월적 사용으로 말미암아 전 세계 많은 언어들에게 상당히 많은 어휘를 수출하는 결과를 가져왔다.

형태론과 통사론 통사론에 관한 한 현대영어는 **굴절어미 상실기**라 불릴 수 있다. 아주 적은 수의 규칙적인 굴절어미만이 현대영어에서 보존되어왔다(2.1.2의 도해 2.8 참조):

도해 2.12
현대어 굴절어미

복수 *-s*	*hand ~ hands, cat ~ cats, bus ~ buses*
소유격 *-'s*	*lady ~ lady's, Peter ~ Peter's, George ~ George's*
3인칭 단수 현재 *-s*	*they bring ~ she brings, they drop ~ he drops, we fish ~ she fishes*
과거 *-ed*	*play ~ played, work ~ worked, head ~ headed*
과거분사 *-ed*	*play ~ played, work ~ worked, head ~ headed*

고대영어 격 체계의 유일한 흔적은 소유격 표시 *-'s*와 대명사 주격 *he, she, they*에 대비되는 *him, her, them*과 같은 몇몇 사격 형태이다. 대명사 체계는 2인칭 단수 *thou/thee*와 2인칭 복수 *you*의 대립이 사라지고 일반화된 형태 *you*로 통합되었듯이 초기 현대영어에서 현대영어에 이르기까지 감소되었다.

굴절어미의 상실로 인해 영어는 매우 **분석적인 언어**가 되었는데, 다시 말하면, 한 문장에서 단어들의 관계가 기본적인 형태로부터의 많은 일탈을 허용하지 않는 비교적 고정된 **어순**과, 예를 들어, 전치사의 사용으로 표시된다.

대모음추이는 대부분 1700년까지 완성되었으며, 무엇보
다도 그것의 종료가 현대영어기의 시작을 알린다. 발음과 철
자가 현대영어에서 아주 다르게 된 것은 대부분 대모음추이
의 결과이다. 설명은 아주 분명하다: 15세기 인쇄의 도입에
뒤이어 철자법은 대부분 고정된 반면, 그 당시와 뒤따르는
세기 동안 영어 모음체계는 역사상 가장 근본적인 변화를 겪
었던 것이다.

20세기 초 영국에서는 격조 있는 말씨인 **영국표준영어**(표
준발음)(3.1.3 참조)의 출현을 목도하였다. 영국표준영어는 전
세계에서 외국어 교육의 기준으로서 아직도 널리 사용되고
있으며, 최근까지 영국 방송에서 사용된 유일한 발음이었다.

세계에서 사용되는 영어   2.2

> "우리 말은 좁은 범위에 걸쳐 있고, 우리 섬나라를 벗어나 더 멀리 전파
> 되지 않고 있다..."
> (리처드 멀캐스터 1582)

12세기 말까지 영어는 지리학적으로 콘월의 켈트어 사
용지역, 웨일스, 스코틀랜드와 아일랜드를 제외한 영국제도
에 국한되었지만(영어 이전의 언어와 고대영어 참조), 두 국면의 팽
창으로 영어가 전 세계에 분포할 수 있게 되었다. **첫 번째 국
면**은 **영국제도에 걸친 영어의 전파**인데, 대략 12세기 잉글랜
드에서 시작되었다. **두 번째 국면**의 팽창은 소위 **식민지화**와
관련 있는데, 17세기 초 영국제도의 모든 지역에서 비롯되어
차츰 **영국제도를 벗어나 해외의 많은 영지에 영어를 전파·**

보급하게 되었다.

영국제도에 영어의
전파

영국제도에 영어를 전파한 첫 번째 국면은 전 세계의 영어를 언급할 때 종종 잊히고 거의 언급되지 않는다. 그러나 영국제도의 초기 발달과정이 영국영어(BrE)의 아변종, 즉 잉글랜드영어, 아일랜드영어, 북아일랜드영어, 웨일스영어, 스코틀랜드영어, 그리고 별개 언어로서의 스코틀랜드어의 출현에 주로 원인이 있으며, 또한 각기 다른 아변종 화자들의 이민 때문에 독특한 해외 변종의 발달에 주요한 역할을 했다는 것을 명심하는 것이 중요하다.

영국제도 밖으로의
영어 전파

영국제도 밖으로 영어를 보급하게 된 영어 전파의 두 번째 주요 국면은 대개 **식민지화**로 언급되는 것과 밀접히 관련이 있다. 16세기 말까지 영어는 런던의 한 학교 선생님이었던 리처드 멀캐스터가 1582년 "우리말은 우리의 땅을 벗어나지도 않고 모두에 걸쳐 있지도 않고 작게 펼쳐져 있다."라고 썼듯이 영국제도에 국한되어 있었다.

영국은 북미에서 개척 부락의 확립과 더불어 17세기 초 비교적 늦게 식민지에 발을 들여놓았다. 이어서 전 세계 많은 영토들이 영국 식민지화 정책과 대영제국의 확장에 의해 영향을 받았다. 그 결과 오늘날 영어는 미국, 캐나다, 오스트레일리아, 뉴질랜드를 포함한 많은 나라와 영토에 있는 인구 대다수의 **모국어**(ENL, L1)이다. 영어는 또한 중요한 **제2언어**(ESL, L2)로 사용되고 있다. 즉, 영어는 인도, 나이지리아, 남아프리카공화국을 포함한 60개 이상의 국가와 영토에서 공식적 또는 준공식적 언어이거나 특별한 목적으로 사용되고 있다. 다음 표는 영토별 영어 화자들의 추정된 숫자를 보여준다:

Territory	Population	L1 Speakers	L2 Speakers	Total(L1+L2)
American Samoa	67,000	2,000	65,000	67,000
Antigua & Barbuda (c)	68,000	66,000	2,000	68,000
Aruba	70,000	9,000	35,000	44,000
Australia	18,972,000	14,987,000	3,500,000	18,487,000
Bahamas (c)	298,000	260,000	28,000	288,000
Bangladesh	131,270,000	-	3,500,000	3,500,000
Barbados (c)	275,000	262,000	13,000	275,000
Belize (c)	256,000	190,000	56,000	246,000
Bermuda	63,000	63,000	-	63,000
Botswana	1,586,000	-	630,000	630,000
British Virgin Islands (c)	20,800	20,000	-	20,000
Brunei	344,000	10,000	134,000	144,000
Cameroon (c)	15,900,000	-	7,700,000	7,700,000
Canada	31,600,000	20,000,000	7,000,000	27,000,000
Cayman Islands (c)	36,000	36,000	-	36,000
Cook Islands	21,000	1,000	3,000	4,000
Dominica (c)	70,000	3,000	60,000	63,000
Fiji	850,000	6,000	170,000	176,000
Gambia (c)	1,411,000	-	40,000	40,000
Ghana (c)	19,894,000	-	1,400,000	1,400,000
Gibraltar	31,000	28,000	2,000	30,000
Grenada (c)	100,000	100,000	-	100,000
Guam	160,000	58,000	100,000	158,000
Guyana (c)	700,000	650,000	30,000	680,000
Hong Kong	7,210,000	150,000	2,200,000	2,350,000
India	1,029,991,000	350,000	200,000,000	200,350,000
Ireland	3,850,000	3,750,000	100,000	3,850,000
Jamaica (c)	2,665,000	2,600,000	50,000	2,650,000
Kenya	30,766,000	-	2,700,000	2,700,000
Kiribati	94,000	-	23,000	23,000
Lesotho	2,177,000	-	500,000	500,000
Liberia (c)	3,226,000	600,000	2,500,000	3,100,000
Malawi	10,548,000	-	540,000	540,000
Malaysia	22,230,000	380,000	7,000,000	7,380,000
Malta	395,000	13,000	95,000	108,000
Marshall Islands	70,000	-	60,000	6,000
Mauritius	1,190,000	2,000	200,000	202,000
Micronesia	135,000	4,000	60,000	64,000

도해 2.13
전 세계에서 추정된
영어 모국어 및 2언어
화자들(크리스탈
2003a: 62-65).

(c)는 영어기반의
크레올을 나타냄.

* United Kingdom에
대한 숫자는 전체에
포함시키지 않음.

Montserrat (c)	4,000	4,000	-	4,000
Namibia	1,800,000	14,000	300,000	314,000
Nauru	12,000	900	107,000	11,600
Nepal	25,300,000	-	7,000,000	7,000,000
New Zealand	3,864,000	3,700,000	150,000	3,850,000
Nigeria (c)	126,636,000	-	60,000,000	60,000,000
Northern Marianas (c)	75,000	5,000	65,000	70,000
Pakistan	145,000,000	-	17,000,000	17,000,000
Palau	19,000	500	18,000	18,500
Papua New Guinea (c)	5,000,000	150,000	3,000,000	3,150,000
Philippines	83,000,000	20,000	40,000,000	40,020,000
Puerto Rico	3,937,000	100,000	1,840,000	1,940,000
Rwanda	7,313,000	-	20,000	20,000
St Kitts & Nevis (c)	43,000	43,000	-	43,000
St Lucia (c)	158,000	31,000	40,000	71,000
St Vincent & Grenadines (c)	116,000	114,000	-	114,000
Samoa	180,000	1,000	93,000	94,000
Seychelles	80,000	3,000	3,000	33,000
Sierra Leone (c)	5,427,000	500,000	4,400,000	4,900,000
Singapore	4,300,000	350,000	2,000,000	2,350,000
Solomon Islands (c)	480,000	10,000	165,000	175,000
South Africa	43,586,000	3,700,000	11,000,000	14,700,000
Sri Lanka	19,400,000	10,000	1,900,000	1,910,000
Suriname (c)	434,000	260,000	150,000	410,000
Swaziland	1,104,000	-	50,000	50,000
Tanzania	36,232,000	-	4,000,000	4,000,000
Tonga	104,000	-	30,000	30,000
Trinidad & Tobago (c)	1,170,000	1,145,000	-	1,145,000
Tuvalu	11,000	-	800	800
Uganda	23,986,000	-	25,00,000	2,500,000
United Kingdom*	59,648,000	58,190,000	1,500,000	59,690,000
UK Islands (Channel Is, Man)	228,000	227,000	-	227,000
United States	278,059,000	215,424,000	25,600,000	241,024,000
US Virgin Islands (c)	122,000	98,000	15,000	113,000
Vanuatu (c)	193,000	60,000	120,000	180,000
Zambia	9,770,000	110,000	1,800,000	1,910,000
Zimbabwe	11,365,000	250,000	5,300,000	5,550,000
Other dependencies	35,000	20,000	15,000	35,000
Total	**2,236,800,800**	**329,140,400**	**430,608,500**	**759,748,900**

21세기 영어   2.3

영어의 미래에 관한 많은 예측이 잘못되어 왔지만, 미국의
제2대 대통령인 존 아담스(1735-1826)는 1780년 9월 23일 궁
극적으로 사실로 입증될 세계에서 영어의 미래 역할에 대한
하나의 예언을 했다. 아담스는 "영어가 세계에서 가장 존경
받을 언어가 될 것이고, 금세기가 끝나기 전에는 아닐지라도
다음 세기에는 가장 보편적으로 읽히고 말하게 될 것"이라고
말했고, 계속해서 그는 "영어가 다음 세기부터 계속해서 지
난 시대의 라틴어나 현 시대의 프랑스어보다 더 일반적으로
세계의 언어가 될 운명에 처해 있다"고 말했다.

국제어 또는 세계어의 출현은 정치, 문화, 경제의 힘과 밀   **세계어로서의 영어**
접히 관계가 있는데, 오늘날 세계에서 영어의 지위는 역사적
으로 두 가지 주요 이유에 기인한다: 첫째, 위에서 살펴보았
듯이, 영어는 19세기 말 정점에 이르렀던 **영국 식민국의 확장**
과 더불어 영어가 전 세계에 퍼졌다. 둘째, 20세기 영어의 지
속된 세계적 지위와 증가하는 보급은 **미국의 선도적인 경제
및 군사 강국의 확립**의 결과이다. 빈번히 주장되어왔듯이, 그
러한 발달이 그 언어의 어떤 특별한 본래적인 언어학적 특성
과 관련이 없다는 것이 적어도 언어학자들 사이에서 일반적
으로 일치된 의견이라는 것을 주목하는 것이 중요하다.

현재 세계어로서의 영어의 지위는 세계에서 영어 화자와
사용자들의 인상적인 숫자(위 참조)에 부분적으로 근거하고
있는데, 영어 비모국어 화자들 덕택에 중요성이 증가되고 있
다. 불행히도 화자와 사용자라는 용어가 분명히 정의되지 않

고 있어서 특히 비모국어 화자들의 수치는 상당히 변화무쌍하다. 모국어 화자의 수는 별로 어려움이 제기되지 않는 것처럼 보이고 있는데, 3억과 4억 사이의 어디쯤으로 널리 받아들여지고 있다. 영어가 모국어가 아닌 화자들의 정확한 숫자는 확정하기가 훨씬 더 어렵고, '영어를 말하는', '영어를 사용하는' 또는 '영어를 아는' 것으로 간주될 수 있는 최소 숙달 수준의 정의에 크게 의존한다. 비모국어 영어 사용자의 수치가 몇 억에서 이십 억 이상까지 범위에 들지만, 정확한 숫자가 무엇이든, 오늘날 영어는 의심의 여지가 없이 전 세계에서 가장 널리 사용되는 언어이다. 영어의 사용자는 중국어 화자들의 숫자보다 더 많다. 오늘날 영어 사용자의 대부분은 그 언어의 비모국어 화자들이고, 그들의 비율은 끊임없이 증가하고 있다. 카추루는 영어의 3원을 도입해서 다른 영토에서 영어의 다른 기능을 설명하려고 한다:

도해 2.14
영어의 3원(카추루를
인용한 크리스탈
2003a: 61에서
재인용)

확장원

외부원

내부원
예: 미국, 영국
3억 2천-
8천만 명

예: 인도, 싱가포르
3억-5억 명

예: 중국, 러시아
5억-10억 명

영어의 국제적 지위, 즉 **세계 공용어**로서의 위상, 다시 말해서, 공통의 모국어를 사용하지 않는 사람들의 의사소통을 위해 사용된 언어로서의 위상을 정당화하는 또 다른 중요한 요인은 엄청난 화자들과 불가분의 관계가 있다.

> *"이제까지 어떤 언어도 그렇게 많은 사람들이 그렇게 많은 곳에서 대규모로 사용한 적이 없었다."*
> (맥아더 1998: 54)

인도는 아마도 **국내에서**의 의사소통을 위한 공용어로서 영어 사용의 가장 두드러진 예이다. 인도에서 영어는 힌디어와 더불어 국내 상호작용을 위한 필수 도구이다. **세계적으로** 그리고 **범문화적으로** 주로 영어로 행해지는 많은 활동과 주제들이 있다. 이 **영역**들 중 몇 개만 이름을 들자면, 오늘날 영어는 국제관계에서 유력한 세계어이고, 대부분의 국제기구와 회사에서 그리고 거의 모든 국제회합에서 공용어로 사용되고 있다. 영어는 미디어와 특히 학문적 출판과 발표논문들을 지배하고, 국제해상수송을 통제하는 수단(해상통신)과 항공통제(항공통신)을 포함한 국제 여행 및 수송에서 중요한 역할을 하고, 전자통신뿐만 아니라 대부분의 전통적 통신을 위해 현재 사용되고 있으며, 인터넷의 주요 공용어이다. 영어는 더 이상 영어를 모국어로 말하는 몇몇 국가들의 언어가 아니다. 그것은 **국제어**가 되어서 원래 영어를 말하는 지역으로부터 어느 정도 독립되어 있다.

우리는 세계에서 영어를 말하는 많은 사람들을 보면서 기능뿐만 아니라 지리적 영역에서 역사상 처음으로 **진정한 세계어**에 대해 말할 수 있게 되었다고 결론지을 수 있다. 맥아더(1999: 54)는 "어떠한 언어도 그렇게 많은 장소에서 그렇게 많은 사람들에 의해 아주 광범위하게 사용된 적이 없다"고 말하면서 전례가 없는 영어의 위상을 간단히 요약하고 있다. 물론 영어의 전파와 다양성은 광범위한 원천으로부터 각양각색의 영향력을 받아들여 그 언어의 개별적 변종들에게 다른 변화가 일어나는 것을 허용했기 때문이다(8.2.1 참조). 또한 영어의 세계적 지배는 특히 작은(덜 사용되는) 언어들에게 하나의 위협으로 흔히 인식되고 있다는 것을 주목해야 한다.

2.4   연습문제

1   통시적 언어학의 주목표가 무엇인가?

2   다음 지명 중 어느 것이 고대영어의 주 방언 지역을 가리키는가?
Kentish, *Anglo-saxon*, *West-Saxon*, *Anglian*, *Cockney*

3   다음 진술이 맞는지 틀리는지 결정하시오.
a) 고대영어의 명사체계는 현대영어보다 더 많은 격을 가진다.
b) 대모음추이는 중세영어의 모든 단모음에 영향을 주었다.
c) 게르만 민족의 이주가 로마의 영국 점령을 끝냈다.
d) 현대영어는 분석언어이다.
e) 영어는 북게르만어족에 속한다.

4   현대영어에서 *moon*과 *I*에 있는 모음 /uː/와 /aɪ/는 왜 철자 ⟨oo⟩와 ⟨I⟩로 각각 쓰이는가? /ː/는 장모음을 나타낸다.

5 영어에 관한 한 인도는 소위 외부원의 나라로 여겨진다(도해 2.14 참조). 인도에서 영어의 기능을 조사해서 설명하시오.

6 다음 역사적으로 관련된 단어들의 쌍들을 비교하라(도해 2.3 참조):
   – 현대영어 *pepper*와 현대독일어 *Pfeffer*,
   – 현대영어 *post*와 현대독일어 *Pfosten*,
   – 현대영어 *pound*와 현대독일어 *Pfund*,
   – 현대영어 *path*와 현대독일어 *Pfad*,
   – 현대영어 *pipe*와 현대독일어 *Pfeife*.
   현대영어와 현대독일어의 상응하는 형태를 비교해서 두 언어 사이에서 일어났던 규칙적인 변화를 기술하시오.

INTRODUCTION TO ENGLISH LINGUISTICS

3 음성학과 음운론

음성학과 음음론은 언어의 소리를 다루는
별개지만 밀접히 상호 관련된 언어학의 분야들이다.
음성학은 특정 언어와 독립된 인간의 말소리의 과학적 연구인 반면
음운론은 개별언어의 음 체계와 이 체계 안에 있는
어떤 소리들의 기능과 패턴을 다룬다.

3.1 음성학: 말소리의 연구

> 음성학은 "인간의 소리 내기, 특히 발화에서 사용되는 소리들의 특성을 연구해서 기술, 분류, 표기하는 방법을 제공하는 학문"이다.
> (크리스탈 2003: 349)

음성학은 인간 언어의 화자들에 의해 사용된 다양한 소리와 관계가 있다. **단음** 또는 **분절**로 일컬어지는 수많은 가능한 **말소리**들이 있는데, 그중 개별언어들은 단지 작은 부분만을 사용한다. 그러나 아이든 어른이든 어떤 인간이나 이 모든 소리들을 설사 그들의 모국어에서 일반적으로 발생하지 않는 소리조차도 발음하는 법을 배울 수 있다는 것에 주목하는 것이 중요하다.

말소리에 접근하는 세 가지 다른 방법을 반영하는 **세 가지 유형의 음성학**이 있다:

도해 3.1
3가지 유형의 음성학

유 형	연구 분야
1) **조음 음성학**	**말소리 생성** 연구. 조음기관으로 불리는 소리기관이 개별 말소리를 어떻게 생산, 즉 조음하는 데 이용되는지 기술하고, 그것들을 관련된 생산기제에 따라 분류한다.
2) **음향 음성학**	**말소리의 전달과 물리적 특성** 연구. 우리가 말할 때 만들어내는 음파의 (길이, 빈도, 세기와 같은) 물리적 특성들을 측정하고 분석하는 데 관심을 두고 소리를 기술하는 객관적 접근법이다.
3) **청각 음성학**	**말소리의 인지** 연구. 소리가 청자에 의해 어떻게 인지되고 처리되는지 연구한다.

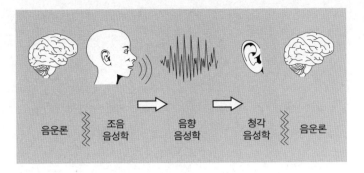

음운론 ≷ 조음
음성학 음향
음성학 청각
음성학 ≷ 음운론

　발화사슬의 세 가지 주요 국면들은, 화자의 두뇌가 말소리의 생성을 통제하고 청자의 두뇌는 귀로 전달받은 소리들을 분석해야 한다는 것을 마음속에 간직하면서, 도해 3.2에서 보여주듯이 그림으로 묘사될 수 있다.

　이 장은 음성학의 하위 세 분야 중에서 가장 긴 역사를 가지고 있고 발음의 교수 · 학습에 있어서 폭넓은 적용을 받은 조음 음성학에 초점을 둔다.

말소리 생성　　　　　　　　　　　　　　　3.1.1

소리의 조음을 논하기 위해서 우리는 **음 생성체계**에 대한 기본적 지식이 필요하다. 말소리 생성에 관여하는 **세 가지 기본적인 구성요소**가 있다: 첫째 **허파**, 둘째 성대주름(성대로 잘 알려진 근육의 주름)과 성문(성대주름 사이의 공간)을 포함한 **후두**, 셋째 구강과 비강을 포함하는 후두 위의 **성도**가 있다.

도해 3.3
음 생성체계(오그래디
외 2004: 18)

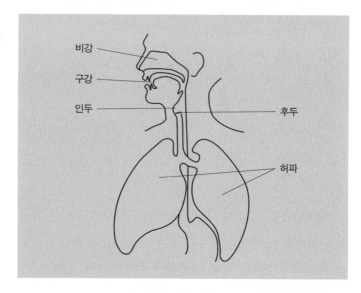

비강

구강

인두

후두

허파

기류기제

세계의 언어들에서 사용되는 대부분의 소리들은 폐에서 위로 올라와 입이나 코로 또는 가끔은 둘을 동시에 통과해서 몸 밖으로 나가는 기류(밖으로 내쉬는 숨소리)에 의해 생성된다. 이것을 **폐장 배출 기류기제**라 부른다. 모든 영어의 소리들은 이런 식으로 생성된다. 다른 기류기제가 가능한데, 즉 들여쉬는 기류(안으로 들이쉬는 숨소리)를 이용하는 기제가 있지만 여기서는 논의하지 않을 것이다.

언어기관

폐로부터 나온 기류는 소위 **언어기관**(또는 **조음기관**)에 의해 변경되어 다양한 소리들을 생성한다. 소리의 기술과 분류는 **기류가 이 조음기관에 의해 어떻게 그리고 어디서 변경**되었는가에 대부분 달려있다. 우리는 입술이나 혀처럼 자의적으로 통제될 수 있는 움직일 수 있는 (또는 가동성의) **능동적 조음기관**과 치경이나 경구개처럼 자의적으로 통제될 수 없는 움직일 수 없는 (또는 비가동성의) **수동적 조음기관**을 구분

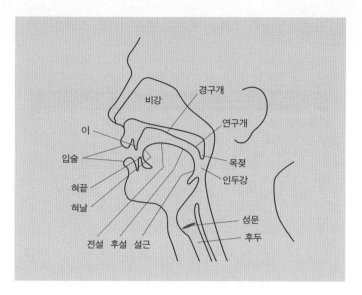

도해 3.4의 조음기관 그림에는 다음과 같은 명칭이 표시되어 있다: 비강, 경구개, 연구개, 이, 입술, 목젖, 혀끝, 인두강, 혀날, 성문, 전설 후설 설근, 후두.

한다. 그러나 '조음기관'이라는 이름에도 불구하고, 언어보다 특히 먹고 마시는 생물학적 기능이 이 기관들의 주목적이라는 것을 지적하지 않을 수 없다.

자음과 모음의 기술과 분류

세계의 많은 언어들에 의해 사용되는 모든 말소리는 두 개의 자연류, 즉 **자음**과 **모음**으로 나누어진다. 이 유형의 근본적인 음성학적 차이는 자음이 성도를 간신히 또는 완전히 폐쇄함으로써 조음되는 반면, 모음은 기류의 어떠한 방해 없이 생성된다는 것이다.

위에서 보았듯이 영어의 모든 소리들은 폐장 배출 기류 기제로 생성된다. 우리가 자음을 조음할 때, 기류는 성도의 어떤 조음기관에 의해 **부분적으로 또는 완전히 방해**를 받는

자음

다. **자음의 기술과 분류**는 세 개의 다른 기준을 포함한다:

도해 3.5
자음의 기술과 분류

기준	가능성
1) **성문의 상태**	무성 또는 유성(아래 경음과 연음 참조)
2) **조음장소**	양순음, 순치음, 치(간)음, 치경음, 후치경음, 권설음, 경구개음, 연구개음, 구개수음, 인두음, 성문음
3) **조음방법**	파열음(또는 폐지음), 비음, 전동음, 탄설음, 마찰음, 파찰음, 설측마찰음, 접근음, 설측접근음

성문의 상태

폐장음의 생성을 위한 공기는 폐로부터 나와 후두에 있는 **성대주름 사이의 공간**인 **성문**을 통과한다. 성문이 좁아지고 성대주름이 촘촘히 접혀지면 공기는 성대를 진동시킨다; 그 결과로 생긴 소리를 **유성음**이라 한다. 성문이 열리고 성대가 떼어지면 공기의 흐름은 성대를 통하면서 아무런 진동을 하지 않는다; 그 결과 생긴 음을 **무성음**이라 부른다.

소리가 유성음인지 무성음인지 알아내는 간단한 실험방법이 있다: 소리를 낼 때 후두에 손가락을 대보든지 손가락

도해 3.6
성문의 상태: 유성음과
무성음(오그래디 외
2004: 19)

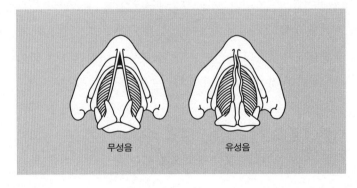

무성음   유성음

62

으로 귀를 막아보라. *zeal*과 *seal* 또는 *fan*과 *van* 각각의 단어에서 첫 음에 대한 진동의 차이를 느낄 수 있을 것이다.

무성음과 유성음 사이의 대조는 기류가 폐로부터 밀쳐지는 힘의 차이를 대개 동반한다. 무성음은 강한 숨소리와 함께 만들어져서 **경음**(fortis, '딱딱한'을 뜻하는 라틴어)이라 불린다. 다른 한편, 유성음은 대개 비교적 약한 힘으로 만들어져서 **연음**(lenis, '부드러운'을 뜻하는 라틴어)이라 일컬어진다. 어떤 언어학자들은 자음의 기술을 위해 무성 대 유성의 대조 대신에 경음 대 연음의 대조를 사용한다. 여기에서 우리는 대부분의 경우 무성 대 유성과 경음 대 연음 사이에 대칭적 관계가 있다는 것을 명심하면서 더 흔히 사용되는 구별인 무성자음과 유성자음을 사용할 것이다.

자음을 기술하고 분류할 때 **기류가 방해를 받는 정확한** 조음위치
위치를 언급하는 것이 또한 중요하다. **조음위치**는 자음을 발성하는 동안 서로 다가와 접촉하는 조음기관의 이름을 이용해 대개 명칭을 붙인다(도해 3.4 참조); 우리는 성도의 앞쪽에서 시작해 뒤로 가면서 살펴볼 것이다:

도해 3.7
조음위치

조음위치	발화	보기
양순음	양 입술을 닿게 함으로써 발화한다.	[p], [b], [m]
순치음	아랫입술을 위 앞니에 댐으로써 만들어낸다.	[f], [v]
치음	혀끝을 윗니에 대거나 또는 (치간음에서처럼) 앞니 사이에 끼게 하여 발화한다.	[θ], [ð]
치경음	치경이라 불리는 위 앞니 뒤 작은 부분(잇몸)에 혀끝을 대고 조음한다.	[t], [d], [s], [z], [n], [l]

후치경음	치경이나 바로 그 뒷부분까지 혀를 접근시키거나 닿게 함으로써 만들어낸다.	[ʃ], [ʒ]
권설음	혀끝을 둥글게 굴려 경구개 근처에 오게 하거나 닿게 함으로써 조음한다.	[ʈ]
경구개음	혀끝을 경구개 근처에 오게 하거나 닿게 함으로써 만들어낸다.	[c], [j]
연구개음	혀의 뒤쪽을 연구개까지 올려 발화한다.	[k], [g], [ŋ], [x]
구개수음	혀의 뒤쪽이나 뿌리 부분을 구개수(목젖)까지 움직여서 만들어낸다.	[ʀ]
인두음	혀뿌리를 인두 속으로 쑥 들어가게 함으로써 발화한다.	[ħ]
성문음	후두에 있는 성대주름에 의해 조음된다.	[h], [ʔ]

똑같은 조음위치를 공유하는 다른 소리들을 **동기음**이라 부른다. [p]와 [b]는 둘다 양순음이므로 동기음이다.

조음방법

독특하면서도 애매하지 않게 자음을 기술하기 위한 세 번째 기준은 소위 **조음방법**이다. 우리는 공기의 흐름이 어디서 방해를 받는지 언급해야 할 뿐만 아니라 또한 관련된 언어기관의 **폐쇄 유형이나 정도**, 즉 어떤 자음을 발화하기 위해 **어떻게 기류가 성도에서 변형**되는지 기술해야 한다.

어떤 음성학자들은 성도의 수축 정도에 따라 자음을 두 개의 다른 집단으로 나눈다. 파열음, 마찰음, 그리고 파찰음은 조음될 때 기류가 강력히 또는 완전히 방해받기 때문에 **장애음**이라 말한다. 다른 유형의 자음들은 소위 **공명음**에 속하는데, 비교적 자유로운 공기의 흐름으로 발화되기 때문이다.

조음방법	발화	보기
파열음 (폐지음)	화자는 조음기관을 이용하여 기류를 완전히 폐쇄시킴으로써 저지(또는 정지)시키고, 공기의 압력을 높이고, 마침내 공기를 갑자기 또는 '폭발적으로' 입 밖으로 내보낸다.	[p], [b], [t], [d], [k], [g], [ʔ]
마찰음	계속적인 기류가 조음기관 사이의 아주 좁은 구멍을 통해 계속 흐르게 해서 들을 수 있는 마찰을 만들어낸다.	[f], [v], [θ], [ð], [s], [z], [ʃ], [ʒ], [h]
파찰음	파열음과 마찰음이 결합된 하나의 소리; 파찰음은 완전한 폐쇄로 시작하여 조음기관을 가볍게 풀어줌으로써 공기가 좁은 통로를 천천히 빠져나가게 한다.	[ʧ], [dʒ]
비음	연구개를 아래로 내려 기류가 부분적으로 혹은 완전히 코를 통과하게 한다.	[m], [n], [ŋ]
탄설음	혀가 입천장을 빠르게 침으로써 공기의 흐름을 잠시 방해하면서 발화한다.	[ɾ]
전동음	혀끝이나 목젖과 같은 조음기관이 기류에서 진동한다.	[r], [ʀ]
설측 마찰	공기가 언어기관의 부분적 폐쇄로 인해 양 옆으로 좁은 통로를 통해 빠져나간다.	[ɬ]
접근음	조금기관이 접근하지만 서로 접촉하지 않아, 마찰음을 만드는 것보다 더 넓은 구멍을 만들어준다.	[ɹ], [j], [w]
설측 접근	(설측마찰음처럼) 부분적인 폐쇄로 양 옆으로 빠져 나가는 공기에 의해 만들어지지만, (접근음처럼) 구멍이 너무 넓어 어떠한 마찰도 일어나지 않는다.	[l]

자음 기술의 세 가지 주요 양상들을 이용하여, 한 자음을 **3부의 조음기술** 다른 자음과 혼동되지 않도록 정확하게 정의하기 위해 우리

는 흔히 **3부의 조음 기술**을 제공한다. ① **성문의 상태**가 우선 언급되고, ② **조음위치**와 ③ **조음방법**이 뒤따른다.

음성학적으로 [v]로 표기된 *van*의 첫 소리를 예로 들어보자: ① 이 소리를 발성하는 동안 목에 손을 대보면 우리는 성대가 울리는 것을 느낄 수 있으므로, 이 소리는 유성음이다. ② 아랫입술이 위 앞니에 닿게 되므로 조음위치는 순치음이다. ③ 공기는 아랫입술과 위 앞니 사이의 좁은 구멍을 통과해서 귀로 들을 수 있는 마찰을 만들어낸다. 조음방법에 따라 이 소리는 의심할 것 없이 마찰음이다. [v]의 독특한 3부로 된 조음 기술은 유성 · 순치 · 마찰음이다.

모음

자음과 반대로 모음은 성도에서 **기류의 저지를 받지 않고 조음**된다. 모음은 근본적으로 **항상 유성음**이고 **자음보다 더 공명음**이다. 즉, 모음은 자음보다 더 완전한 성조를 가지고 있어서 더 크고 오래 지속되는 것으로 인식된다.

그러면 모음들은 어떻게 구별하나? 우리는 자음의 기술과 분류를 위해 사용했던 것과 완전히 다른 특성들을 필요로 한다. 모음들은 **음량**에서 다르다: 그것들은 **짧거나 길 수 있다**(어떤 음성학자들의 용어로 말하면, 단모음은 **이완모음**으로, 장모음은 **긴장모음**으로 일컬어진다). 모음은 대부분 혀의 움직임에 따라 또한 음질에서 차이가 난다: 성도에서 기류를 변경시키기 위해 혀의 다른 부분이 올라가거나 내려올 수 있고, 다른 모음 음질을 발성하기 위해 입술이 둥글어지거나 평평해질 수 있다. **모음의 기술과 분류**는 다음 세 가지 기준으로 이루어진다:

기준	가능성
1) 혀의 높이 (또는 개폐정도)	고(폐)모음, 반고(반폐)모음, 반저(반개)모음, 저(개)모음
2) 혀 부분	전설모음, 중설모음, 후설모음
3) 입술의 위치	원순모음, 평순모음

어떤 기술은 네 번째 특성, 즉 연구개의 위치를 고려하여, 연구개를 들어 올려 공기가 입을 통해서만 나가면서 발성되는 **구강모음**과 연구개를 아래로 내려 공기의 일부가 비강을 통과하면서 발성되는 **비강모음** 사이의 차이를 구별한다. 영어의 모든 모음들은 대개 구강모음들이기 때문에 여기서는 이 구별을 하지 않겠다.

모음은 또한 **단모음**(또는 단순모음, 순수모음)과 **이중모음**(또는 이것을 발화하는 동안 하나의 조음에서 다른 조음으로 전이하면서 음질의 변화를 나타내기 때문에 일명 전이모음)으로 구별된다.

음성학자들이 모음을 기술할 때 **혀의 높이**(또는 개폐정도)를 처음으로 본다. 이 특성은 어떤 모음을 발화하기 위해 **혀가 구강에서 얼마나 높이 올라갔는지**(아니면 **혀가 입천장과 얼마나 가까이에 있는지**) 기술하는 데 이용된다. 우리는 **고모음, 반고모음, 반저모음, 저모음**으로 구별하거나 또는 이에 상응하는 용어인 **폐모음, 반폐모음, 반개모음, 개모음**을 사용한다. 두 체계의 용어들이 흔히 서로 바뀌어가며 사용되는데, 고모음은 폐모음에, 반고모음은 반폐모음에, 반저모음은 반개모음에, 저모음은 개모음에 상응한다. 두 체계는 도해 3. 15의 모음도에서 두 가지 방법으로 제시되고 있다.

혀의 높이

모음 기술의 두 번째 요소는 조음에 관여하는 **혀의 부분**이다. 이 특성은 수평축을 일컫는데, 어떤 모음을 발화하기 위해서 **혀의 어느 부분이 올라가는지** 말해준다. 수평축에서 혀의 세 부분이 모음을 조음하는 데 관련이 있다: **앞, 중간, 뒷부분**이다.

혀의 높이와 부분은 물론 상대적 용어들일 뿐이다. 주어진 언어의 어떤 모음을 기술하고 분류하기 위해서 우리는 혀의 높이와 부분의 특성들이 측정될 수 있는 고정된 판단의 기준을 가진 체계를 필요로 한다. 이러한 목적을 위해서 영국의 음성학자 다니엘 존스(1881-1967)는 소위 **기본모음**이라 불리는 18개의 기준 모음체계를 확립했다. 인위적인 이 모음들은 구강 내에서 가능한 극단적인 모음 조음위치를 나타내며 자연적으로 발생하는 모든 모음들에 대한 기준점으로서 역할을 한다. 그것들은 도해 3.10에서 보는 바와 같이, 모음이 발화되는 구강 안의 공간을 반영하는 **모음도**에 정렬되어 있다. 예를 들어, (1)의 [i]는 가능한 가장 높은 전설모음으로, 기류의 방해를 받지 않고 혀끝을 입천장 가까이 끌어올려 발음한다. 다른 한편으로, (5)의 [ɑ]는 가능한 가장 낮은 후설모음이다. 기본모음들은 짝을 이루는데, 오른쪽에 있는 기호는 원순모음을, 왼쪽에 있는 기호는 평순모음을 나타낸다.

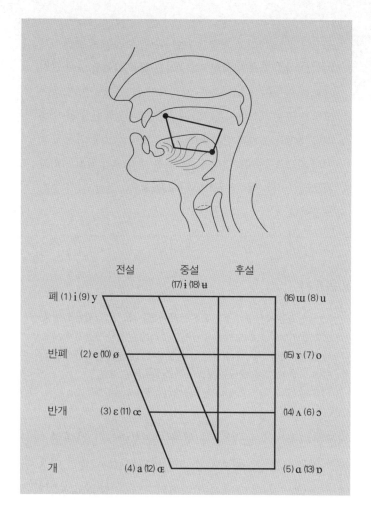

모음 음질은 또한 **입술의 위치**에 의존한다. 입술을 보통   **입술의 위치**
위치에 놓고 모음을 발음할 때 **평순모음**이라 하고, 입술을
오므려 발화할 때 **원순모음**이라 한다.

모음을 기술할 때, 우리는 대개 **3부로 조음을 기술**한다.   **3부의 조음 기술**
(1) **혀의 높이**가 먼저 언급되고, (2) **혀의 부분**과 (3) **입술의**
위치가 뒤따른다.

음성학적으로 [i:]로 기술된 단어 *feel*의 모음을 예로 들어보자: (1) 이 모음을 발화할 때, 우리는 혀를 가능한 높이 올려 어떠한 마찰이나 난기류를 일으키지 않으므로, 이 모음은 고모음 또는 폐모음이다. (2) 우리는 혀의 앞부분을 들어 올린다; *fool*의 조음과 비교해보라. (3) 입술은 보통 위치에 놓여서 평순모음이다; 또한 *fool*을 말할 때 입술의 위치와 비교해보라. [i:]의 3부 조음기술은 고/폐모음·전설모음·평순모음이다.

3.1.3 발음표기

> *"영구인들은 자신들의 언어를 존경하지 않는다. [...] 그들은 그것을 혐오스럽게 말하므로 그 언어가 어떠한 소리가 나는지 자신에게 가르칠 수 있는 사람은 아무도 없다. [...] 독일어와 스페인어는 외국사람들이 손쉽게 배울 수 있다: 영어는 영구인들조차 배울 수 없다."*
>
> (조지 버나드 쇼. 1916. *Pygmalion*. New York: Brentano의 서문)

대부분의 언어들은 **발음**과 **철자**(또는 철자법)과 일대일 대응하지 않는다. 위 인용문에서 조지 버나드 쇼는 특히 다음 시에서 또한 인상 깊게 예시된 영어의 철자와 발음의 불일치에 대해 불평을 한다.

The English Tongue

When the English tongue we **speak**,
why is **break** not rhymed with **freak**?
Will you tell me why it's **true**;
we say **sew** but likewise **few**;

And the maker of a **verse**;
Cannot rhyme his **horse** with **worse**?
Beard sounds not the same as **heard**;
Cord is different from the **word**;

Cow is **cow**, but low is **low**;
Shoe is never rhymed with **foe**.
Think of **hose** and **dose** and **lose**;
And of **goose** and also **choose**;

Think of **tomb** and **bomb** and **comb**;
Doll and **roll** and **some** and **home**.
And since **pay** is rhymed with **say**,
Why not **paid** with **said**, I **pray**?

We have **blood** and **food** and **good**;
Mould is not pronounced like **could**;
Wherefore **done** but **gone** and **lone**?
Is there any reason **known**?

I shall ever wonder **after**;
Why **slaughter** doesn't rhyme with **laughter**;
Thus in short, it seems to **me**,
Sounds and letters **disagree**.

현대영어의 발음에 관한 한 우리가 전통적인 알파벳 철 **발음표기**
자법에 의존할 수 없음을 이 시는 보여준다. 이 말의 뜻은 말
소리를 글로, 특히 사전이나 외국어교재에서 나타내기 위해
서는 별도의 표기체계가 필요하다는 것이다. 이러한 체계에
서 각각의 소리는 똑같은 기호로 항상 표현되어야 하고, 각
각의 소리를 위한 별도의 기호가 있어야 한다. **발음표기**는
소리와 기호 사이의 일대일 관련체계인 소위 **발음기호**를 제
공해준다. 발음기호는 항상 **각괄호** [ ] 안에 넣어 **꺾쇠괄호**

⟨ ⟩ 안에 들어가는 문자와 구별한다.

발음기호 전체가 **음성 알파벳**을 이룬다. 어떤 언어의 소리든 발음기호로 나타낼 수 있는 가장 잘 알려진 체계가 **국제음성기호(IPA)**이다(이 책의 앞표지 안쪽 면에서 완전한 국제음성기호 도표를 볼 수 있다). 대부분 국제음성기호들은 로만 알파벳으로 된 문자와 비슷하지만, 다양한 출처의 기호들을 또한 포함하고 있다. 국제음성기호는 대부분의 영어사전과 기타 참고문헌에서 약간의 수정을 가하면서 사용되고 있다. 그러나 미국의 많은 출판물에서는 다른 표기체계가 사용된다. 국제음성기호는 대부분 조음 음성학에 기초를 두고 있다. 즉, 자음과 모음의 발음표기가 발음되는 방법에 의존한다.

자음표기
　국제음성기호 **자음도**는 자음의 3부 조음기술을 반영한다. 조음위치가 수평축으로 정렬되고, 조음방법은 수직축을 따라 배치된다. 격자방 안에는 무성자음들이 왼쪽에, 유성자음들이 오른쪽에 배치된다(도해 3.11 참조).

영어의 자음
　다른 모든 언어들처럼 영어는 국제음성기호 도표에 있는 모든 자음들을 이용하지 않는다. 다음 도표는 영국영어의 가장 권위 있는 발음으로 오랫동안 여겨졌던 **표준발음**이나 동부와 남부 발음을 제외한 이상화된 **일반미국영어**에서 또는 두 개 모두에서 사용되는 가장 중요한 자음들을 보여주고 있다. 자음들은 조음방법에 따라 집단을 이룬다. 네 개의 마찰음 [s], [z], [ʃ], [ʒ]는 **치찰음**이라는 하위부류를 형성한다.

국제음성기호 자음도표에는 없지만 그럼에도 국제음성기호로 설명될 수 있는 **세 개의 다른 영어의 자음들**이 언급되어야 한다. 문제의 이 자음들은 기호 [w], [tʃ], [ʤ]로 표현된다.

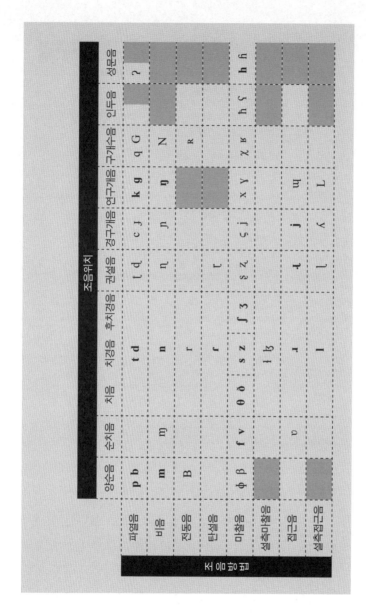

도해 3.11
국제음성기호
자음도(국제음성협회
1999: ix)

굵게 표시된 기호는
영국표준영어와
일반미국영어에서
사용되는 자음을
나타낸다.
진한 회색으로 칠한
부분은 불가능으로
판단되는 조음들을
나타낸다.

*Water*의 [w]는 **유성음 · 양순-연구개음 · 경과음**으로 기술된다. 그것은 두 개의 조음위치를 가지고 있어 국제음성기

구 분	내 용	
파열음	[p] *sport*, *supper*, *cup*	[t] *stick*, *mostly*, *fit*
	[k] *skin*, *stick*, *unique*	
	[b] *bite*, *bubble*, *globe*	[d] *down*, *ladder*, *loved*
	[g] *get*, *bigger*, *egg*	
비음	[m] *mind*, *summer*, *sum*	[n] *now*, *wind*, *sun*
	[ŋ] *singer*, *sung*	
전동음	[r] *right*, *true* (RP에서는 사용되지 않지만, *rat*과 *true*와	
	같은 스코틀랜드 영어에서 사용됨)	
탄설음	[ɾ] *butter*, *ride* (RP에서는 사용되지 않지만	
	일반미국영어에서는 흔히 사용됨)	
마찰음	[f] *fun*, *office*, *photograph*	[θ] *thick*, *ether*, *teeth*
	[s] *sit*, *descent*, *kiss*	
	[v] *van*, *oven*, *prove*	[ð] *these*, *either*, *teethe*
	[z] *zero*, *busy*, *jazz*	
	[ʃ] *ship*, *nation*, *fish*	[ʒ] *genre*, *vision*, *rouge*
	[h] *hat*, *who*, *behind*	
접근음	[ɹ] *right*, *true*	[ɻ] *right*, *true* (일반미국영어)
	[j] *yes*, *view*, *few*	
설측접근음	[l] *light*, *silly*	

호 자음도의 어떤 격자방 안에도 들어갈 수 없다는 점에서
특별하다. [w]와 [j]는 둘 다 접근음에 해당되므로, 조음될
때 공기가 성도를 통해 비교적 자유롭게 지나가기 때문에 약
간의 모음과 같은 특성을 가지고 있다. 사실상 순전히 음성
학적 관점에서 볼 때, 이 소리들은 자음보다는 모음에 가깝
다. 그러면 왜 그것들을 자음에 포함시킬까? 우리는 아래에
서 [w]와 [j]가 영어에서 자음처럼 기능을 하고, 따라서 모음

과 자음 사이의 중간 위치를 차지한다는 것을 보게 될 것이다(3.2.2 참조). 이러한 이유로 그것들은 흔히 **반모음** 또는 **유음**이라 불린다.

[tʃ]와 [dʒ]는 **폐찰음**이라 불리는데, 파찰음과 마찰음의 결합으로 이루어진 단일음이다(3.1.2 참조). [tʃ]는 *church*, *feature*, *rich*와 같은 단어에서 발음된다. 이에 상응하는 유성음 [dʒ]는 *judge*, *magic*, *Geroge*와 같은 단어에서 발음된다. 북미 자음기술은 대개 이러한 폐찰음 및 관련 마찰음에서 국제음성기호와 다르다: [ʃ], [ʒ], [tʃ], [dʒ]는 각각 [š], [ž], [č], [ǰ]로 대개 표기된다.

국제음성기호 도표에서 기타 몇 가지 중요한 기호들은 다음 도해에서 설명될 것이다:

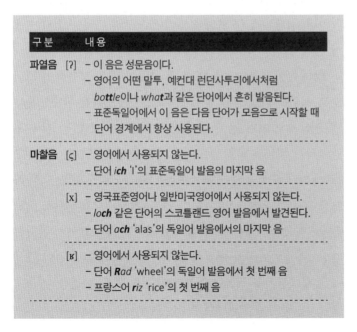

구분		내용
파열음	[ʔ]	– 이 음은 성문음이다.
		– 영어의 어떤 말투, 예컨대 런던사투리에서처럼 *bottle*이나 *what*과 같은 단어에서 흔히 발음된다.
		– 표준독일어에서 이 음은 다음 단어가 모음으로 시작할 때 단어 경계에서 항상 사용된다.
마찰음	[ç]	– 영어에서 사용되지 않는다.
		– 단어 *ich* 'I'의 표준독일어 발음의 마지막 음
	[x]	– 영국표준영어나 일반미국영어에서 사용되지 않는다.
		– *loch* 같은 단어의 스코틀랜드 영어 발음에서 발견된다.
		– 단어 *ach* 'alas'의 독일어 발음에서의 마지막 음
	[ʁ]	– 영어에서 사용되지 않는다.
		– 단어 *Rad* 'wheel'의 독일어 발음에서 첫 번째 음
		– 프랑스어 *riz* 'rice'의 첫 번째 음

도해 3.13
기타 몇 가지 중요한
자음기호들

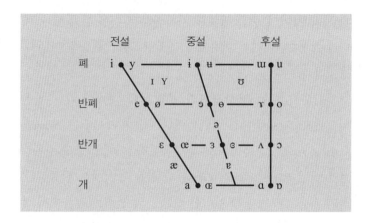

모음표기

    국제음성기호 자음체계와 같이 국제음성기호 **모음도**는 조음기술과 위에서 논의한 기본 모음도에 근거한다. 그것은 모음 3부 조음기술을 반영한다: 혀의 높이 또는 개폐 정도가 수직축에 정렬되고, 조음에 관련된 혀의 부분이 수평축에 위치한다. 입술의 둥근 모양 정도가 쌍으로 나타나는 소리에 예시 된다; 오른쪽에 있는 기호가 항상 원순모음을 나타낸다.

영어 모음

    국제음성기호 모음도에 속해 있는 수많은 모음들 중에서 오직 제한된 모음만이 영어에서 사용된다. 여러 이중모음들에 관심을 가지기 전에 우선 **단일모음**들을 보게 될 것이다. 영어의 단일모음들은 단모음과 장모음으로 구별될 수 있다. 그러나 이 유형들은 모음 길이에 의해 구별될 뿐만 아니라 모음 음질에 의해 구별되는데, 즉 혀의 위치가 다르다. 장모음들은 대개 두 개의 수직 점으로 구성된 **길이표시**가 뒤따르지만, 그 길이표시가 예컨대 [i]와 [ɪ] 사이의 음질 차이 때문에 국제음성기호 체계에서 반드시 필요로 되는 것은 아니다. 영국표준영어와 일반미국영어의 단모음들은 다음과 같다:

76

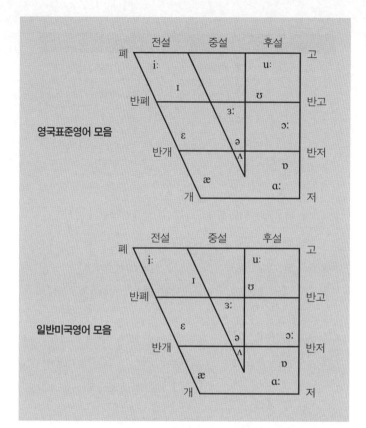

도해 3.15
영국표준영어와
일반미국영어의 모음
(메이어 2005: 96-97)

우리는 위 도표에서 모음 음질이 대략적인 표시일 뿐이
고 똑같은 기호가 다른 언어에서 또는 같은 언어의 다른 방
언에서 약간씩 다른 모음 음질을 나타낼 수 있다는 것을 볼
수 있다. 이 모음도에 따르면 영국표준영어와 일반미국영어
의 다음 장·단모음을 식별할 수 있다.

도해 3.16
영어의 장 · 단모음
*영국표준영어에서만
사용

IPA	3부 조음 기술	영국표준영어		일반미국영어
단모음 [ɪ]	반고/고 · 전설 · 평순	bit, sin, income		
[ɛ]	중 · 전설 · 평순	let, guest		
[æ]	반저/저 · 전설 · 평순	bat, van	dance	
[ə]	중 · 중설 · 평순 (항상 비강세)	teacher	about, buttom	[ɚ] 또는 [ər] teacher
[ʌ]	반저 · 중설 · 평순	but, son		
[ʊ]	반고/고 · 후설 · 원순	put, book		
[ɒ]*	반저/저 · 후설 · 원순	pot, what		–
장모음 [iː]	고 · 전설 · 평순	fee, tea, cream		
[ɜː]	반고 · 중설 · 평순	bird, firm		[ɝː] 또는 [ɝːr] bird, firm
[uː]	고 · 후설 · 원순	food, two		
[ɔː]	반저 · 후설 · 원순	north, war, thought		[ɔːr] north, war
[ɑː]	저 · 후설 · 평순	car, dance	father	pot, [ɑːr] car

위의 모든 단일모음들 중에서 모음 음질은, 모음을 발화
하는 동안 조음기관이 똑같은 위치에 있기 때문에, 다소 일
정하다. 반면에 **이중모음**(또는 **과도모음**)은 조음하는 동안 음
질을 바꾸는 모음들이다. 조음기관이 한 모음 위치에서 다른
모음 위치로 움직이거나 미끄러져 혀의 높이나 가끔은 혀의
부분과 입의 둥근 모양을 바꾼다. 이러한 이유로 모음의 표
기가 두 모음기호를 결합해서 이루어진다. 예를 들어, *boy*의

모음은 [ɔɪ]로 표기된다. 즉, 우선 혀의 뒷부분이 반저 위치
로 인상되고 혀가 둥근 모양을 한 다음, 혀의 앞부분이 반고/
고 위치로 움직이고 입술은 평평해진다.

영어의 이중모음에 두 가지 다른 유형이 있다: (1) [ɪ]나
[ʊ]와 같은 음질로 끝나는 **폐이중모음**이 있다. 이것은 조
음이 끝날 무렵 폐(또는 고) 위치로 혀가 올라간다는 뜻이다.
(2) 영국표준영어의 역사적 발달에서 *beer* 같은 단어에서 [ɹ]
의 손실로부터 기인하는 [ə]와 같은 음질로 끝나는 **중간이
중모음**이 있다. 이 이중모음은 *r*-음을 발음하는 미국영어에
서 모두 사라졌다. 다음 도표는 영어 이중모음을 발음하는
동안 조음이동을 예시한다:

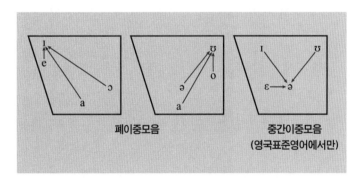

도해 3.17
영어 이중모음

폐이중모음 　　　　중간이중모음
　　　　　　　　　　(영국표준영어에서만)

이 도표에 묘사된 이중모음은 다음과 같이 요약해서 예
시할 수 있다:

도해 3.18
영국표준영어와
일반미국영어의
이중모음

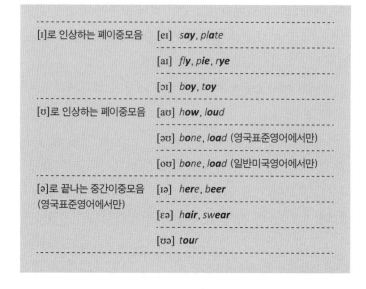

[i]로 인상하는 페이중모음	[eɪ] *say, plate*
	[aɪ] *fly, pie, rye*
	[ɔɪ] *boy, toy*
[ʊ]로 인상하는 페이중모음	[aʊ] *how, loud*
	[əʊ] *bone, load* (영국표준영어에서만)
	[oʊ] *bone, load* (일반미국영어에서만)
[ə]로 끝나는 중간이중모음 (영국표준영어에서만)	[ɪə] *here, beer*
	[ɛə] *hair, swear*
	[ʊə] *tour*

발음구별부호

　　지금까지 우리는 국제음성기호 자음 · 모음들을 살펴보았다. 때때로 우리의 발음표기가 보다 더 정확해야 하거나 아니면 국제음성기호 도표에 있는 것과 조금 다른 소리를 표현할 필요가 있다. 이러한 경우에 우리는 **발음구별부호**라 불리는 작은 별도의 기호들을 첨가함으로써 국제음성기호들을 수정할 수 있다. 발음구별부호들은 대개 국제음성기호들 위, 아래, 또는 뒤에 놓인다. 예를 들어, *pit*의 첫 음 바로 뒤에 나오는 별도의 입김소리를 보여주기 위해 우리는 발음구별부호를 더해준다: [pʰɪt]; 우리는 첫 음 [p]가 기식음이 되었다고 말한다. 똑같은 단어의 끝에서 공기의 폐쇄를 풀어주지 않을 때 우리는 파열음이 나지 않는 것을 나타내기 위해 또 다른 발음구별부호가 더해질 수 있다: [pʰɪt˺]. 다음 3.2.1에서 *fool*에서처럼 설측 접근음의 연구개 변이음 [ɬ]를 만나보게 될 것이다; [l] 음에 연구개 음질을 표기하기 위해 구별부

호 [~]이 더해졌다. 발음구별부호의 완전한 목록을 보기 위
해서는 이 책의 앞표지 안쪽 면에 있는 국제음성기호 도표를
참조하라.

음운론: 소리의 기능과 정형화 3.2

> 음운론은 "언어의 소리체계를 연구하는 언어학의 한 분야다. 인간의
> 발성기관이 발화할 수 있고, 음성학에 의해 연구되고 있는 아주 다양한
> 소리들 중에서 비교적 작은 소리들만이 어떤 한 언어에서 독특하게
> 이용된다."
> (크리스탈 2003: 350)

음운론은 **어떤 특정 언어의 소리 체계에 대한 화자의 지식**에
관심을 둔다. 주어진 언어에서 사용하는 소리, 즉 소위 **소리
목록**을 연구하고, 해당 특정 언어에서 이 **소리들의 기능과**
(정신적) 체계를 조사한다.

　음운론에 두 종류가 있다:

도해 3.19
음운론의 두 종류

종류	연구 분야
1) 분절 음운론	분절 음운론은 언어에서 개별 소리, 즉 소위 분절들의 기능을 조사한다.
2) 초분절 음운론	초분절 음운론은 두 분절 이상에 걸친 발음의 특징에 관심을 둔다.

분절 음운론

우리의 발화를 이루고 있는 개별 소리를 하나씩 나눌 때 우
리는 **분절**을 확인하게 되고, 이렇게 함으로써 **분절 음운론**이
라는 이름이 생겨나게 된다. 음성학과는 달리, 분절 음운론
은 말소리의 정확한 특성이 아니라 어떤 언어의 개별 소리의
기능에 관심을 둔다.

음소와 이음   한 언어의 화자들은 그들 언어의 어떤 분절들이 **의미의
차이**를 가져오는지 의식적이든 무의식적이든 안다. 예를 들
어, 낱말 *light*와 *bite*는 첫 소리에 의해서만 구별된다(여기서
철자는 중요하지 않음에 주목하라!). 따라서 [laɪt]와 [baɪt]의 첫 소
리들은 **대립**(또는 **구별**, **대조**)된다고 할 수 있다. 이와 같이 대
립되는 쌍을 **음소**라 하고, 음운론의 기초를 형성한다. 음소
는 언어에서 **의미를 구별하는 가장 작은 단위**로 정의된다.

특정 언어에서 사용하는 음소를 식별하기 위해서 우리
는, 앞에서 보았듯이, 하나의 소리에서만 차이가 나며 의미
가 다른 낱말들의 쌍을 찾아야 한다. 이 쌍들을 **최소 대립쌍**
이라 부르며, 이러한 방법을 **최소 대립쌍 실험**이라 부른다.
우리는 이 실험을 통하여 자음과 모음의 음소들을 식별할 수
있다. 최소 대립쌍들은 다음의 예와 같다: *fun*과 *sun*, *sun*과
sum 또는 *sung*, *fish*와 *fit*, *fee*와 *tea*, *bit*과 *but* 또는 *bat*, *sin*
과 *son*과 같이 최소 대립쌍 실험으로 식별되는 이러한 모든
소리들은 한 언어의 **음소 목록**을 이룬다.

그러나 음성적으로 다른 모든 소리들이 영어에서 의미의
차이를 가져와 최소 대립쌍으로 나타나는 것은 아니다. 예
를 들어, 영어를 제2언어나 외국어로 학습하는 사람들은 영

영국표준영어와 일반미국영어의 자음 음소	/p, b, t, d, k, g, f, v, θ, ð, s, z, ʃ, ʒ, ʧ, ʤ, h, m, n, ŋ, l, r, j, w/
영국표준영어의 단일모음 음소	/iː, ɑː, uː, ɔː, ɜː, ɪ, ɛ, æ, ʊ, ʌ, ə, ɒ/
일반미국영어의 단일모음 음소	/iː, ɑː, uː, ɔː, ɜː, ɪ, ɛ, æ, ʊ, ʌ, ə/
영국표준영어의 이중모음 음소	/eɪ, aɪ, ɔɪ, aʊ, əʊ, ɪə, ɛə, ʊə/
일반미국영어의 이중모음 음소	/eɪ, aɪ, ɔɪ, aʊ, oʊ/

도해 3.20
영어의 음소 목록

어의 많은 억양 중에서 두 가지 다른 종류의 l, 즉 밝은 l과 어두운 l이 있다는 것을 어느 시점에서 배우게 된다. 밝은 l 은 음성적으로 [l]로 표기되고, 예를 들어 *lift*와 *failure*와 같 은 단어에서처럼 모음이나 [j] 앞에서 나타난다. 반면 어두 운 l은 음성적으로 [ɫ]로 표기되는 치경·설측·접근음의 연 구개 변이음이다. 그것은 혀의 뒤쪽을 연구개를 향해서 추가 적으로 들어 올림으로써 발음되므로 연구개음이라는 이름을 가지게 되었고, *silk*나 *feel*과 같은 단어에서처럼 자음 앞이나 단어 끝에서 나타난다.

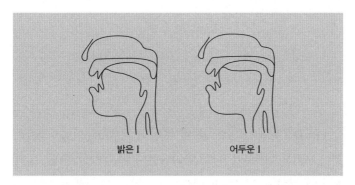

밝은 l   어두운 l

도해 3.21
밝은 l과 어두운 l의
조음

영어에서 [l]은 [ɫ]이 나타날 수 있는 곳에서 분명히 나타날 수 없고, 반대도 마찬가지다. 이것은 [l]과 [ɫ]에 관한 어떠한 최소 대립쌍도 있을 수 없으며, 영어에서 그것들은 의미의 차이를 가져오지 않는다는 것을 의미한다. 모국어 화자들은 그 두 소리 사이의 음성적 차이가 있다는 것을 대개 알지 못하며, 그들의 마음속에서 그것들은 똑같은 소리다. 우리는 (1) **의미의 차이를 가져오지 않고**(또는 대립을 이루지 않고), (2) **똑같은 소리로 간주되고**, (3) **음성적으로 비슷한** 다른 음들을 같은 음소의 이음이라 부른다. 따라서 이음들은 한 언어의 화자들이 자동적이며 무의식적으로 음소라는 하나의 추상적인 음운론적 단위로 만드는 음성적으로 다른 실현(또는 음성적 변이음)이다. **음소기호는 사선 //으로 에워싸고**, 반면 이음들은 음성적 실현이어서 각괄호 [ ]로 에워싸는 것이 관례이다. 우리는 [l]과 [ɫ]이 영어 음소 /l/의 이음들이라고 결론지을 수 있다.

도해 3.22
음소 /l/의 이음들

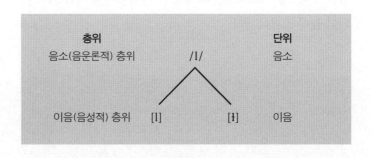

층위		단위
음소(음운론적) 층위	/l/	음소
이음(음성적) 층위	[l] [ɫ]	이음

이음의 분포

우리는 위에서 영어 /l/에 적어도 두 개의 이음이 있고, 밝은 l [l]은 어두운 l [ɫ]이 나타나는 곳에 나타날 수 없고, 역도 마찬가지라는 것을 보았다. 이와 같은 경우에, 다른 이음들의 출현(또는 **분포**)은 그것들이 나타날 수 있는 단어 내의 위치나 **발음상의 맥락**(또는 **환경**)이라 불리는 주변 소리들에 의해 결정된다. 이음들 중 하나가 다른 이음이 나타나는 곳에 나타날 수 없기 때문에 우리는 그것들의 분포가 **예측**될 수 있다고 말할 수 있다. 두 변이음들은 서로서로 보충하기 때문에 **상보적 분포** 관계에 있다고 말할 수 있다.

/l/	모음과 [j] 앞	자음 앞	묵음 앞
[l]	O	X	X
[ł]	X	O	O

도해 3.23
밝은 l과 어두운 l의 분포

그러나 이음들이 항상 상보적 분포 속에 있는 것은 아니다. *ship*과 *leap*과 같은 단어에 있는 어말의 무성·양순·파열음은 적어도 세 가지 다른 방법으로 실현될 수 있다:

(1) [ʃɪp]과 [liːp]에서처럼 [p]로, (2) [ʃɪpʰ]과 [liːpʰ]에서처럼 기식음과 함께 [pʰ]로, (3) 폐쇄를 해제하지 않고 [ʃɪp˥]과 [liːp˥]과 같이 [p˥]로 표기된다(3.1.3: 발음구별부호 참조). 세 변이음 중 어느 하나의 사용이 의미의 변화를 가져오지 않는다. 일반적으로 말해서, 우리는 [p], [pʰ], [p˥]처럼 **똑같은 환경에서 나타나고, 의미를 구별하지 않기 때문에** 별개의 음소가 아니며, '**똑같은**' 소리로 간주되고, 음성학적으로 비슷한 둘 또는 그 이상의 다른 소리들을 빈번하게 선택해서 사용한다. 이러한 이음들을 **자유변이**라 부른다. 따라서 [p], [pʰ], [p˥]는 음소 /p/의 **자유변이음들**이다.

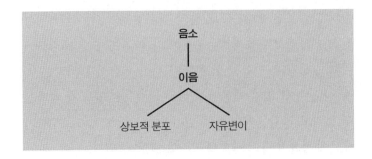

어떤 저자들은 양자 간의 차이로 구별하는 또 다른 체계를 선호한다: (1) 정의상 상보적 분포를 허용하는 이음과 (2) 자유변이음으로 대립시킨다. 그러나 이 책에서는 이 체계를 이용하지 않을 것이다.

이음의 변이는 모든 언어에서 일어나지만, 음소와 이음의 정형화는 언어-특수적이라고 생각하는 것이 중요하다. 즉, 두 소리는 한 언어에서 같은 음소의 이음일 수 있고, 다른 언어에서는 별개의 두 음소의 실현일 수 있다.

example

[ɾ]로 표기되는 유성 · 치경 · 탄음은 *city*와 같은 미국영어 단어에서 음소 /t/를 아주 흔하게 발음하는 변이음이지만, /t/는 *team*과 같은 단어에서는 [t]로 실현된다. 따라서 [t]와 [ɾ]는 영어에서 음소 /t/의 이음들이다.

음성 및 음소표기

우리는 구어를 표기하는 두 가지 다른 방법이 있다는 것을 보았다: (1) 언어체계에 초점을 두고 어떤 세부적인 음은 무시하며, 이를 위해 사선을 이용하는 **음소표기**(또는 광의표기)와 (2) 상당히 자세히 실제 발음을 나타내며, 이를 위해 각괄호 [ ]를 사용하는 **음성표기**(또는 협의표기)가 있다. 예를 들어, 영어단어 *lull* /lʌl/의 음소표기는 첫 밝은 l과 마지막 어두운 l의 대립을 표시하지 않지만, [lʌɫ]의 음성표기는 그 차이를 분명히 표시한다. 이와 비슷하게, 단어 *ship*의 세 개의 다른 변이음 [p], [pʰ], [p˺]는 대조적이지 않고, 따라서 음소표기 /ʃɪp/에서는 무시된다. 어떤 언어학적 토론을 위해 필요로 하는 자세한 정보에 따라 개략적인 표기 또는 발음구별부호를 사용함으로써 필요한 자세한 정보를 나타낼 수 있는 면밀한 표기를 우리가 선택한다.

위에서 보았듯이, (이)음과 음소는 언어구조의 다른 층위 **음운규칙** 에 속한다. 화자들은 자신의 마음속에 추상적인 음소형태를 간직하고 있고, 여기에 **음운규칙**을 적용시키어 이 정신적 실

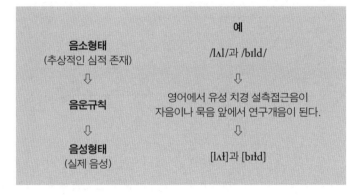

도해 3.25
음운규칙

체들을 실제의 음성으로 바꾼다:

/l/ 이음들의 분포를 기술하기 위해, 가능한 일반성을 유지하면서 다음 음운규칙이 언급될 수 있다: [ɫ]은 [j] 이외의 자음 앞과 어말에서 나타나고, 다른 곳에서는 [l]이 나타난다.

zeal [ziːɬ]과 seal [siːɬ], 또는 bid [bɪd]과 bit [bɪt]와 같은 최소 대립쌍을 볼 때, 음소 쌍 /z/와 /s/, 또는 /d/와 /t/의 유일한 차이는 유성음화의 차이다. 조음위치와 방법을 동일하게 놓고 볼 때, 유성음화만이 서로를 구분한다. 따라서 우리는 (+)로 표시되는 유성음화 단일 **자질**의 존재나 (-)로 표시되는 부재에 관심을 가지게 된다. 하나의 음소를 다른 음소와 구별하는 자질들을 **변별적 자질**이라 부른다. 개별 소리들은 예컨대 영어의 유성·파열음과 같은 변별적 자질들의 꾸러미로 특징지어질 수 있다.

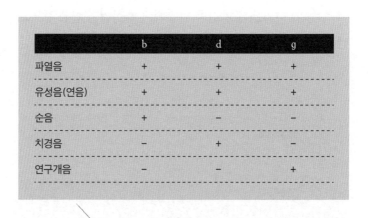

	b	d	g
파열음	+	+	+
유성음(연음)	+	+	+
순음	+	–	–
치경음	–	+	–
연구개음	–	–	+

위 각각의 음소들은 적어도 하나의 변별적 자질에 의해 다르다. 예를 들어, /b/와 /d/는 둘 다 [+파열음, +유성음, -연구개음]이지만, /d/는 [-양순음], [+치경음]인 반면 /b/는 [+양순음], [-치경음]이다. 우리는 적어도 하나의 자질을 공유하는 소리들을 똑같은 **자연류**에 속한다고 말한다. 위 도해에 있는 음소들은 모두 파열음에 속하지만, /d/만이 치경음에 속한다.

우리가 영어의 비음을 고려할 때, 다소 다른 상황을 맞이하게 된다. 음운론적 관점에서 볼 때, 모든 영어의 비음이 유성음이기 때문에 /m/, /n/, /ŋ/을 [+유성음]이라고 말할 필요가 없을 것이다. 소위 **잉여규칙**에 의해 이것을 표현할 수 있다: [+비음]인 음소들은 또한 [+유성음]이다.

초분절 음운론   3.2.2

음운론은 말을 구성하는 개별적인 분절음을 다룰 뿐만 아니라 두 분절 이상에 걸쳐 있는 음운적 특성을 또한 연구하는데, 이를 **초분절 음운론**이라 한다. 초분절 음운론은 두 개의 다른 양상을 포함한다: 첫째 유형의 음운론은 **분절을 결합하여 음절과 같은 보다 큰 단위**로 만드는 것에 관심을 가진다. 둘째 유형의 음운론은 종종 **운율체계**라 불리는 **강세, 리듬, 성조, 억양과 같은 길게 늘어진 말의 음운론적 특성**을 연구한다.

음절은 말의 리듬을 표현하는 가장 작은 단위로서 막연히 정의될 수 있는, **음소층위의 음운단위**이다. 대부분의 사람들은 음절이 무엇인지 정확한 지식 없이도 단어의 음절을 직관적으로 셀 수 있다. 단어들은 하나의 음절, 즉 **단음절**로 구성되거나 둘 또는 그 이상의 음절인 **다음절**로 구성된다. 한 음절의 구조는 단음절어 *stretch*를 가지고 다음 도해에서 보여주는 바와 같다:

음절

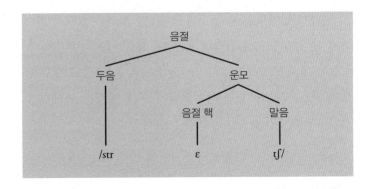

영어에서 모든 음절은 보통 모음으로 이루어진 **음절 핵**(또는 **중심**)을 포함한다. 이 모음 뒤에는 최대 네 개까지의 자음으로 구성되는 **말음**이 있는데, 앞의 핵과 함께 **운모**를 형성한다. 또한 음절 핵 앞에는 **두음**을 형성하는 최대 세 개까지의 자음이 나타날 수 있다. 말음이 비어 있는 음절을 **개음절**이라 부르고, 모음 뒤에 하나 또는 그 이상의 자음으로 '닫힌' 소위 **폐음절**과 대립된다.

이제 음절구조에 대해서 알았으므로, 우리는 자음과 모음의 정의에 음운론적 양상을 더할 수 있다. 따라서 **모음**은 기류의 방해를 받지 않고 발화되는 소리일 뿐만 아니라 **한 음절의 핵을 형성**할 수 있다. 모음과 반대로, **자음은 한 음절의 핵을 형성할 수 없다**. 때때로 공명자음들이 *button* [bʌtn̩] 같은 단어에서 스스로 음절 핵을 형성할 수 있다; 이 자음들을 **성절음**이라 부르고, 발음구별부호 [ˌ]로 표시한다. **반모음**은 한편으로 **발음상 모음 같지만** 다른 한편으로 **결코 음절의 핵을 형성할 수 없다**는 점에서 특별하다(3.1.3 참조).

음소배열론   초분절 음운론은 또한 음절과 같은 보다 큰 단위를 형성하기 위한 분절의 결합에 관한 규칙이나 제한들과 관계있다.

언어에서 음소들의 가능한 결합에 관한 연구를 **음소 배열론**이라 부른다. 모든 언어는 음소의 결합에 관한 **제약들**을 가지고 있지만, 실제 규칙은 언어 특수적이고 개별 언어 사이에 크게 차이가 난다. 예를 들어, 영어는 음절이나 단어의 시작과 끝에서 자음(또는 **자음 군**)의 결합이 일어날 때 꽤 제한적이다: /ps-/와 /kn-/은 영어에서 허용되지 않는 두음이다. 반면에 똑같은 자음 군이, 예를 들어, 독일어 단어 *Psychologie*와 *Knie*에서처럼 음절 초에서 완전히 용인된다. 모국어와 다른 외국어 사이에서 음소배열 제한의 차이가 외국어 학습자들에게 커다란 어려움을 가져다준다.

운율체계

강세, **리듬**, **성조**, **억양**과 같은 음운현상들은 발화의 **운율체계**라는 용어에 포함될 수 있다.

강세와 리듬

한 음절을 발화할 때 사용되는 힘의 정도를 **강세**(또는 악센트)라 한다. 우리는 더 두드러진 **강세음절**과 덜 두드러지며 종종 /ə/(모호한 모음)과 /ɪ/와 같은 약화모음을 포함하는 **비강세음절**을 구분한다. 한 음절의 두드러짐은 흔히 늘어난 길이와 더 높아진 음높이가 수반되는 더 큰 소리로 얻어진다. 다른 유형의 강세가 영어에서 역할을 하는데, **어 강세**와 **문 강세**가 가장 중요하게 다뤄지고 있다. 표기에 있어서 강세는 강세를 지닌 음절 앞에 위로 올라간 수직선 [']으로 표시된다.

영어를 포함한 많은 언어에서 다음절 단어의 음절들이 똑같은 강도로 발음되는 것은 아니다. 긴 다음절 단어에서 우리는 또한 **제1강세** [']와 **제2강세** [ˌ]를 구별할 수 있다. 어떤 언어들은 예측될 수 있는 강세 위치를 가지고 있다. 예를 들어, 체코어에서 강세는 단어의 첫 음절에 거의 항상 놓이게 되고, 웨일즈어에서는 마지막에서 두 번째 음절에, 그리고 불어에선 마지막 음절에 놓인다. 그러나 **영어에서 어 강세의 위치는 일반적으로 예측 가능하지 않다**. 이것은 영어가 발달과정에서 많은 언어들로부터 수많은 단어들을 차용했다는 사실에 주로 기인한다(2.1 참조). **어 강세가 영어에서 심지어 구별을 가져다줄 수도 있다**. 즉, 강세 위치만으로 차이를 가져오는 많은 최소 대립쌍들이 있다. 예컨대, 단어 *import*는 강세가 첫 음절에 있으면 명사가 되지만(영국표준영어: /ˈɪmpɔːt/), 둘째 음절에 있으면 동사가 된다(영국표준영어: /ɪmˈpɔːt/).

　　문 강세는 리듬, 즉 문장이나 발화에서 강세음절의 분포에 크게 의존한다. 많은 언어에서 강세음절은 한 문장에서 꽤 규칙적인 시간 간격으로 나타난다. 그들 사이에 얼마나 많은 비 강세음절들이 있는가는 중요하지 않다. 이와 같은 리듬을 가진 영어나 독일어와 같은 언어들을 **강세 중심의 언어**라고 한다. 그 반대는 프랑스어나 이탈리아어와 같은 언어들인데, 음절들이 다소 규칙적인 시간 간격으로 나타난다고 주장하는 사람들이 있다. 이 언어들의 시간간격은 음절이 강세를 받고 있는지 아닌지에 의존하지 않는다. 이 언어들을 **음절 중심의 언어**라고 한다. 영어에서 (한정사, 조동사, 전치사, 대명사, 접속사와 같은) 많은 기능어들은 전혀 강세를 가지고 있지 않아 약화될 수 있다(3.2.3 참조). 문 강세는 또한 *I would like some strawberry ice-cream*에서처럼 강조나 대조의 정도를 구별할 수 있다.

성조와 억양　　우리가 말을 할 때, 우리의 성대주름은 다른 빈도로 진동할 수 있다: 빨리 진동할수록 소위 **음높이**는 더 높아진다. 모든 유성음, 특히 모음은 다른 음높이로 발화될 수 있다. 음높이의 역할은 언어마다 다양하다. 영어에서 *beer*라는 단어를 낮거나 높은 음높이로 말하든 큰 차이를 만들지 않는다; 그것은 여전히 '맥아로 만들어서 홉의 향을 띠는 알코올 음료'를 뜻할 것이다. 다른 많은 언어에서 한 단어의 의미가 그 단어내의 음절들이 발음되는 음높이와 소위 음높이 윤곽으로 알려진 단어 내에서의 음높이 이동에 따라 달라질 수 있다. 이러한 언어들을 **성조언어**라 부르며, 베트남어나 태국어 또는 중국어와 같은 많은 아시아 언어뿐만 아니라 많은 아프리카 언어와 미국원주민언어가 포함된다. 만다린 중국어에서 /ma/는 성조에 따라 무엇보다도 '말'과 '어머니'를 뜻할 수 있다. 외국 학습자들이 성조를 잘못하게 되면 분명히 당혹스런 결과를 가져올 수 있고, 심지어 *Mother is a riding a horse* 라는 발음하기 어려운 문장이 만다린 중국어에 있다.

그러나 우리는 음높이가 영어의 구나 문장 층위에서 어떤 역할을 한다는 것을 보게 될 것이다. 연속된 말에서 음높이의 상승과 하강의 양상을 **억양**이라 한다. 하나의 구나 문장의 음높이 윤곽에 기능을 부여하는 언어를 **억양언어**라 부른다. 예를 들어, 영어에서 억양은 한 통사단위의 기능과 경계를 표시하는 데 도움을 주며, 글의 구두점과 막연하게 일치한다. *She's gone*과 같은 진술문은 대개 문장이 끝날 무렵 하강양상을 보여주는 반면, *She's gone?*과 같은 의문문은 마지막에 상승하는 특징이 있다. 억양은 또한 발화에서 새로운 정보를 강조하거나 예컨대 흥미, 반어, 풍자와 같은 감정과 태도를 표현하기 위해 사용된다. 다른 언어들 사이뿐만 아니라 같은 언어에서도 흔히 억양의 차이가 있다는 것을 주목해야 한다. 영국표준영어와 일반미국영어의 억양 양상은 많은 점에서 두드러지게 차이가 난다.

연속발화

지금까지 우리는 주로 개별 단음, 음소, 음절 및 단어를 중심으로 음성학과 음운론의 현상들을 논의해왔다. 문장 강세와 억양을 제외하고 길게 늘어진 말에서 일어나는 어떤 과정이나 조정에 대해서는 아직 고려하지 않았다. 우리는 별개로 발음되는 단어의 형태, 즉 사전에서 대개 볼 수 있는 소위 **인용형**을 살펴보았다. 그러나 소리나 단어들은 **연속발화**에서 상당한 변화를 겪는다. 우리는 지금부터 이러한 과정 중 가장 중요한 것, 즉 **강형**, **약형**, **동화**, 그리고 **연음**을 논의하겠다.

강형과 약형　　우리는 이미 강세에 대한 절에서(3.2.2 참조) 어떤 단어들 특히 기능어들이 영어 문장에서 전혀 강세를 지니지 않을 수 있다는 것을 알고 있다. 이러한 단어들이 강세를 받아 구현된 형태를 **강형**이라 하는 반면, 강세가 없는 형태를 **약형**이라 한다. 약형은 모음이 /ə/, /ɪ/, /ʊ/로 **약화**(또는 감소)되거나 (최근 연구에 따르면 음질이 [ɪ]보다는 [i], 그리고 [ʊ]보다는 [u]라는 제안이 있음), 하나의 음이나 많은 음들이 **생략**되거나, 아니면 두 가지 특성이 다함께 나타나는 특징이 있다. *Had* /hæd/의 약형 /əd/는 모음이 [ə]로 감소하고 첫 음 [h]가 생략된 결과이다. 이러한 변화는 예컨대 *'m*이나 *'ve*와 같은 축약형이나 *rock 'n' roll*과 같은 고정된 표현을 제외하고 대개 철자에 반영되지 않는다. 다음 도표는 가장 빈번히 나타나는 약형들을 선택해서 보여주고 있다(도해 3.28).

이 예들은 다른 단어들의 구현이 약화와 생략의 결과 심지어 동일해질 수 있다는 것을 보여준다. 예를 들어, *an*과 *and*가 둘 다 /n/이 될 수 있고, *the*와 *they*가 둘 다 /ðə/로 실

	강형	약형		강형	약형
a	[eɪ]	[ə]	*have*	[hæv]	[(h)əv, ə, v]
am	[æm]	[(ə)m]	*he*	[hi:]	[(h)ɪ, hi, i:]
an	[æn]	[(ə)n]	*her*	[hɜ:(r)]	[(h)ə(r), ɜ:(r)]
and	[ænd]	[(ə)n(d)]	*me*	[mi:]	[mɪ, mi]
are	[ɑ:(r)]	[ər, ə, r]	*of*	[ɒv]	[əv, ə, v]
be	[bi:]	[bɪ, bi]	*she*	[ʃi:]	[ʃɪ, ʃi]
but	[bʌt]	[bət]	*the*	[ði:]	[ðə, ðɪ, ði]
can	[kæn]	[k(ə)n]	*they*	[ðeɪ]	[ðə]
do	[du:]	[də, dʊ, du, d]	*were*	[wɜ:(r)]	[wə(r)]
had	[hæd]	[(h)əd, d]	*will*	[wɪl]	[(ə)l]
has	[hæz]	[(h)əz, z, s]	*you*	[ju:]	[jʊ, ju]

현될 수 있다.

연속발화를 할 때 음들은 서로 영향을 주게 되고, 그 결 **동화** 과 하나의 조음자질이나 또는 모든 조음자질에 있어서 이웃 한 음과 비슷해지게 된다. 이런 과정을 **동화**라 한다. 동화의 주요 동기중 하나는 우리가 말을 할 때 조음을 편하게(또는 노 력을 최소화)하려는 우리의 소망인 것처럼 보인다. 예를 들어 연속음 *ten bats*를 발음할 때, *ten*의 끝에 있는 치경 비음 /n/ 이 바로 뒤 따르는 *bats*의 양순 파열음 /b/ 때문에 양순 비음 /m/으로 구현된다. 즉, 조음위치가 더 유사해지는 것이다. 이와 같은 경우에 동화는 앞의 분절음을 향해 뒤로 일어나 는데, 이것은 **역행동화**로 알려져 있거나(또는 앞의 음을 발화하는 동안 언어기관이 다음 음의 조음을 이미 예상하기 때문에 **예기동화**라 부른다.) 영어에서 가끔 그러나 흔하지는 않게 앞의 음의 하나 또는 많은 조음자질들이 뒤따르는 음에 영향을 줄 수 있다. *Church Street*와 같은 구에서 *Street*의 /s/가 *Church*의 끝에서 /ʃ/와 동일해질 수 있다. 이런 유형의 조음은 동화가 뒤따르는 요소를 향해 앞으로 일어나기 때문에 **순행동화**라 불린다. 음들이 서로서로 비슷해지는 동화를 **부분동화**라 한다. 동화된 음이 동일해지면 **완전동화**라 말한다.

조음을 용이하게 하고 유창성을 증진시키기 위해 흔히 일어나는 또 다른 과정은 연음이라 불리는 **연결음**의 삽입이다. 영어 특히 영국표준영어에서 그리고 *more, far*와 같은 단어의 철자가 보여주는 어말 *r*을 보통 조음하지 않는 소위 *r*-비화음 말씨에서 잘 알려진 연음의 두 가지 예가 있다. **연결음 *r***이 예컨대 *far away* [fɑːr əweɪ]와 같은 구에서처럼 뒤따르는 단어가 모음으로 시작할 때에만 삽입된다. 이와 비슷하게, 이런 말씨의 화자들은 종종 *law and order* [lɔːrəndɔːdə]와 같은 구에서처럼 철자에 ⟨r⟩이 없을 때에도 단어 사이에 소위 **침입음 *r***을 삽입한다.

3.3	**연습문제**

1 아래 국제음성기호들 중에서 a) 파열음, b) 마찰음, c) 유성음을 식별하시오.

[b] [s] [ʊ] [w] [ʃ] [x]

[k] [l] [ɪ] [θ] [ŋ] [d]

2   아래 여섯 개의 성도 그림은 영어 자음의 조음을 나타낸다. 각 그림
에 대한 조음위치와 방법을 식별하시오. 그리고 이런 식으로 발음되
는 모든 영어 자음의 음성기호를 적으시오.

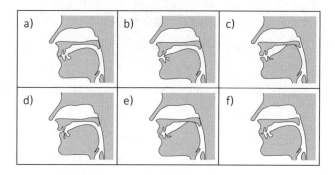

3   연습문제 2번에서 어떤 자음들이 동일 조음점인지 설명하시오.

4   각 그룹에 있는 음들이 공유하는 조음자질을 말하시오. 예를 들어
[f], [s], [x]은 모두 무성 마찰음이다.

	음	자질
a)	[m], [ŋ], [n]	_____
b)	[k], [g], [ŋ], [x]	_____
c)	[i], [e], [ɛ], [æ]	_____
d)	[f], [θ], [s], [ʃ]	_____
e)	[u], [i]	_____
f)	[d], [n], [r], [l]	_____

5   다음 조음 기술에 맞는 음성기호를 적으시오.

   a) 유성 · 치경 · 마찰음   [   ]

   b) 반개 · 전설 · 평순 모음   [   ]

   c) 폐 · 후설 · 원순 모음   [   ]

d) 무성 · 성문 · 파열음   [   ]

e) 반폐/폐 · 전설 · 평순 모음   [   ]

f) 무성 · 후연구개 · 마찰음   [   ]

6 다음 음성기호에 대한 조음 기술을 하시오.

a) [ə]   b) [n]   c) [æ]   d) [t]   e) [ʊ]   f) [ɹ]

7 간략한 발음기호로 나타낸 다음 영어 단어나 구에 대한 표준적인 철
자를 적으시오.

a) /tʃiːt/   e) /əˌsɪmɪˈleɪʃən/

b) /sʌn/   f) /lɪŋgwɪstɪks ɪz fʌn/

c) /baɪt/   g) /fəʊˈnetɪks tuː/

d) /oʊld ˈɪŋglɪʃ/   h) /ɪˈnʌf/

8 현대영어에서 발음과 철자 사이에 네 가지 유형의 불일치가 있다. 즉,

(1) 똑같은 철자가 다른 음을 나타내고

(2) 다른 철자들이 똑같은 음을 내고

(3) 전혀 발음되지 않는 소위 묵음이 존재하며

(4) '유령' 발음이 철자로 존재하지 않는다.

위 네 가지 유형이 70-71쪽에 있는 시 *The English Tongue*에서 발
견된다. (1)에서 (3)까지 유형들은 두 개의 예를, (4)의 유형으로는
한 가지 예를 식별해보시오.

9 연습문제 8번에서 언급된 철자와 발음 사이의 네 가지 유형의 불일
치에 대해 각각 추가로 하나씩 예를 찾아보시오. 예시어를 시에서 가
져오지 마시오.

10 *ghoti*가 *fish*를 대신하는 철자가 될 수 있다는 주장을 아일랜드 극작
가이자 철자 개혁 옹호자인 조지 버나드 쇼(1856-1950)가 한 바

있다. 연습문제 8번과 9번의 방식대로 생각해보고 〈ghoti〉가 이론적으로 [fɪʃ]를 어떻게 나타낼 수 있는지 설명하시오.

11 다음 영어 음소 쌍에 대한 최소 대립쌍을 찾아보시오(철자가 중요하지 않다는 것을 명심하시오):

음소	최소 대립쌍
a) /p/-/b/	_____
b) /iː/-/uː/	_____
c) /b/-/m/	_____
d) /n/-/s/	_____
e) /t/-/d/	_____
f) /ɪ/-/æ/	_____

12 고대영어에서 [f]와 [v]는 상보적 분포의 관계에 있었다. 현대영어와 달리, [f]와 [v]가 음소 /f/의 이음들이며 이 음들을 포함하는 최소 대립쌍이 없었다는 것을 의미한다. *Lord's Prayer*에서 나온 다음 자료들을 이음이 나타나는 음성 환경과 위치에 유의하면서 분석해보시오. 고대영어에서 /f/의 두 이음들이 나타나는 음성 환경을 정의하고, 그로 생겨나는 음운규칙을 가능한 한 일반화해서 말해보시오.

[ˈfæder]   *fæder* 'father'

[ˈheovon]   *heofon* 'heaven'

[hlaːf]   *hlaf* 'loaf (of bread)'

[ˈyvele]   *yfele* 'evilly, badly'

INTRODUCTION TO ENGLISH LINGUISTICS

4 형태론

형태론은 단어가 어떻게 만들어지고 구조화되며 변화하는지를 검토한다.
요한 볼프강 폰 괴테가 18세기 말 동물과 식물의 해부와 관련된 새로운 학문에 대해
('형태와 모양의 연구'를 뜻하는) 형태학이란 낱말을 만들어냈을 때,
그는 아마도 후에 언어학자들이 낱말의 '해부'에 대한 연구를 위해
그의 용어를 채택하리라고는 예상할 수 없었을 것이다.
이 장에서 우리는 형태소로 알려진 의미를 가진 언어의 가장 작은 단위의
형태와 기능과 가장 관련 있는 형태론적 과정들을 살펴볼 것이다.

4.1	**형태론과 문법**

단어란 무엇인가? **형태론**에 관해 이야기하는 것은 **단어**와 단어의 '해부'에 관해 이야기하는 것을 의미한다. 형태론은 단어의 내부 구조를 연구한다. 그러나 단어란 무엇인가? 다음 문장을 고려해보자: *The students borrowed the books from the library.* 이 문장에 단어가 몇 개인가? 그리고 무엇을 계산에 넣어야 할지 어떻게 결정할 수 있는가? 첫 번째 제안은 해당된 항목의 물리적 특성, 즉 철자와 발음을 고려하는 것이다. 문어에서 대부분의 **철자상의 단어**들은 앞에 공간이 있고 뒤에 공간이나 구두점이 나타난다. 그러나 둘 또는 많은 요소로 합성된 영어 단어들은 그 요소들을 붙임표나 혼란스럽게 공간으로도 떼어놓을 수 있다. 우리는 위의 예에서 *books*를 복합어 *morphology books*로 바꾸어 놓을 수 있다: 언어학적 관점에서 볼 때, 새로운 문장 *The students borrowed the morphology books from the library*는 비록 공간 사이에 더 많은 항목이 있지만 첫 번째 문장과 똑같은 단어를 포함하고 있다. 구어에서 소위 **음운론적 단어**들은 인지하기가 별로 쉽지 않다. 왜냐하면 영어 화자들이 대개 단어들 사이에서 멈추지 않기 때문이다. 단어의 확인을 위해 할 수 있는 또 다른 제안은 단어들을 **언어기호**, 즉 /bʊk/과 같은 소리 이미지와 📖과 같은 개념의 임의적 결합으로 해석하는 것이다. 이것은 쉽게 상상하기 어려운 *the*와 *from* 같은 **기능어**보다 *student, borrow, book, library* 같은 **내용어**와 더불어 더 순조롭게 작동한다. 추가적으로 아주 일반적인 정의에 따르면, 낱말은 문법규칙에 따라 기능하

는 문법단위로서 정의될 수 있다. 그러므로 형태론은 또한 **단어의 문법**이라 불린다.

우리가 보았던 것처럼, *students, books, borrowed*는 -*s*나 -*ed* 같은 요소들을 포함하고 있다는 점에서 *student, book, borrow*와 다르다. 이 요소들은 단어가 아니지만 적절한 위치에 달라붙으면 [+복수]나 [+과거]와 같은 문법정보를 더함으로써 *student, book, borrow*의 의미를 바꾼다: **stu-s-dent, *s-book, *ed-borrow*와 같은 구성은 영어에서 받아들일 수 없다.

단어 안에는 무엇이 있나?

우리가 *The students borrowed the books from the library* 와 같은 문장 안에 있는 단어를 점검하기 위해서 영어사전을 찾아보면, 표제어로 사용되는 항목들은 *the, from, library*만 이라는 것을 알게 될 것이다. 우리는 *students, books*뿐만 아니라 *borrowed*도 찾지 못할 것이다. 대부분의 사전들은 또한 *student*와 *book*은 명사이고 *borrow*는 동사라는 것을 알려줄 것이다. 그러나 만일 우리가 영어의 원어민 화자이거나 능숙한 비원어민 화자라면 위 문장을 이해하기 위해 어떤 사전도 찾을 필요가 없을 것이다. 우리는 그저 언어학자들이 부르는 **머릿속 사전** 또는 **머릿속 어휘부**를 이용할 것이다. 문자로된 어떤 사전과 같이 우리의 머릿속 사전은 단어의 의미에 관한 정보와 단어의 문법적 특성에 관한 정보를 포함하고 있다.

단어와 어휘부

문장 *The students borrowed the books from the library*에는 얼마나 많은 단어가 포함되어 있을까? 대부분의 영어 화자들은 아마도 여섯 단어라고 말할 것이다. 왜냐하면 그들은 기능어 *the*가 비록 세 번 나타나지만 단지 한 번으로 계산할 것이기 때문이다. 그러나 고정된 단어의 수로 표현된 최대 또는 최소의 크기를 가진 원문을 정기적으로 만들어내야

단어 유형과 단어 징표

하는 저널리스트나 기타 사람들은 오히려 여덟 단어라고 말할 것이다. 첫 번째 해석은 언어학자들이 **단어 유형**으로 정의하는 것, 즉 '특정 단어'와 일치하는 반면, 두 번째 해석은 언어학자들이 **단어 징표**로 정의하는 '단어의 출현'과 일치한다. *parliament, government, debate, opposition*과 같은 20개의 다른 명사들을 포함하는 정치에 관한 신문기사를 상상해보자. 이 신문기사에서 명사들의 **유형 빈도**는 이 명사들이 20개의 다른 단어 유형을 보여주기 때문에 정확히 20개이다. 그러나 이것들의 **징표 빈도**는 두 번 이상 나타나는 명사들이 있기 때문에 아마도 20개 이상일 것이고, 그 결과 전체 기사에서 명사의 징표 빈도는 여러 가지 문법형태를 띠면서 예컨대 35개가 될 지도 모른다. 따라서 우리의 예문 *The students borrowed the books from the library*는 단지 여섯 개의 단어 유형을 포함한다. 즉, 4개의 내용어 *student, borrow, book, library*가 여러 가지 문법형태를 띠고 있고, 두 개의 기능어 *the*와 *from*이 있다. 그러나 단어 징표는 기능어 *the*가 세 번 나타나기 때문에 여덟 개이다.

단어, 소리, 문장

단어는 의미를 지니고 있다는 점에서 음소와 음절과 같은 소리 단위와 다르다. 그것은 또한 우리 머릿속 어휘부에 어휘내항, 즉 **어휘소**로 저장되어 있다는 점에서 문장과 다르다. 문장과 달리 단어는 대개 요구하면 만들어지는 것이 아니다. 단어는 문법적으로 올바른 문장을 생성하기 위해 문법적으로 변형될 수 있지만, 그것들의 어휘내항은 변화하지 않은 채 그대로이다. 그러나 영어와 다른 언어들의 화자들은 새로운 단어들을 쉽게 창조할 수 있다. 그렇게 할 때 그들은 대부분 결코 배운 적이 없는 규칙을 따른다. 이 규칙들은 화자의 언어능력의 일부이다. 언어학자들은 그 규칙들이 개별 어휘소와 함께 저장되었는지 아니면 별도로 저장되었는지에 따라 견해가 다르다. 우리가 이 규칙들이 정확히 어디에 저장되었는지 상관없이 그것들을 알고 있기 때문에, 우리는 분명한 실수가 있더라도 문어와 구어를 이해할 수 있다. 북테네리페 섬의 한 해변에 있는 다음 간판을 보자:

도해 4.1
위험한 해변

스페인어 경고문 *Playa peligrosa, fuertes corrientes*의 정확한 영어 번역은 *Dangerous beach, strong currents*일 것이다. 번역자는 명사구의 순서를 바꾸고, 명사 *danger*를 형용사처럼, 또는 *danger area, danger list*나 *danger money*와 같이 두 개의 명사로 이루어진 복합명사의 첫 부분처럼 사용하면서 *danger beach*라는 표현을 만들어냈다. 비록 *danger beach*가 세 복합명사 *danger area, danger list, danger money*와 달리 흔한 영어표현은 아니지만, 우리는 단어를 결합하는 문법규칙을 알고 인식할 수 있기 때문에 비록 그 규칙이 잘못 적용되었을지라도 복합명사 *danger beach*를 해석할 수 있다.

　　문법에 대해 우리가 다른 무엇을 알고 있을까? 우리에게 친숙한 단어를 들을 때, 우리는 그것이 명사인지, 동사인지, 형용사인지, 아니면 다른 품사에 속하는지 그리고 그것이 보다 큰 구조를 만들기 위해 어떻게 사용될 수 있는지 알고 있다. 우리는 또한 한 단어가 어떤 특정의 문법 정보를 지니기를 바란다면 어떻게 변형시킬 수 있는지 알고 있다. 예를 들어, 규칙적인 영어 명사의 복수는 어미 *-s*를 붙임으로써 만들어진다. 그러므로 우리는 이에 따라(명사 *mail*이 주로 단수로 사용되지만) *e-mail*의 복수를, 예컨대 누군가 이메일을 홍수처럼 뿌려댄다고 친구에게 불평할 때 *e-mails*로 만들어 사용할 것이다. 동사의 문법적 특성에 관한 지식을 바탕으로 우리는 동사 *e-mail*이 또한 단순형과 진행형뿐만 아니라 여러 가지 시제와 능동 및 수동 구문에서 나타날 수 있다고 결론짓게 될 것이다. 불쾌하게 충동적 글쓰기를 해대던 사람이 결국 이메일을 홍수처럼 보내는 일을 그만두었다는 사실을 친구에게 알리고자 한다면 이런 형태들은 유용하다. 예를 들어 이메일을 멈췄다는 말을 할 때 *stopped e-mailing us*라고 할 수 있다. 그러나 우리의 지식이 또한 생소하거나 고안된 단어에게도 적용될까? 다음 친숙한 동사들을 보자:

도해 4.2
몇몇 영어 동사들의
문법적 형태

mail	nail	sail
mailed	nailed	sailed
mailing	nailing	sailing

비록 고안된 단어 *e-nail*이나 *e-sail*을 이전에 들어보지 못했고 그것들이 무슨 의미인지 막연히 생각해볼 수 있을지라도, 우리는 *e-nailed, e-nailing*이나 *e-sail, e-sailing* 같이 문법적으로 올바른 형태를 쉽게 만들 수 있다. 분명하게도 단어의 문법적 특성에 대한 화자의 지식은 개별 단어에 대한 지식과는 독립적으로 존재한다. 이 지식은 친숙하거나 친숙하지 않은 단어 모두에게 똑같이 적용될 수 있다.

열린 품사와 닫힌 품사

그러나 새로운 단어를 창조하는 우리의 능력은 한계가 있다. 모든 품사가 새로운 항목을 받아들이는 것은 아니다. 빈번하게 새로운 항목을 받아들이는 **열린 품사**가 있고, 대개 새로운 항목을 받아들이지 않는 **닫힌 품사**가 있다. 이것이 두 그룹의 품사들을 중요하게 구별하는 것이다. 첫 번째 그룹은 명사(예: *student*), 동사(예: *borrow*), 형용사(예: *new*), 부사(예: *quickly*)와 같은 품사들을 포함한다. 이 품사들을 **내용어**라 부른다. 그것들은 또한 **어휘부류**로 알려져 있다. 어휘부류는 새로운 항목들을 규칙적으로 받아들이기 때문에 대개 열려있다. 두 번째 그룹은 한정사(예: *the*), 전치사(예: *from*), 양화사(예: *every*), 접속사(예: *and*)와 같은 품사를 포함한다. 이 품사들을 **기능어**로 부른다. 그것들은 또한 **문법부류**로 알려져 있다. 문법부류는 거의 새로운 항목을 받아들이지 않기 때문에 대개 닫혀있다. 우리는 작은 실험을 통해 이것을 시험할 수 있다: 5분 안에 얼마나 많은 내용어와 기능어를 만들어낼 수 있는지 알아보고, 친구와 함께 결과를 가지고 논의해보라:

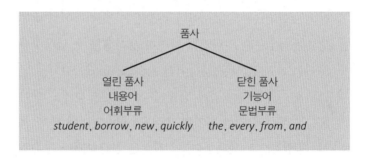

품사

열린 품사	닫힌 품사
내용어	기능어
어휘부류	문법부류
student, borrow, new, quickly	*the, every, from, and*

형태소

　　단어의 조립과 변형에 대해 더 잘 이해하기 위해 우리는 단어의 내부구조를 면밀히 조사해볼 필요가 있다. 형태론자들은 단어가 물리적으로 소리뿐만 아니라 **의미를 지닌 가장 작은 요소**로 이루어졌다고 가정한다. 언어에서 의미를 지닌 가장 작은 요소에 대한 언어학적 용어는 **형태소**이다. 형태소는 어휘정보뿐만 아니라 문법정보를 지닐 수 있다. 명사 *book*과 같이 단일 형태소로 이루어진 영어 단어를 예로 들어보자. 만일 어떤 특정의 책이 아주 작은 책이라고 말하고 싶다면, *book* 앞에 *mini-*를 붙여 *mini-book* 또는 *minibook*으로 바꿀 수 있다. 둘 이상의 책이나 작은 책에 관해 이야기 하고 싶다면 이 명사들 끝에 복수표시 *-s*를 붙여 *books*나 *mini-books*라고 말할 수 있다. *Book, mini-, -s* 모두 개별적으로 형태소이다. 형태소 *mini-*는 어휘정보를 첨가함으로써 기존 단어로부터 새로운 단어를 만들어내는 데 사용되는 반면, 형태소 *-s*는 문법정보 [+복수]를 첨가하기 위해 사용된다.

형태소와 단어

　　한 단어에 얼마나 많은 형태소가 나타날 수 있을까? 한 단어에 들어 있는 형태소의 최소 수는 *book*에서처럼 정확히 하나이다. 형태소의 최대 수에 관해 말할 때, 적어도 이론적으로는 끝이 없다. 예를 들어, 현대독일어는 한 단어 안에 비교적 높은 수의 형태소들을 빈번하게 결합하는 언어이다. 이것 때문에 다른 언어의 화자들, 예컨대 미국작가 마크 트웨인(1835-1910)에 의해 종종 비웃음거리가 되곤 했다. "끔찍한 독일어"에서 트웨인은 그가 말한 대로 "무질서한 복합어를 결합하는 답답하고 우울한 독일어 체계"라고 소리 높여 조롱한다. "끔직한 독일어"는 *Freundschaftsbezeigungen* ('우정의 선언'), *Unabhängigkeitserklärungen* ('독립의 선언'), *Generalstaatsver-ordnetenversammlungen*(트웨인의 풍자적인 번역: 전체 주 대표자 회의)와 같이 트웨인이 수집한 독일어 복합어의 많은 예들을 포함하고 있다. 만일 트웨인이 20세기 말까지 살았다면, 그는 *Rindfleischetikettierungsüberwachungsaufgabenübertragungsgesetz*라는 단어에 기뻐했을지도 모른다. 이 복합어는 소고기 검사를 위한 새로운 법의 이름으로써 메클렌부르그 포어포메른주 당국에 의해 만들어졌고, 1999년 독일어협회에 의해 '올해의 단어'로 최종 선발 후보에 올랐다. 그러나 영어에도 유명한 긴 단어들이 있다. 많이 인용되고 있는 한 단어는 *anti-disestablishmentarianism*이다. 특히 영어 미디어 언어에서 심지어 전체의 구가 하이픈을 창조적으로 이용함으로써 단어로 바뀌게 된다. 예를 들어, *ex-madam-now-action-movie-transexual*이라는 단어가 있는데, 이는 리버풀 대학의 영어학 연구개발단의 온라인 데이터베이스에 있는 많은 신문잡지 신조어 중의 하나이다. 짤막한 경고 하나: 이 자료는 엄청나지만 또한 진지하지 않은 자료와 *ebloody*에 대한 기재사항처럼 말장난도 포함하고 있다.

ebloody

만일 전자책(*ebooks*)이 전자책 표지(*ejackets*)를 가지고 있다면 나는 아마도 잔악하고(*ebloody*) 지독한(*estrong*) 전자 언어(*elanguage*)에 전자경고(*ewarning*)를 더할 수 있다.

자립형태소와 의존형태소

우리가 위에서 보았듯이, 어떤 형태소들은 *mail*처럼 단어와 동일하다. 그것들은 다른 형태소와 결합하거나 홀로 쓰일 수 있다. 따라서 이 형태소들을 **자립형태소**라 부른다. 복수 어미나 *unkind*와 같은 단어의 형태소 *un-*은 자립형태소와 결합해서 나타날 수 있을 뿐이지 결코 홀로 쓰일 수 없다. 그러므로 그것들을 **의존형태소**라 한다.

접사

모든 의존형태소들은 접사, 즉 다른 형태소에 달라붙는 형태소들이다. 접사는 여러 형태론적 과정에서 중요한 역할을 한다. 한편으로 우리는 **접사**를 사용해서 *book~books*에서처럼 [+복수]와 같은 문법정보를 표현한다. 다른 한편, 우리는 새로운 단어를 만들기 위해 접사를 사용한다. 예를 들어, 명사 *reader*는 동사 *read*에 접사 *-er*을 더함으로써 파생된다. 한 단어 안의 형태소들 사이의 관계가 수지도로 표현될 수 있다. N은 명사를, V는 동사를, 그리고 Af는 접사를 뜻한다:

도해 4.4
수지도로 형태소 표현

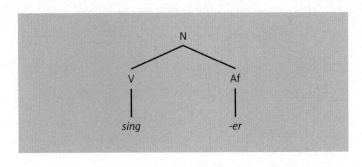

똑같은 관계가 또한 각괄호로 표현될 수 있다:

도해 4.5
각괄호로 형태소 표현

$$[_N [_V sing] [_{Af} er]]$$

훨씬 더 간단하고 더 자주 볼 수 있는 표현 형식은 *sing-er* 이다.

위에 표시된 바와 같이 다른 기능을 하는 다른 유형의 접 **접사의 유형** 사들이 있다. **어휘접사** 또는 **파생접사**들은 **어형성 과정**, 즉 새로운 단어를 창조할 때 사용되는 반면, **문법접사** 또는 **굴 절접사**들은 **굴절 과정**, 즉 문법정보를 첨가하는 과정에 사용 된다. 현대영어에서 접사 부류들은 닫힌 형태들이다. 물론, 영어가 지금부터 500년 후에 복수나 과거시제의 형태가 어 떻게 될지, 또는 어떤 새로운 파생접사가 그때 가서 어형성 과정에서 **생산적**으로 되어 새로운 단어를 형성할 수 있는지 아무도 모르지만, 일반적으로 언어는 새로운 기능어나 접사 보다 더 새로운 내용어를 창조할 것 같다.

어떤 의존형태소들은 오직 특정 단어에만 나타난다. 예 **유일형태소** 를 들어, *cran-*과 *huckle-*은 *cranberry*와 *huckleberry*에만 나 타난다. 이런 형태소를 **유일형태소**라 부른다. 우리는 딸기류 의 과실들이 영어 이외의 언어에서도 마찬가지로 왜 유일형 태소를 끌어들이는 것처럼 보이는지 궁금해할 수 있다. 예컨 대 독일어 명사 *Himbeere*('나무딸기')와 *Brombeere*('검은 딸기') 가 유일형태소 *Him-*과 *Brom-*을 포함한다. 현대독일어에서, 화학요소 *brommine*에 대한 독일어 표현 *Brom*과 피상적으

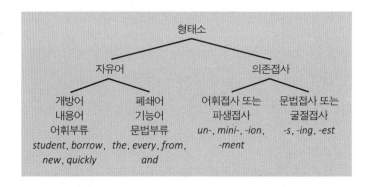

로 유사성이 있지만, 이 명사와 *Brombeere*와는 아무런 관련
성이 없고 발음도 다르다. 많은 유일형태소들은 오늘날 우리
가 더 이상 인지하지 못하는 자립형태소로부터 통시적으로
발달해왔다.

어근, 어기, 어간　　언어학자들은 단어에 달라붙는 항목들에 대한 이름을 가
지고 있을 뿐만 아니라, 접사들이 붙은 단어의 특정 요소에
대해서도 특별한 용어를 가지고 있다. 불행히도 이 용어들은
항상 일관되게 사용되고 있는 것은 아니다. 대부분의 언어학
자들은 하나의 접사가 달라붙은 형태를 어떤 것이든 **어기**라
부른다. 만일 한 단어에서 파생접사와 굴절접사 모두를 **빼버**
리면 남아 있는 부분을 **어근**이라 부른다. 어근은 항상 더 이
상 형태론적으로 분해될 수 없는 단일 형태소이다. 이와 같
은 공통의 용어에 따라, 단어 *speakers*는 굴절접사 *-s*와 그것
의 어기 *speaker*로 분석되고, 또한 *speaker*는 파생접사 *-er*과
그것의 어기 *speak*로 이루어진다. 그러나 *speak*는 접사 *-er*의
어기일 뿐만 아니라 동시에 형태론적으로 더 이상 분해될 수
없기 때문에 *speaker*의 어근이다.

흔히 굴절접사(예컨대 *-s*와 같은 복수표시나 *-ed*와 같은 과거시제)

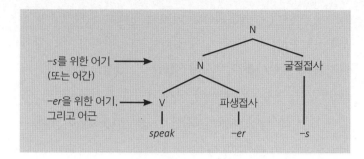

-s를 위한 어기 →
(또는 어간)

-er을 위한 어기, →
그리고 어근

N

N 굴절접사

V 파생접사

speak -er -s

가 빠져있을 때 남아있는 어기를 또한 **어간**이라 부른다. 따라서 *speaker*는 접사 -s의 어기일 뿐만 아니라 *speakers*의 어간이다.

위에서 보았듯이, 접사는 문법정보를 가지고 있거나 또는 새로운 단어의 형성에 기여할 수 있다. 어기에 달라붙는 위치에 따라 다른 종류의 접사들이 있다. **접두사**는 명사 *antihero*(anti-hero)의 *anti-*, 동사 *disarm*(dis-arm)의 *dis-*, 또는 형용사 *unfair*(un-fair)의 *un-*처럼 어기의 앞에 달라붙는 접사이다. **접미사**는 *sadness*(sad-ness)의 *sad-*, *weeping*(wee-ping)의 -*ing*, 또는 *deepest*(deep-est)의 -*est*와 같이 어기의 끝에 달라붙는다. 영어의 대부분의 접사들은 접두사와 접미사이다.

접요사와 접환사

접요사는 어기 안에 삽입된다. 영어에서 **접요사 첨가**가 사용되는 몇 안 되는 예 중의 하나는 버나드 쇼의 희곡 피그말리온을 원작으로 하는 뮤지컬 〈마이 페어 레이디〉에 나오는 일라이자 둘리틀이 부른 유명한 런던 사투리 노래 〈사랑스럽지 않은가요?〉의 *absobloominglutely*(*blooming*이 *absolutely* 중간에 삽입됨)이다. 영어에서 접요사 첨가로 사용되는 유일한 언어학적 항목들은 *blooming*, *bloody*, *fucking*과 같이 욕과 관련된 단어들이다. '진짜' 접사와 달리 이 접요사들은 의존접

접두사와 접미사

속사가 아니라 자유형태소들 아니면 형태소 결합형들이다. **접환사**는 어기의 시작과 끝에 달라붙는다. 따라서 어떤 언어학자들은 접환사를 접두사와 접미사의 결합으로 해석하기를 바란다. 전형적인 하나의 예가 독일어 과거분사이다. 많은 독일어 동사들은 *sagen*('말하다') ~ *gesagt*(*ge-sag-t*)('말했다'), *fragen*('묻다') ~ *gefragt*(*ge-frag-t*)('물었다'), 그리고 *geben*('주다') ~ *gegeben*(*ge-geb-en*)('주었다')과 같이 동사의 어근에 접두사 *ge-*와 접미사 *-(e)t*나 *-(e)n*을 붙임으로써 이런 동사 형태를 만든다. 영어에는 어떠한 접환사도 없다. 그러나 영어 단어들이 다른 언어에 차용될 때 이런 유형의 접사가 발생할 수 있다. 예를 들어, 독일어를 말하는, 컴퓨터와 인터넷 사용자들은 *download*와 *upgrade*와 같은 영어 동사에 너무 익숙해진 나머지 그것들을 독일어 동사로 간주하게 된다. 그 결과는 *gedownloadet*(*ge-download-et*)와 *upgegradet*(*up-ge-grade-t*)와 같은 혼합형이 된다. 이러한 과정들은 또한 접두사와 접미사의 결합(*ge-download-et*) 또는 심지어 접요사와 접미사의 결합(*up-ge-grade-t*)으로 해석될 수도 있다.

4.2   형태소와 이형태

음소와 형태소

3장 '음성학과 음운론'에서 우리는 음소와 그것의 이음들 사이의 차이를 논의했다. 음소가 여러 이음들로 실현되듯이 형태소는 여러 **이형태**로 실현된다. 이형태들은 형태소의 변이들이다. 4.1에서 나온 *e-mails*의 예를 생각해보자. 복수 어미를 *e-mail*[s] 아니면 *e-mail*[z]로 발음할 것인가? 만일 여러분이 원어민 영어화자거나 능숙한 비원어민 영어화자라면, 아마도 본능적으로 그것을 *e-mail[z]*로 발음할 것이다. 그렇게할 때 여러분은 영어의 가장 잘 알려진 **형태론적 규칙**들 중하나를 적용했을 것이다. 형태론적 규칙들은 음운론적 맥락에 따라 형태소의 실제 실현에 관여한다. 여러분이 직관적으로 적용한 형태론적 규칙들이 영어의 복수형태소 *-s*가 여러음운 환경에서 어떻게 발음되는지 결정한다. 복수형태 *texts*, *e-mails*, *faxes*와 그 복수표시의 다른 발음들, 즉 *texts*의 [-s], *e-mails*의 [-z], *faxes*의 [-ɪz]를 비교해보라: 여러분들은 *text*의 [t] 같은 무성음 뒤에서 무성음 [-s]가 나타나고, *e-mail*의 [l] 같은 유성음 뒤에서 유성음 [-z]가 나타나고, *faxes*와 같이 치찰음 [s] 뒤에서 [-ɪz]가 나타나는 것을 알게 될 것이다. [z]와 [s]는 다른 음소들, 즉 /z/와 /s/와 연관된 소리를 나타내는 것이지, 똑같은 음소의 이음들이 아니다. 이런 특정 규칙들은 형태소 안에서 적용되지 않고, 오로지 형태소 경계에서 적용된다. 만일 [l]과 [s]가 *else*[els]와 같이 똑같은 형태소 안에서 나타나면 그들의 조합은 완전히 적법하다. 일반적으로 영어 복수형태소의 **음운체계상 세 가지 이형태**들의 상보적 분포는 다음과 같다.

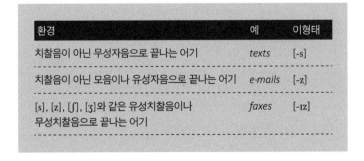

환경	예	이형태
치찰음이 아닌 무성자음으로 끝나는 어기	*texts*	[-s]
치찰음이 아닌 모음이나 유성자음으로 끝나는 어기	*e-mails*	[-z]
[s], [z], [ʃ], [ʒ]와 같은 유성치찰음이나 무성치찰음으로 끝나는 어기	*faxes*	[-ɪz]

도해 4.8
음운체계상 영어
복수표시의 이형태들

그러나 이형태들이 항상 접사로 이루어지는 것이 아니라 *women*이나 *men*과 같은 영어 복수 형태처럼 내적 음 변화를 포함할 수도 있다. 가끔 *sheep*이나 *aircraft*의 복수처럼 어떤 외형적 이형태를 전혀 가지고 있지 않은 경우도 있다. 그런 경우에 몇몇 언어학자들은 복수가 소위 **영-이형태**에 의해 실현된다고 말한다.

4.3   형태론적 과정

굴절과 어형성

우리가 앞 절에서 보았듯이, 형태론은 단어를 만들거나 변화시키는 과정을 기술한다. 형태론적 과정에 두 개의 주요 그룹이 있다. **굴절 과정**은 기존 단어에 문법정보를 첨가하는 형태론적 과정이다. 어떤 언어학자들은 이런 과정을 위해서만 형태론이라는 용어를 사용한다. 새로운 단어를 만드는 형태론적 과정을 **어형성 과정**이라 한다. 위에서 보았듯이, 영어에서 가장 중요한 어형성 과정은 **파생**과 **합성**이다.

도해 4.9
형태론적 과정

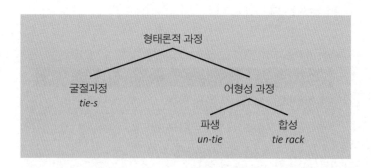

116

굴절

현대영어는 굴절접사를 상당히 많이 가지고 있는 독일어, 러시아어, 일본어 같은 언어와는 달리 비교적 굴절접사를 적게 가지고 있다:

명사	복수 –s	the text**s**
	소유격 –'s	the teacher**'s** texts
동사	3인칭 단수 현재 –s	she write**s** well
	–ing 형태	she is study**ing**
	과거시제 –ed	he e-mail**ed**
	과거분사 –ed	they have call**ed**
형용사	비교급 –er	the long**er** one
	최상급 –est	the long**est** one

도해 4.10
현대영어의 명사, 동사,
형용사의 굴절접사

그러나 영어는 굴절에서 많은 불규칙성을 보여준다. 다음 시를 살펴보자:

For a laugh, or a smile

We'll begin with a **box**, and the plural is **boxes**;
but the plural of **ox** is **oxen** not **oxes**.
One fowl is a **goose**, but two are called **geese**,
yet the plural of **moose** should never be **meese**.
You may find a lone **mouse** or a nest full of **mice**;
yet the plural of **house** is **houses**, not **hice**.
If the plural of **man** is always called **men**,

why shouldn't the plural of **pan** be called **pen**?
If I spoke of my **foot** and showed you my **feet**,
and I gave you a **boot**, would a pair be called **beet**?
If one is a **tooth** and a whole set are **teeth**,
why shouldn't the plural of **booth** be called **beeth**?
Then one may be **that**, and three would be **those**,
yet **hat** in the plural would never be **hose**,
and the plural of **cat** is **cats**, not **cose**.
We speak of a **brother** and also of **brethren**,
but though we say **mother**, we never say **methren**.

이 시에 나오는 대부분의 복수 형태는 수의 변화를 내적으로 표시한다(*goose ~ geese, foot ~ feet*). 이런 종류의 **내적 변화**는 초기 영어에서 생산적이었던 다른 유형의 복수 형태의 흔적을 반영한다. 문법적 대조를 표시하기 위해 *go ~ went*에서처럼 하나의 형태소가 완전히 다른 형태소로 대치될 때 이것을 **보충법**이라 부른다. 가끔 어떤 형태가 보충법에 비롯되었는지 아니면 내적 변화를 통해 이루어졌는지 순전히 공시적 견해로 결정하기란 어렵다. 이것은 *bring ~ brought*나 *find ~ found*와 같은 동사에게도 적용된다. 그것들의 과거시제의 형성은 때때로 **부분적 보충법**이라 불린다.

4.3.2 어형성

핵

굴절과정과 달리 어형성 과정은 단어들이 그것들의 어휘상의 부류(또는 품사)를 바꾸게 할 수 있다. 대개 복잡한 영어 단어의 경우 오른쪽에 있는 형태소가 그것의 어휘상 부류를 결정한다. 이 결정 형태소를 종종 **핵**이라 부른다. 영어에서 가장 생산적인 어형성 과정은 **파생**과 **합성**이다.

기존 단어에 어떤 접사를 붙임으로써 새로운 어휘소가 형성될 때 이 형태론적 과정을 파생이라 한다. 영어는 파생 과정을 위해 대개 **접두사**와 **접미사**를 이용한다. **파생**

파생접두사는 그것의 품사에 관한 어떤 변화도 없이 영어 단어의 의미를 수정한다. 많은 영어의 접두사들은 라틴어나 그리스어로부터 비롯되었다. 다음 그림에서 접두사가 영어 단어에 첨가할 수 있는 몇 가지 유형의 정보를 선택적으로 보여주고 있다. 이 단어들의 많은 어기들은 또한 라틴어와 그리스어로부터 비롯되었다: **접두사**

도해 4.11
파생접두사

수량	mono-	'하나'	monograph, monosyllabic
	poly-	'많은'	polysyllabic, polygraph
관련성	co-	'함께, 공동으로'	coexistence, cooperate
	contra-	'거꾸로, 반대의'	contradiction, contraindication
평가	mis-	'나쁘게, 잘못되어'	miscalculate, mislead
	pseudo-	'거짓의, 가성의'	pseudoartist, pseudoprophet
장소, 방향	ad-	'방향, 이동'	adjoin, admeasure
	sub-	'아래, 하위'	subdivision, subtitle
측정	hyper-	'초월하여, 과도한'	hyperactive, hypersensitive
	hypo-	'아래, 적은'	hypotactic, hypotoxic
부정, 반대	dis-	'분리, 반대, 결여'	disorder, dislike
	un-	'부정'	unbearable, uneven
시간, 기간	post-	'후, 뒤'	postdate, postcolonial
	re-	'다시, 새로이'	regenerate, restore

오직 파생접미사만이 영어 단어들의 품사를 바꾸게 할 수 있다. 예를 들어, 파생접미사 *-ly*는 대부분의 형용사를 부사로 바꾼다(예: *quick-ly*, *beautiful-ly*). 이 외에도 파생접미사들은 다른 의미를 가진 새로운 단어들을 만들 수 있다. 예를 들어, 접미사 *-er*과 *-ee*는 동사 *interview*와 결합하여 두 개의 다른 명사를 만들 수 있는데, 하나는 면접을 하는 사람을 뜻하고, 다른 하나는 면접을 보는 사람을 뜻한다: 명사 *interviewer*(interview-er)는 *interviewee*(interview-ee)를 면접하는 사람이다.

도해 4.12
파생접미사

동사나 형용사에서 파생된 행위자 명사	*-er*	'행위자'	*singer, teacher*
	-ist	'~하는 사람, 행위자'	*cyclist, typist*
동사나 형용사에서 파생된 추상명사	*-al*	'~한 행동'	*renewal, revival*
	-ness	'~한 상태, 조건, 특성'	*bitterness, fairness*
형용사나 명사에서 파생된 동사	*-en*	'~으로 되다'	*darken, deafen*
	-ify	'~화하다'	*purify, beautify*
동사나 명사에서 파생된 형용사	*-able*	'~할 수 있는'	*agreeable, understandable*
	-less	'~이 없는, 부족한'	*faultless, fearless*
이름에서 파생된 형용사	*-(i)(a)n*	'~에 속하는'	*Shakespearean, Victorian*
	-ist	'~을 지지하는'	*Marxist, Bushist*

파생과정이 반복되거나 결합될 수 있기 때문에, 우리는 관련된 복잡성의 정도에 따라 단순파생과 복합파생을 구분한다. 가끔 어떤 과정이 먼저 일어났는지 결정하는 것이 쉽지 않다. 명사 *unkindness*를 생각해보자:

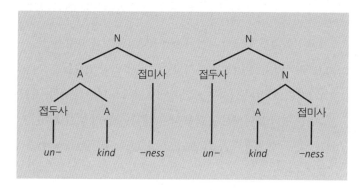

도해 4.13
접두사화와 접미사화

형용사 *unkind*가 명사화 접미사 *-ness*가 달라붙은 기저일까? 아니면 부정 접미사 *un-*이 명사 *kindness*에 달라붙은 것일까? 얼핏 보기에 두 가지 해석 모두 가능할 수 있다. 그러나 영어 접두사 *un-*은 명사가 아니라 형용사와 결합하는 경향이 있다. 그러므로 왼쪽 방향으로 결합하는 첫 번째 해석이 더 적절하다.

한 단어가 외형적 접사의 첨가 없이 새로운 품사에 속 **전환** 하게 될 때 **전환**이 일어난다. 그러므로 이 과정은 또한 가끔 **영-파생**이라 불린다. 예를 들어, *smell, taste, hit, walk, bottle, interview*와 같이 많은 영어 단어들이 명사와 동사로 존재한다. 또한 최근에는 이동전화를 통해 문자를 보내는 것을 가리키는 *text*라는 단어도 포함된다. 때때로 이 단어들이 처음에 어떤 품사에 속했는지 결정하는 것이 어렵다. 고

유명사도 또한 전환될 수 있다. 유명한 예로 온라인 옥스퍼드 영어사전에서 약간 수정 발췌한 다음 사항이 보여주듯이, Boycott(N) ~ boycott(V)나 Bogart(N) ~ bogart(V)가 있다:

bogart, *v.*

속어

미국 영화배우 험프리 보가트(1899-1957)의 이름에서 전환됨.
1)번의 의미는 보가트가 연기했던 강하고 거친 인물들을 암시한다. 2)번의 의미는 화면에서 보가트의 빈번한 흡연, 특히 담배를 깊이 들이마시는 것을 암시한다. (웨스턴 포크로 10 (1951:172)에 인용된 *pull a Bogart*(=act touch, 거친 행동을 하다)를 참고하시오)

1) 타동사, 미국 (특히 흑인들)이 사용: 강요하다, 강압하다; 괴롭히다, 위협하다. [...]

2) 타동사, 미국에서 기원하여 주로 미국에서 사용: (마리화나)를 탐욕스럽게 또는 이기적으로 독점하다. (더 일반적으로) 최대한 빼앗거나 이용하다; 훔치다. 또한 가끔 자동사로도 사용된다.

   1969년 미국영화 〈이지 라이더〉에 의해 대중화되었는데, 이 영화의 사운드 트랙으로 프래터니티 어브 맨이 부른 노래 〈*Don't Bogart Me*〉(나를 괴롭히지 말아요)가 사용되었다.

(2010년 6월 초안 항목으로 등록)

합성

합성은 또 하나의 중요한 어형성 과정이다. 이 과정은 새로운 단어를 형성하기 위해 적어도 기존의 두 단어를 결합한다. 혀가 잘 안도는 많은 영어의 표현들은 아래와 같이 복합어로 이루어진다.

She sells **seashells** by th seashore.
The shells she sells are surely **seashells**.
So if she sells shells on the **seashore**,
I'm sure she sells **seashore shells**.

영어에서 대부분의 복합어는 명사, 동사, 형용사이다. 전
치사 복합어 *into*와 *onto*처럼 다른 품사에는 아주 적은 복합
어가 있다. 대개 복합어의 핵, 즉 가장 오른쪽에 있는 요소가
그것의 품사를 결정한다. 영어 복합어는 하이픈이 있거나 없
이 한 단어로 또는 두 단어로 쓰일 수 있다. 다음 명사 복합
어, 동사 복합어, 형용사 복합어를 생각해보자:

도해 4.14
영어 복합어의 유형

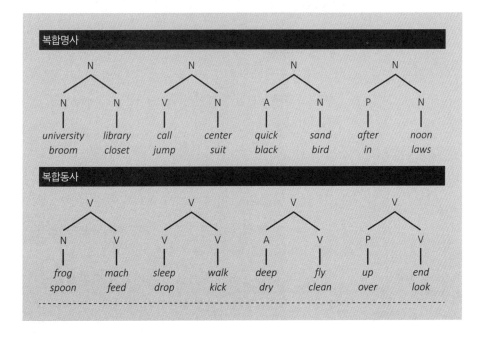

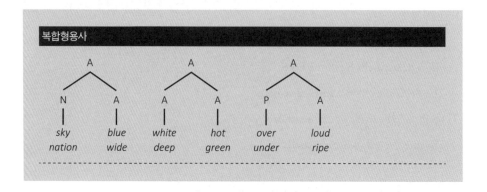

가끔 복합어 유형을 결정하는 것이 어렵다. 특히 신조어에서 그렇다. 이러한 경우에 우리는 핵의 문법적 특성을 고려함으로써 품사를 확인해볼 수 있다. 예를 들어, 복합어 *googlewhack*의 핵으로써 기능하는 단어 *whack*은 명사뿐만 아니라 동사로도 사용된다. RDUES 신조어 데이터베이스에서 *googlewhack*은 명사로 쓰이는 예문과 함께 수록되어 있다:

googlewhack
애매하고 관련이 없는 두 단어를 구글 검색창에 쳐보라.
만일 그 결과가 단일 웹 페이지라면 당신은 *googlewhack*을
찾은 것이다.

이 예에서 *googlewhack*은 분명히 명사로 기능하므로 한정사 *a*가 앞에 나온다. 그러나 매체가 새로운 이 온라인 스포츠에 대해 언급하게 되면서 이 단어는 *have you googlewhacked?* 에서처럼 또한 굴절동사로 곧 모습을 보이게 되었다.

내심복합어와 외심복합어

복합어의 의미가 구성성분들의 의미를 결합함으로써 추측될 수 있다면 그것을 **내심복합어**라 부른다. 종종 복합어

의 핵은 왼쪽에 있는 요소들에 의해 특수화된다. 예를 들어, *morphology book*은 특별한 종류의 책이고, *garlic sauce*는 특별한 종류의 소스이며, *winter holiday*는 특별한 종류의 휴일이다. 도해 4.14에 나오는 대부분의 예들은 내심복합어이다. *Blackbird, bluebottle, redneck*과 같은 **외심복합어**는 성분들의 의미를 결합함으로써 추측될 수 없는 의미를 가진다. *Blackbird*는 암컷일 때는 갈색의 깃털을 가지고 있기 때문에 수컷일 때에만 검은 새이다. *Bluebottle*은 꽃이나 파리일 수 있고, *redneck*는 미국의 특정 사회층에 속한다. 복합어가 아닌 형용사와 명사의 결합을 복합어와 구별하기 위해서 여러분은 다음과 같은 **접속사 실험**을 해볼 수 있다: *black bird, blue bottle, red neck*과 같이 복합어가 아닌 결합에서 *a black and brown bird, a blue and green bottle, a red and pimpled neck*과 같은 구를 만들기 위해 *and*나 *or*와 같은 접속사의 도움으로 구 안에 또 다른 형용사를 삽입할 수 있다. 이것은 복합명사에게서 가능하지 않다. 많은 경우에 어강세의 고려가 도움이 될 수 있다. 영어를 말로 할 경우 복합어 *bláckbird, blúebottle, rédneck*은 모두 첫 번째 요소에 강세가 오는 반면, 복합어가 아닌 결합 요소들인 *black bírd, blue bóttle, red néck*은 두 번째 요소가 강세를 받는다.

어형성 과정의 다른 유형들은 혼성, 생략, 그리고 역성법을 포함한다. **혼성어**는 *brunch*(**break**fast+l**unch**), *motel*(**mo**tor+ho**tel**), *chunnel*(**ch**annel+t**unnel**)과 같이 단어의 비-형태소 부분을 결합하여 새로운 단어로 만든다. 적어도 단어들 중 하나는 변하지 않고 그대로 남아있어 복합어와 혼성어 사이에 이쪽도 저쪽도 아닌 경우들이 있다: 전자매체 이용자들은 온라

혼성, 생략, 역성법

인 옥스퍼드 영어사전이 기록하고 있듯이 20세기의 지난 10년 동안 인기를 얻었던 *emoticon*, *netiquette*과 같은 혼성어에 익숙할 것이다:

emoticon, *n*.

컴퓨터 용어

[**EMOTION** *n*.과 **ICON** *n*.의 혼성어]

키보드 문자를 (대개 옆으로) 짤막하게 연이어 표시하여 전자메일 등에서 발신자의 감정이나 의도된 분위기를 보내기 위해 사용되는 얼굴 표현. 하나의 예로서 :-)와 :-(이 있는데, 각각 웃는 얼굴과 찡그린 얼굴을 나타낸다.

1990 뉴욕타임즈 1월 28일 I. 39/4: *Emoticon* - 인터넷에 글을 올릴 때 분위기나 감정을 나타내기 위해 사용된 유형학적 장치.

1994 옵저버 2월 13일(라이프 증보판) 8/3: 이렇게 해서 근본적으로 온라인상의 행동규범인 '*netiquette*'과 감정을 나타내기 위해 사용되는 작은 문자기호(예: 좋은 의도를 보여주기 위한 :-)와 비꼼을 나타내기 위한 윙크 ;-))인 '*emoticons*'나 '*smileys*'가 발달하였다.

1997 뱅쿠버 선 1월 29일 D 13/3: 미첼과 머피는 그들의 고객들에게 보통의 이메일 이모티콘을 사용하기보다 각괄호 안에 그들의 감정을 나타낼 것을 요청한다.

2001 가디언(인터넷판) 2월 24일: 당신이 핸드폰에 중독(교재에서 *poised*는 *poisoned*의 잘못된 표현인 듯: 역자 주)되어서 갑자기 필요한 이모티콘을 잊어버리는 공포를 상상해보라.

(2001년 6월 초안 항목으로 등록)

생략어는 *professor*의 *prof, advertizement*의 *ad, aeroplane*의 *plane, influenza*의 *flu*, 또는 (영국영어에서) *perambulator*의 *pram*과 같이 기존 단어를 단축함으로써 새로운 단어를 창조하는 어형성 과정이다. **역성법**은 가상의 접사나 진짜 접사가 제거된 결과 마치 더 긴 단어가 짧은 단어로부터 도출된 것처럼 보이는 특별한 유형의 생략어이다. 예를 들어, *edit*는 *editor*의 역성법이고 *baby-sit*는 *baby-sitter*의 역성법이다.

단축과정의 또 다른 유형은 **알파벳두문자**와 **두음문자**로 구분될 수 있는 소위 **두문자어**이다. 두문자어는 무언가의 이름을 만드는 단어들의 첫 번째 문자로 대개 이루어진다. *U.S.A., EU, BBC, CNN, SMS*와 같이 **알파벳두문자**는 개별 문자로 말해지는 반면, *UNESCO, NATO, AIDS, radar, laser*와 같은 **두음문자**는 단일 단어로 발음된다. *CD-ROM*과 같은 혼합형도 가능하다.

두문자어, 알파벳두문자, 두음문자

어형성이 또한 범언어적으로 가능하다. 예컨대 의학용어에서처럼, 영어는 라틴어나 고대 그리스어로부터 형태소들을 종종 차용한다:

범언어적 어형성

cardi(o)- 심장 [그리스어 *kardia*, 심장]
심장에 대한 의학연구는 **cardiology**이고, **cardiologist**에
의해 수행된다; **electrocardiogram**(그리스어 *graphein*, 쓰다),
즉 **ECG**는 사람의 심박동을 기록하거나 보여주는 것으로
electrocardiograph에 의해 기록된다. 몇 가지 형용사들이
신체계의 일부로서 심장과 관련이 있다; 이것에는 심장과
심장의 혈관을 뜻하는 **cardiovascular**(라틴어 *vasculum*, 작은
용기), 심장과 허파를 뜻하는 **cardiopulmonary**(라틴어

pulmo-, *pulmon-*, 허파), 그리고 심장과 흉부를 뜻하는
cardiothoracic(그리스어 *thorax*, 흉부)가 있다. 의학 밖에서
가장 일반적인 복합어는 수학에서 심장형 곡선을 뜻하는
cardioid이다.

(퀴니온 2002: 37에서 인용)

새로운 단어들이 독일어(*sitz bath*, *sitz mark*)에서와 같이 생활언어에서 나온 형태소로 만들어지고, 심지어 이름으로부터 만들어질 수 있다:

franken- 유전적으로 변형된 [1818년 현대판 프로메테우스인
메리 셸리의 소설《프랑켄슈타인》에 나오는 Baron Victor
Fankenstein 이름의 첫 요소]
활동가들은 Baron Frankenstein이 살아있는 존재, 즉
통속적 이해로 창조자를 공격하여 파멸시키는 무시무시한
괴물을 창조한 것을 환기하면서의 가끔 유전적으로 변형된
음식을 *Frankenstein foods*로 기술한다. 그 이름의 첫 요소는
frankenfood, frankencrop, frankenfruit, 그리고 일반적으로
알려진 기술인 **frankenscience**와 같이 여러 고안된 단어(모든
단어들이 가끔 대문자로 시작되기도 한다)에 **나타난다**. 그것들 모두
매우 경멸적으로 사용된다.

(퀴니온 2002: 87-88)

새로운 단어 고안　예를 들어 *Weetabix, Sellotape, Marmite*와 같은 상품명을
만들어내기 위해 **단어제조**, 즉 **신조어**가 사용된다. 그것은
또한 존 톨킨의《반지의 제왕》에 나오는 *hobbit*처럼 텍스트

안에서만 존재하는 인물이나 항목들을 위해 소설가들에 의해 사용된다. 마지막으로 그러나 역시 중요한 것이지만, 월트 디즈니 영화 〈*Mary Poppins*〉에 나오는 *supercalifragilistice xpialidocious*와 같이 전혀 아무것도 의미하지 않지만 그럼에도 불구하고 가끔 유명한 특별한 신조어들이 있거나 제임스 조이스의 〈*Finnegans Wake*〉에서 팀 피네간이 사다리로부터 추락하는 것을 상징하는 아래의 단어와 같은 놀라운 고안품들이 있다:

Bothallchoractorschumminaroundgansumuminarumdrumstr um- truminahumptadumpwaultopoofoolooderamaunsturnup!

연습문제   4.4

1   문장 *The birds sang and the bells rang?*에 몇 개의 단어 유형과 단어 징표들이 있는가? 이들 중 사전에서 찾을 수 있는 것은 몇 개인가?

2   다음 단어들은 두 개의 형태소로 되어 있다. 그것들을 구별하여 각각 자립인지 의존인지 밝히시오. 해당되는 곳에서 어떤 종류의 접사가 관련되었는지 그리고 굴절접사인지 파생접사인지 말하시오.
    a) *cats*   b) *unhappy*   c) *milder*
    d) *bicycle*   e) *signpost*   f) *rejoin*
    g) *greedy*   h) *hateful*

3   아래 단어들을 성분 형태소로 나누고, 연습문제 2번과 같이 형태소들을 기술하시오. 주의: 단어들은 하나, 둘, 또는 셋 이상의 형태소로

이루어질 수 있다.

a) *comfortable*   b) *reconditioned*   c) *senseless*

d) *rationalisation*   e) *environmental*   f) *thickeners*

4 다음 단어들 중에서 어기의 어휘범주와 전체 단어의 어휘범주를 말하시오.

a) *government, speaker, contemplation*

b) *fictional, childish, colourful*

c) *calmest, lovelier, stillier*

5 다음 단어들 중에서 의존형태소를 식별하고, 그 어기의 어휘범주를 말하시오. 그 접사가 어휘범주를 변화시키는지 말하고 만일 그렇다면 무슨 범주로 바뀌는지 말하시오.

a) *spiteful, healthful, truthful*

b) *unsure, untrue, unimportant*

c) *retake, review, relive*

6 본톡은 필리핀에서 사용되는 한 언어이다. 다음 동사 형태를 생성하기 위해 어떤 형태론적 과정이 이용되는가? 적절한 용어를 사용하여 자세히 기술해보시오.

a) [fikas] 'strong'   e) [fumikas] 'he is becoming strong'

b) [kilad] 'red'   f) [kumilad] 'he is becoming red'

c) [bato] 'stone'   g) [bumato] 'he is becoming stone'

d) [fusul] 'enemy'   h) [fumusul] 'he is becoming an enemy'

(베르그만 외 2007: 178)

7 고용인들을 해고하는 데 쓰이는 많은 완곡어법들이 있다. 그것들을 만드는 어형성 과정에 관한 다음 예들을 분석하시오.

a) *career change opportunity*

b) *decruitment*

c) *outplacement*

8   사전의 도움을 받아 다음 단어들을 비교해보시오: *catfish*, *shellfish*, *selfish*, *swordfish*. 이 단어들은 내심복합어인가 외심복합어인가(또는 완전히 다른 어떤 것인가)?

9   다음 신조어의 생성에 관련된 형태론적 과정을 식별하시오(*Urban Dictionary*에서 인용):

a) *Airplane Talker*

    May 24, 2010 Urban Word of the Day

    명사

    1) 마치 비행기 옆자리에 앉은 사람처럼, 보통 대화를 하기 위해 (극심한 불안을 야기하며) 개인 공간의 범위 안에 있는 사람

       Your friend, over there, is a total airplane talker.

    2) 마치 비행기 엔진소리를 들으며 말하려고 하는 것처럼, 현재의 대화가 요구하는 것보다 훨씬 큰 소리로 말하는 사람

b) *fat finger*

    May 7, 2010 Urban Word of the Day

    동사

    오자를 쓰는 행위. 종종 비밀번호 오류를 가리킬 때 사용됨

    I thought the server was down, but I just fat fingered my password.

    You didn't get my email? I must have fat fingered the address.

c) *ash hole*

    April 18, 2010 Urban Word of the Day

    명사

    1) 비행기가 어떤 어려움도 없이 비행할 수 있는 화산재 구름 속

의 작은 구멍

We were stranded at Heathrow Airport for hours until the airplane found some ash hole to fly through.

2) 화산재를 내뿜는 화산 꼭대기의 구멍

INTRODUCTION
TO ENGLISH
LINGUISTICS

5 통사론

통사론은 단어들이 어떻게 결합하여
구, 절, 문장과 같은 더 큰 문법 단위들을 형성하는지 검토한다.
이 장은 화자들이 통사구조를 인지하고 생산할 수 있게 만드는
기본 규칙과 원리들을 개략적으로 보여준다.

통사 범주

문법이라는 용어는 한 언어의 형태론과 통사론의 특징을 언급하기 위해 흔히 사용된다. 앞서 형태론에 대한 장은 단어의 구조를 파헤치는 것이었다. **통사론**은 **단어들의 구, 절, 문장으로의 결합**에 관심을 둔다. 문장은 **계층적**으로 구조화되어 있다. 이것은 문장의 '구성요소'가 몇 개의 층위에서 서로 체계적인 관계를 가지며 배열되어 있다는 것을 뜻한다: **단어**들은 결합하여 **구**가 되고, 구들은 결합하여 **절**이 되고, 절은 스스로 **문장**을 이루거나 더 복잡한 문장을 만들기 위해 결합될 수 있다(도해 5.3 참조). 다음 그림은 문장 내에서의 계층적 관계를 예시한다:

도해 5.1
단어, 구, 절, 문장

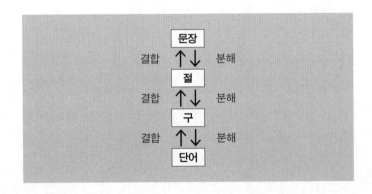

통사 범주의 결정

통사론은 단어들을 여러 **통사범주**(또는 **품사**)로 분류한다. 이 분류는 고대 그리스어나 라틴어의 기술로 거슬러 올라간다. 이 책의 형태론에 대한 장으로부터 우리는 이미 명사, 동사, 형용사, 부사, 전치사와 같은 대부분의 범주에 익숙하다.

우리는 또한 그것들의 의미에 대해 알고 있고 굴절범주의 굴절 특성에 대해 알고 있다. 하지만 이것들은 언어학자들이 통사범주를 결정하기 위해 전통적으로 사용하는 세 가지 기준 중의 두 가지일 뿐이다. 세 기준은 **의미**, **굴절**, 그리고 **분포**다. 의미는 개념상의 기준인 반면, 굴절과 분포는 형식적 기준들이다. 의미는 품사의 의미론적 기술을 가리키는데, 예를 들어, 사람, 사물, 장소의 이름을 말하는 모든 단어들을 명사라고 언급한다. 굴절은 명사의 복수형태와 소유형태와 같은 한 단어의 형태론적 특성들을 가리킨다. 한 단어의 분포는 구, 절, 문장 안에서의 잠재적 위치와 기능을 포함하는 통사적 특성에 의존한다.

우리는 우선 의미기준을 적용시켜봄으로써 단어 *teacher* 의 범주를 결정해볼 수 있다. *teacher*는 사람을 가리키고, 또한 우리는 사람, 사물, 장소의 이름을 말하는 단어들이 일반적으로 명사라는 것을 알고 있다. 따라서 그것의 의미에 따르면 단어 *teacher*는 명사이다. 둘째, 우리는 굴절이 단어 *teacher*와 함께 나타날 수 있는지 점검해볼 수 있다. *Mary loves all her teachers*에서처럼 *teacher*는 복수형태 *teachers*로 나타날 수 있고, *teacher's book*에서처럼 소유형태로 나타날 수 있다. 복수와 소유형태를 가지는 단어들이 일반적으로 명사들이고(도해 4.10 참조), 따라서 두 번째 실험이 *teacher*가 필시 명사라는 것을 확인해준다. 셋째, 우리는 문장에서 *teacher* 의 분포를 점검해볼 수 있다. 이것은 우리가 주어진 문장에서 *teacher*를 대치할 수 있는 단어를 찾음으로써 가장 편리하게 작동한다. 문장 *The student went quickly to the new pub* 에서 우리는 *student*와 *pub*을 *teacher*로 대치하여 *The student*

기준의 적용

*went quickly to the new teacher*와 *The teacher went quickly to the new pub*으로 바꿀 수 있다. *Teacher*는 *the teacher*에서 한정사와 함께 그리고 *the new teacher*에서 형용사와 함께 나타날 수 있는데, 이것이 영어 명사의 전형적인 분포인 것이다. 우리는 이제 *teacher*가 명사라고 얘기해도 무방하다.

기준의 비교 위의 예에서 보았듯이 한 단어의 범주 확인은 꽤 간단하고 단순할 수 있다. 명사 *teacher*는 세 가지 기준을 각각 만족시키는데, 때때로 세 가지 기준을 모두 사용하는 것이 잉여적인 것처럼 보일 수 있다. 그러나 모든 통사 범주들이 단일 실험으로는 문제를 야기할 수 있는 단어들이 있기 때문에 세 기준을 모두 사용하는 것이 바람직하다. 명사 *intelligence*를 생각해보자. 의미의 관점에서 볼 때, 명사는 전통적으로 사람, 사물, 장소를 가리키는 단어로 정의된다(위 참조). 그러나 *intelligence*는 추상적인 존재이다. 즉 의미의 기준은 그 정의가 추상적 존재도 포함하도록 확대될 때에만 유효하다. 이러한 이유로 어떤 언어학자들은 의미의 기준을 전혀 고려하지 않는다.

*Intelligence*와 같은 추상명사의 경우에 있어서, 많은 추상명사들이 복수나 소유형태로 나타나지 않기 때문에 굴절 또한 아주 도움이 되는 기준이 아니다. 굴절은 일반적으로 현대영어에서 다소 문제가 되는 기준이다. 왜냐하면 현대영어는 역사의 발달과정에서 대부분의 굴절을 상실했기 때문이다(도해 2.12 참조). 게다가 어떤 단어들은 몇 개의 다른 품사에 속해서 둘 이상의 통사범주의 굴절특성을 보여줄 수 있다.

*Intelligence*와 같은 추상명사는 그것의 분포를 점검함으로써, 즉 명사의 특성을 보여주는 맥락에 나타날 수 있는지에 따라 가장 잘 확인될 수 있다. 추상명사 *intelligence*는 *the*

와 같은 한정사와 *immense*와 같은 형용사 뒤에 나타날 수 있다. 우리는 *the intelligence of mice*와 *thanks to their immense intelligence*와 같은 맥락을 쉽게 상상할 수 있다. 이 경우에, 분포 실험은 *intelligence*를 명사로 확인하는 확실한 결과를 낳는다. 불행히도 분포만으로 한 단어의 범주를 항상 무사히 결정하는 데 기여하는 것은 아니다. 예를 들어 대부분의 영어 명사들은 사람이나 장소의 이름을 나타내는 소위 **고유명사**를 제외하고 한정사와 함께 나타날 수 있다(*a frog, the pond*): **the London*은 *What I saw was different from the London I remembered*와 같은 문장을 제외하고 불가능하다. 대체로 영어 단어의 범주를 확인하는 가장 안전한 방법은 대개 세 가지 실험 모두를 합치는 것이다.

아주 간단히 표현하면, 영어의 주 통사범주의 의미, 굴절, 분포는 도해 5.2와 같이 요약될 수 있다:

영어의 주 통사범주

통사범주	의미	굴절	분포
명사 **(N)**	사람, 사물, 장소, 추상적 존재	복수, 소유격	▶ 문장의 주어나 목적어 ▶ 한정사 뒤에 나타난다. ▶ 형용사의 수식을 받을 수 있다. ▶ *The **student** went quickly to the new **pub**.*
동사 **(V)**	행동, 사건, 상태, 감정	3인칭 단수 현재, *–ing* 형태, 과거시제, 과거분사	▶ 문장의 술어 ▶ 대개 주어 뒤에 오며, 목적어 앞에 나타날 수 있다. ▶ 조동사와 결합한다. ▶ 부사의 수식을 받을 수 있다. ▶ *The student **went** quickly to the new pub.*

도해 5.2
영어의 주 통사범주

형용사 (Adj)	질량, 속성	비교급, 최상급	▶ 명사를 수식한다. ▶ 명사 앞에 나타나고, 한정사가 선행할 수 있다. ▶ *The student went quickly to the **new** pub.*
부사 (Adv)	질량, 속성	∅	▶ 동사, 형용사, 부사, 전치사를 수식한다. ▶ *The student went **quickly** to the new pub.*
전치사 (Prep)	위치, 방향, 관계	∅	▶ 명사나 한정사 앞에 나타난다. ▶ *The student went quickly **to** the new pub.*

기타 통사범주는 예컨대 *she, they*와 같은 대명사, *a, the, some*과 같은 한정사, *and, or* 같은 접속사들이다. 많은 단어들이 명사와 동사일 수 있는 단어 *text*처럼 둘 이상의 통사범주에 속할 수 있다(4.3.2 참조).

5.2   문장 유형

다른 통사범주에 속하는 단어들이 결합하여 다른 구조와 기능을 하는 문장을 형성한다. 다음 네 문장들을 비교해보자:

(1) *Anna is singing.*

(2) *Is Anna singing?*

(3) *Sing!*

(4) *How beautifully Anna is singing!*

이 문장 중의 하나를 언급할 때 우리는 특정의 의사소통 목적을 가지고 한다. 그 의도는 다음과 같다.

(1) 누군가에게 무엇인가를 알려주기 위해

(2) 무엇에 관한 정보를 얻기 위해

(3) 누군가에게 무엇을 하도록 시키기 위해

(4) 무엇인가에 대한 우리의 태도를 표현하기 위해

이 의도들은 네 가지 주요 기능상의 문장유형과 일치한다.

(1) 서술문

(2) 의문문

(3) 명령문

(4) 감탄문

영어 문장들은 각각의 문장 유형에 따라 특징적인 어순을 가진다. 앞의 예에서 우리는 다음과 같은 어순 양상을 관찰할 수 있다:

(1) 명사 – 조동사 – *ing*-형 동사

(2) 조동사 – 명사 – *ing*-형 동사

(3) 동사 홀로

(4) *wh*-표현 – 부사 – 명사 – 조동사 – *ing*-형 동사

이와 같은 선형상의 표현들은 문장을 이루는 개별 단어들 사이의 관계에 대해서 많은 것을 드러내주지 않는다. 다음 절에서 우리는 몇 가지 이런 관계들과 서술문의 통사적 구성을 표현하는 다른 방법들을 자세히 살펴볼 것이다.

5.3 　문장 만들기

전에 언급하였듯이, 문장은 단어, 구, 절로 이루어진다. 단어 층위에서 문장 *Anna sang a song yesterday*는 다음과 같이 분석될 수 있다:

도해 5.3
단어 층위에서 문장의
통사적 분석

[$_N$ *Anna*] [$_V$ *sang*] [$_{Det}$ *a*] [$_N$ *song*] [$_{Adv}$ *yesterday*]

**구성성분과
성분 판별법**

그러나 우리의 직관은 한 문장 안의 어떤 단어들이 다른 단어들보다 더 밀접히 한 덩어리에 속해 있다는 것을 말해준다. 예를 들어, 우리는 그룹 *a song*에 있는 단어들이 연속체 *sang a*나 *song yesterday*에 있는 단어들보다 더 밀접히 관련되어 있다는 것을 직관적으로 말할 것이다. 한 문장 안에서 하나의 덩어리에 속해서 단일 단위로 기능하는 단어들을 **구성성분**이라 부른다. 구성성분은 많은 **성분판별법**에 의해 확인될 수 있다.

대치

구성성분은 **대치판별법**에 의해 문장의 단위로 확인될 수 있다. 만일 한 단어나 한 그룹의 단어들이 *she, he, it, they,* *her, him* 등과 같은 대명사에 의해 대신 될 수 있다면 그것들은 성분을 형성한다. 문장 *Anna sang a song yesterday*에서 *Anna*는 대명사 *she*로 대신 될 수 있고, *a song*은 대명사 *it*으로 대신 될 수 있다. 따라서 단어 *Anna*와 그룹 *a song*은 이 문장의 구성성분들임에 틀림없다.

$$\left\{\begin{array}{l} Anna \\ She \end{array}\right\} \quad sang \quad \left\{\begin{array}{l} a\ song \\ it \end{array}\right\} \quad yesterday.$$

도해 5.4
대치판별법

구성성분에 대한 또 하나의 실험은 **등위접속판별법**이다. 한 단어나 그룹의 단어들이 또 다른 단어나 그룹의 단어들과 결합하기 위해 *and*나 *or* 같은 접속사를 사용할 수 있다면 그것은 문장의 구성성분이 된다. 예를 들어, *Anna*는 *Jack*과 등위접속될 수 있고, *a song*은 *an aria*와 합해질 수 있으므로 *Anna*와 *a song*은 우리의 예문에서 구성성분들이다. *song yesterday*처럼 단일 단위에 속하지 않는 단어들의 연속체는 이 판별법을 통과하지 못한다.

등위접속

$$\left\{\begin{array}{l} Anna \\ Anna\ and\ Jack \end{array}\right\} \quad sang \quad \left\{\begin{array}{l} a\ song \\ a\ song\ and\ an\ aria \end{array}\right\} \quad yesterday.$$

도해 5.5
등위접속판별법

선택적 구성성분들은 **생략판별법**을 적용함으로써 확인될 수 있다. 만일 한 단어나 그룹의 단어들이 한 문장에서 생략될 수 있다면, 그것은 선택적 구성성분임에 틀림없다. 따

생략

라서 *yesterday*는 이 문장의 구성성분이다.

도해 5.6
생략판별법

Anna sang a song yesterday.
Anna sang a song ~~yesterday~~.

이동

구성성분에 대한 네 번째 실험은 이동판별법이다. 한 문장의 다른 위치로 이동할 수 있는 단어나 그룹의 단어들은 이 문장의 구성성분이다. 예를 들어, *yesterday*는 우리의 예문 앞으로 이동할 수 있기 때문에 구성성분임에 틀림없다.

도해 5.7
이동판별법

Anna sang a song yesterday.
Yesterday, Anna sang a song.

질문

구성성분의 다섯 번째 실험은 질문판별법이다. 한 단어나 그룹의 단어들이 질문에 답을 할 때 독립적으로 사용된다면 그것들은 구성성분을 이룬다. 우리의 예문에서 그룹 *a song*은 다음 질문을 해봄으로써 구성성분으로 확인될 수 있다:

도해 5.8
질문판별법

질문: *What did Anna sing yesterday?*
답:　 *A song.*

*Song yesterday*가 진정 답이 될 수 있는 *What did you just say?*나 *Which example are we supposed to discuss?*와 같은 질

문들을 제외한다면 *song yesterday*를 답으로 요구하는 질문은 없다. 위 질문들은 언어 자체를 언급하기 때문에 **초언어적**(또는 **상위 담화적**) 질문으로 알려져 있다. 이런 질문들은 특정한 맥락에서 말해지거나 글로 쓴 것에 적용될 수 있기 때문에 구성성분 판별법에서 유용하지 않다.

결과적으로 우리는 앞에 나온 예문이 다음과 같은 주요 구성성분을 가지고 있다고 말할 수 있다(문장에서 기능을 기술하는 전통적인 용어가 괄호 안에 있고, 아래 도해 5.9를 참조하라): *Anna*(주어), *sang*(술어) *a song*(목적어), 선택적 구성성분인 *yesterday*(부사어).

우리는 이미 주어, 술어, 목적어, 부사어와 같이 몇 가지 전통적인 통사적 요소에 대한 용어들은 대부분의 사람들에게 친숙하다고 가정하면서 사용해왔다. 의무적 요소인 **주어**와 **술어** 이외에 영어 문장은 또한 **목적어, 보어, 부사어**를 포함할 수 있다. 도해 5.9는 문장의 주요 요소들 각각에 대해 우리가 학교에서 배웠던 정의와 비슷한 단순한 정의를 보여준다:

통사적 요소와 기능

도해 5.9
통사적 요소와 기능
(매슈스 2007)

통사적 요소	기능	예
주어(S)	무언가 언급되고 있는 누군가 또는 그 무엇	▶ *John came. John helped me. John was freed. John is my friend.* ▶ *The car was scratched.* ▶ *Knowing him helped me.* ▶ *That he is worried is obvious.*
술어(P)	주어에 대해 언급(또는 서술)되고 있는 문장이나 절의 부분	▶ *My friend bought a coat in London.* ※ 위 예문에서 동사, 즉 *bought*만을 술어로 보는 학자들이 있다. 이 책에서도 이러한 관례를 따른다.

목적어(O)	주어로 표현되는 사람이나 사물 이외에 행동, 과정, 유사한 활동에 관여하는 사람이나 사물들	▶ 직접목적어: 주어의 활동과 직접적으로 관련됨 *I met **him**.* *I'll give her **a flower**.* ▶ 간접목적어: 이러한 활동에 관여된 직접목적어를 받거나 이익을 봄 *I'll give **her** a flower.*
보어(C)	흔히 주어나 목적어를 보충하는 요소	▶ *He seems **happy**.* ▶ *That will make him **happy**.*
부사어(A)	문장에서 언급되는 행동이나 상태에 대한 시간, 장소, 방법에 관한 정보를 제공하는 요소	▶ *I'll do it **tomorrow** / **on Monday** / **when I'm ready**.*

절과 문장   도해 5.9에서 기술된 통사적 요소들은 절과 문장을 만드는 데 사용된다. **문장**은 글에서 대개 대문자로 시작하여 마침표, 의문부호, 또는 감탄부호로 끝나는 독립적인 통사적 단위로 느슨하게 정의될 수 있다. 이 시점까지, 우리의 예문 *Anna sang a song yesterday*가 주어와 술어를 포함하고 있고 절이면서 문장이었듯이, 더 세부적으로 논하거나 절과 문장 사이를 구분할 필요가 없었다. **절**은 하나의 주어-술어 구조를 가지고 있고, 자체로 문장을 이루거나 다른 절과 결합하여 하나의 문장을 만들 수 있다. 따라서 절은 *Anna*(S) *sang*(P)과 같이 주어와 술어를 포함하고, *Anna*(S) *sang*(P) *a song*(O)에서 목적어 *a song*처럼 선택적인 다른 통사적 요소를 포함할 수 있다. 하나의 절, 즉 하나의 주어-술어 구조만을 가진 문장을 **단문**이라 한다. 단문을 만드는 절은 독립적일 수 있어서 **주절**(또는 **독립절**)이라고 한다.

그러나 문장은 두 개 이상의 절로 구성될 수 있다. 이런 비-단문을 만들기 위해서 의무적인 주절이 하나 또는 몇 개의 주절과 결합하여 **중문**을 만들거나 아니면 독립적일 수 없는 적어도 하나의 **종속절**(또는 **의존절**)과 결합하여 **복문**을 만들게 된다.

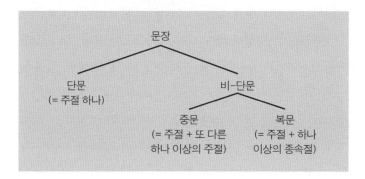

도해 5.10
단문과 비-단문

*And, or, but*과 같은 등위접속사는 흔히 중문을 만들기 위해 둘 또는 그 이상의 절과 결합하는 데 사용된다. 반대로 복문은 종종 *although, because, when*과 같은 종속접속사나 *who*와 *which* 같은 관계대명사를 포함한다.

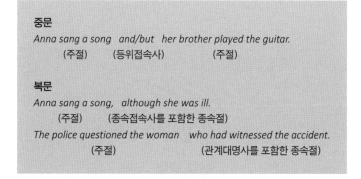

도해 5.11
중문과 복문

정형절과 비-정형절　　　절의 술어에 사용되는 동사 형태에 따라 절은 **정형절**과 **비-정형절**로 구분될 수 있다. 정형절은 *Anna sings a song every day*에서 *sings*와 같이 인칭과 수뿐만 아니라 *Anna sang a song yesterday*에서 *sang*과 같이 시제를 위해 표시된 동사요소를 포함한다. 정형절은 *Anna sang a song, although she was ill*에서처럼 주절과 종속절로 사용될 수 있다(도해 5.11 참조).

　　　반대로, 비-정형절 안에 있는 동사요소는 시제, 수, 인칭을 위한 표시가 없다. *to*-부정사, 현재분사, 과거분사가 비-정형 동사 형태들이다. 비-정형절은 *I want you to stay*에서 종속절 *you to stay*, *Leaving the country, they waved their fans goodbye*에서 *leaving the country*, *Defeated by the Spanish team, the German team flew home on an Airbus A380*에서 *defeated by the Spanish team*과 같이 종속적인 기능에서만 나타날 수 있다.

구 층위　　　단어와 절을 자세히 살펴본 후, 우리는 이제 **구 층위**, 즉 단어와 절 사이의 층위(도해 5.1 참조)로 나아갈 수 있다. 구는 둘 이상의 단어로 구성될 수 있다는 점에서 단어와 다르고, 주어-술어 구조를 가지지 않는다는 점에서 절과 다르다. 우선 단문을 살펴보자. *Anna sang*은 하나의 주절로만 구성된 문장이다. 명사 *Anna*는 주어이고, 동사 *sang*은 술어이다.

도해 5.12
단문

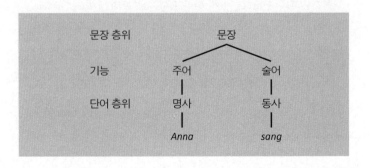

명사 *Anna*와 동사 *sang*이 다른 통사범주에 속하는 단어일 뿐만 아니라 구(이 경우 단순한 구이지만 곧 복잡한 구를 보게 될 것이다)라는 것을 보여주기 위해 우리는 기능적인 관점에서 형식적인 관점으로 전환해서 문장 *Anna sang*이 **명사구** *Anna*와 **동사구** *sang*으로 이루어져 있다고 말할 것이다.

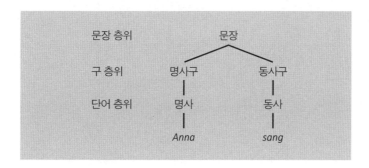

도해 5.13
단문 재고

우리는 **목적어 명사구**와 같이 다른 기능들을 구별하기 위해 **주어 명사구**라는 용어를 사용할 수 있다. 문장 *Anna sang a song*을 살펴보자. 명사구 *Anna*는 주어이다. 그러나 동사구는 동사 *sang*뿐만 아니라 한정사 *a*와 명사 *song*으로 이루어진 목적어 명사구 *a song*을 포함한다.

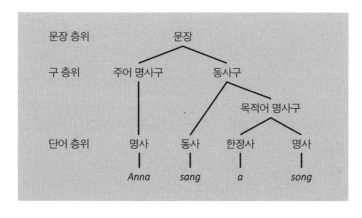

도해 5.14
주어와 목적어가 있는 문장

대부분의 언어학자들은 문장을 S, 명사구를 NP, 동사구를 VP, 명사를 N, 동사를 V, 한정사를 Det와 같이 수지도에서 축약형만을 사용하는 것을 좋아 한다(도해 5.2 참조). 이러한 관습에 따라 도해 5.14에 나오는 우리의 예문은 대개 다음과 같이 표현된다:

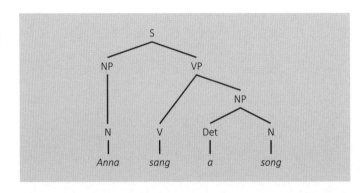

도해 5.15에 예시된 것처럼, 수지도 그리고 이와 비슷한 문장의 표현 방식들이 오늘날 널리 사용되고 있다. 그렇지 않으면, 한 문장의 요소들을 명칭이 있는 각괄호 안에 넣어서 선형 방식으로 표현할 수도 있다:

$$[_S [_{NP} [_N \textit{Anna}]] [_{VP} [_V \textit{sang}] [_{NP} [_{Det} \textit{a}] [_N \textit{song}]]]]$$

몇몇 언어학자들은 문자의 선형 표현을 일련의 단어들로 구분함으로써 구성성분 사이의 관계를 강조하는 또 다른 형태의 수지도를 사용한다:

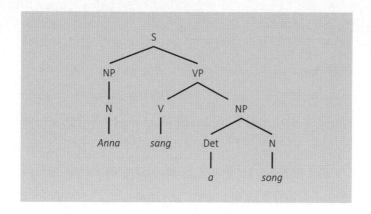

　수지도에 대한 첫 번째 관습(도해 5.15)이 문장의 분석을 단어 층위로부터, 즉 아래로부터 시작하기에 더 유용하다. 수지도의 두 번째 관습(도해 5.17)은 문장의 분석을 구 층위에서 시작하기에 더 효과적이다. 두 가지 관습 안에서 단순화가 가능하다.

　수지도를 단순화하기 위해서 언어학자들은 가끔 선정된 구의 내부구조를 빼버리곤 한다. 그러면 이 구들은 소위 '옷걸이' 표시로 표현된다:

단순화

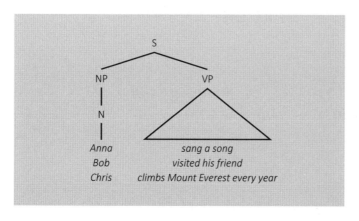

도해 5.18
주어와 목적어가 있는
문장들(단순화된 표시)

구는 **단순한 구**, 즉 오로지 한 단어로 구성된 구와 **복잡한 구**, 즉 둘 이상의 단어로 된 구로 나눠질 수 있다. 따라서 문장 *Anna sang a song*에서 주어 명사구 *Anna*는 단순한 구이다. 비슷한 구조를 가진 문장 *The talented soprano sang a song*에서 주어 명사구 *the talented soprano*는 복잡한 구이다 (5.4 참조).

구의 명칭은 그것을 만드는 **핵**에 의해 결정된다. 명사나 대명사를 중심으로 만들어진 구는 명사구이고, 동사를 중심으로 만들어진 구는 동사구, 형용사를 중심으로 만들어진 구는 형용사구가 된다. 형태론에 대한 장에 있는 복합어에 대한 절에서 보았듯이, 복합어의 핵이 그 단어의 통사적 부류와 문법적 특성을 결정한다. 이와 비슷하게, 통사적 구의 핵이 그 구의 문법적 특성을 결정한다. 예를 들어, 명사와 대명사가 절에서 주어와 목적어로서 기능할 수 있기 때문에, 명사와 대명사가 핵이 되는 명사구는 또한 주어와 목적어로 기능할 수 있다. 똑같은 방법으로 동사구는 동사가 핵이 되어 문장의 술어로서 기능할 수 있고, 형용사구는 형용사가 핵이 되어 명사를 수식할 수 있다. 모든 유형의 구와 그것의 핵 사이의 관계는 다음 도해에 요약되어 있다:

도해 5.19
구와 그것의 핵

XP는 **핵 X가 이끄는** 구의 성분이다.

150

각각의 언어들은 특징적인 구 구조와 절 구조를 가진다. 어린 아이들은 모국어 습득에 있어서 아주 일찍부터 이러한 구조를 습득한다. 예를 들어, 약 18개월부터 시작되는 두 단어 사용 시기에 어린 아이들은 그들 모국어에서 주어 명사구와 동사구의 특징적 순서를 사용하기 시작한다:

언어 특유의 구조에 대한 몇 가지 예

영어	독일어	핀란드어	사모아어
Bambi go.	*Puppe kommt.*	*Seppo putoo.*	*Pa'u pepe.*
	'doll come'	'Seppo fall'	'fall doll'
주어 NP + VP	주어 NP + VP	주어 NP + VP	VP + 주어 NP

도해 5.20
모국어 습득에서 두 단어 사용시기의 어순 (퍼세이 2005에서 인용)

그러나 영어의 특징적 절 구조를 자세히 살펴보기 전에 우리는 몇 가지 전형적인 구 구조의 특성을 논의할 필요가 있다. 지금부터 몇 가지 단순한 구와 복잡한 구의 내부구조를 살펴볼 것이다.

영어에서 **단순한 명사구**는 단일 고유명사(예: *Anna, Bob, Chris*), 한정사 없는 단일 복수명사(예: *books, cars, bikes*), 또는 단일 대명사(예: *he, she, they*)로 이루어진다. 반대로, **복잡한 명사구**는 핵인 명사 앞에 한정사구와/나 형용사구, 그리고 명사 뒤에 관계사절과/혹은 전치사구와 같은 추가 성분을 적어도 하나 포함한다.

명사구

한정사구	형용사구	명사 핵	관계절/전치사구
every	*long*	*holiday*	*that we plan*
(all) the	*red (and green)*	*candle(s)*	*on (and under) the table*

**한정사구, 형용사구,
전치사구**

    도해 5.21은 한정사, 형용사, 전치사가 또한 복잡한 구의 핵이 될 수 있음을 보여준다: **한정사구**는 둘 이상의 한정사(예: *all, the*)를 포함할 수 있고, **형용사구**는 둘 이상의 형용사(예: *red, green*)을 포함할 수 있으며, **전치사구**는 둘 이상의 전치사(예: *on, under*)뿐만 아니라 명사구(예: *the table*)를 포함할 수 있다. 다음 예가 보여주듯이 같은 범주의 요소들은 *or, and*와 같은 **등위접속사**로 자주 연결된다:

도해 5.22
더 많은 복잡한 구

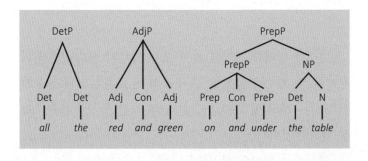

순환성

    방금 보았듯이, 구의 대부분의 성분들은 두 번 이상 나타날 수 있다. 따라서 우리는 거의 무한히 복잡한 구를 만들어 낼 수 있다. 몇 번이고 적용될 수 있는 되풀이 규칙들을 **순환적**이라 부른다. 예를 들어 우리는 몇 개의 전치사구를 하나의 명사구 안에 포함시킬 수 있다. 명사구 *the lady*에 전치사구 *with the hat*을 첨가시킬 때, 그 결과는 복잡한 명사구 *the lady with the hat*이 된다:

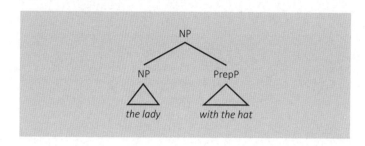

도해 5.23
하나의 전치사구를
가진 복잡한 명사구

우리는 이 절차를 되풀이하여 전치사구 *with the hat* 안에 있는 명사구 *the hat*에 전치사구 *with the feather*를 첨가하면, 명사구 *the lady with the hat*을 *the lady with the hat with the feather*로 확장시킬 수 있다:

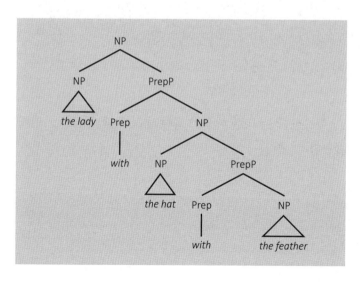

도해 5.24
순환성

이후에 우리는 명사구 *the feather*에 전치사구 *on the brim*
을 첨가하여 복잡한 명사구 *the lady with the hat with the
feather on the brim*을 만들어낼 수 있다:

도해 5.25
확대된 순환성

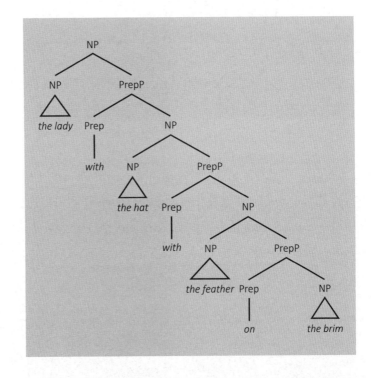

도해 5.26
계속된 순환성
(명칭이 달린 각괄호
안에 표시)

복잡한 구는 또한 다음과 같이 명칭이 달린 각괄호 안에
표시될 수 있다.

[$_{NP}$ *the lady* [$_{PrepP}$ *with* [$_{NP}$ *the hat* [$_{PrepP}$ *with* [$_{NP}$ *the feather* [$_{PrepP}$ *on* [$_{NP}$ *the brim*]]]]]]]

동사구도 단순한 구와 복잡한 구로 나누어질 수 있다. 동사구의 복잡성은 핵인 동사의 유형에 의존한다. 소위 **자동사**들은 동사만으로 이루어져서, 문장 *She was sleeping*의 동사 *sleep*처럼 추가적으로 어떤 의무적 성분요소를 필요로 하지 않는 단순한 동사구를 만든다. 이와는 반대로, **타동사**(또는 일타동사)들은 목적어 명사구를 필요로 하므로 복잡한 동사구를 형성한다. 문장 *I love books*에서 주어 *I*는 목적어 *books*를 필요로 하는 타동사 *love*를 포함한 복잡한 동사구 *love books*가 뒤따른다. **이타동사**는 간접목적어와 직접목적어 두 개의 명사구를 필요로 한다(도해 5.9 참조). 문장 *We sent them a parcel*에서 주어 *we*는 *a parcel*과 같은 직접목적어와 *them*과 같은 간접목적어를 필요로 하는 이타동사 *send*가 뒤따른다. 동사로서 가장 널리 알려진 유형들이 도해 5.27에 예시되어 있다. 많은 동사들이 타동성과 관련하여 여러 가지 유형에 속할 수 있다는 것을 주목하는 것이 중요하다. 예를 들어, 동사 *sing*은 자동사로(예: *Anna sang*), 일타동사로(예: *Anna sang a song*), 그리고 이타동사로(예: *Anna sang him a song*) 사용될 수 있다.

동사 유형	필수 기타 성분	예(동사)	예(절)
자동사	없음	*sleep, swim, sing*	*She was sleeping.*
타동사 (또는 일타동사)	하나의 목적어 NP	*love, hate, sing*	*I love books.*
이타동사	두 개의 목적어 NP	*send, give, offer,* *sing*	*We sent them* *a parcel.*

도해 5.27
몇 가지 동사의 유형

도해 5.27에서 예시된 동사의 유형에 상응하여 영어의 서술문에서 발견되는 몇 가지 특징적인 **절의 형태가** 있다. 도해 5.28에서 우리는 이러한 몇 가지 기본적인 형태들을, 주어를 뜻하는 S, 술어 P, 목적어 O를 사용해서 나타낼 것이다(도해 5.9 참조).

도해 5.28
몇 가지 기본적 절의
형태

동사 유형	예(절)	절의 형태
자동사	*She was sleeping.*	SP
타동사(또는 일타동사)	*I read a book.*	SPO
이타동사	*We sent them a parcel.*	SPOO

도해 5.28에서 예시된 형태들은 영어 서술문의 특징을 담고 있어서 영어를 소위 **SPO-언어**(또는 SVO-언어)로 분류하는 이유이기도 하다.

결합가

또 다른 연구 전통에서 동사구의 통사구조는 화학으로부터 유추 결과로 기술된다. 화학 요소들이 얼마만큼의 다른 화학 요소와 결합할 수 있듯이 **술어**는 얼마간의 소위 **통사적 논항**들과 결합할 수 있다. 이러한 관계는 **결합가**로 알려져 있다. 이 연구 전통에서 주어 명사구는 다른 것들 중에서 하나의 통사적 논항으로 간주된다. 이것은 주어 명사구 이외에 어떠한 논항도 필요로 하지 않는 자동사 술어를 **1가**로 해석하고, 주어와 목적어 두 개의 논항을 필요로 하는 타동사(또는 일타동사) 술어를 **2가**로, 세 개의 논항 즉 주어, 직접목적어, 간접목적어를 필요로 하는 이타동사 술어를 **3가**로 해석함을

술어 유형	예	논항
1가	*She was sleeping.*	*she*
2가	*I read a book.*	*I, a book*
3가	*We sent them a parcel.*	*we, a parcel, them*

의미한다.

이 외에 '무언가 언급된 누구 또는 무엇'이라는 의미에서의 주어를 필요로 하지 않는 술어가 되는 *rain*이나 *snow* 같은 영어 동사들이 있다(도해 5.9 참조). 이 동사들은 한 문장의 빈 주어 자리를 채우기 위해 *It is raining*과 같이 소위 '허사 *it*'의 사용을 규칙적으로 요구한다. 이 그룹의 동사들은 통사적 논항을 필요로 하지 않으므로 **무결합가**로 해석된다. 왜냐하면 '허사 *it*'은 '진짜' 논항으로 여겨지지 않기 때문이다.

위에서 개요한 동사의 기본적 유형과 이에 상응하는 절의 기본적 형태 이외에 영어와 관련 있는 추가적인 동사의 유형과 절의 형태들이 있다. *Be, become*과 같은 **연결동사**들은 *He became the President of the United States*에서 *the President of the United States*와 같은 주격보어나 *We are too early*에서 *too early*처럼 부사어가 뒤따른다. *Find*나 *put*처럼 **복합타동사**들은 절 *We find clause patterns fascinating*에서 *clause patterns*와 같은 목적어와 *fascinating*과 같은 보어가 결합하거나 *I put the book on the shelf*에서 *the book*과 같은 목적어와 *on the shelf*와 같은 부사어가 결합한 절의 형태를 만든다:

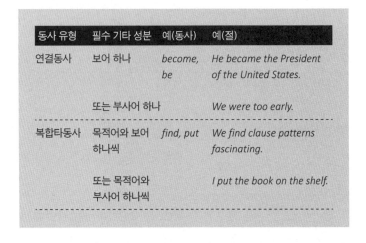

동사 유형	필수 기타 성분	예(동사)	예(절)
연결동사	보어 하나	*become, be*	*He became the President of the United States.*
	또는 부사어 하나		*We were too early.*
복합타동사	목적어와 보어 하나씩	*find, put*	*We find clause patterns fascinating.*
	또는 목적어와 부사어 하나씩		*I put the book on the shelf.*

영어의 추가적인 절의 형태

    도해 5.30에 예시된 동사의 유형에 상응하여 보어와 부사어를 추가적인 통사 요소로 포함하는 특징적인 절의 형태들을 도해 5.31에서 보여주고 있다(도해 5.9 참조).

동사 유형	예 (절)	절 형태
연결동사	*He became the President of the United States.*	SPC
	We were too early.	SPA
복합타동사	*We find clause patterns fascinating.*	SPOC
	I put the book on the shelf.	SPOA

    결합가에 따르면 연결동사들은 2가의 술어를 형성한다. 즉 그것들은 두 개의 논항을 필요로 하는 반면, 복합타동사들은 3가의 술어를 형성하여 세 개의 논항을 필요로 한다. 다음 도해는 영어의 일곱 가지 특징적인 절의 형태와 이에 상응하는 동사 유형 및 결합가를 개관한다.

동사 유형	예(절)	결합가	절의 형태
자동사	*She was working.*	1가	SP
타동사 (또는 일타동사)	*I read a book.*	2가	SPO
이타동사	*We sent them a parcel.*	3가	SPOO
연결동사	*He became the President of the United States.*	2가	SPC
	We were too early.	2가	SPA
복합타동사	*We find clause patterns fascinating.*	3가	SPOC
	I put the book on the shelf.	3가	SPOA

도해 5.32에서 보여준 절의 형태들은 영어의 특징적인 **어순**으로 자주 언급되는 것과 일치한다. 어순, 더 정확히 말하면, 한 문장 안에 있는 구성성분의 순서와 이 구성성분 안의 단어 순서는 현대영어와 같은 분석적 언어에서 특히 중요하다(2.1.4 참조). 영어는 역사의 발달과정에서 대부분의 굴절을 상실했기 때문에 이제는 문장 안에서 문법관계의 표현을 위해 어순이 아주 중요하다. 구성성분의 순서 변화는 거의 변함없이 의미의 변화를 가져온다: *John loves Shirley*는 *Shirley loves John*과 똑같은 의미를 가지지 않는다. 어순의 변화는 또한 특정 언어의 문장구조 규칙을 위배하는 결과를 가져온다: **Loves Shirley John*은 영어에서 불가능한 표현으로 간주되기 때문에 문장 앞에 *가 표시되어 있다. 특정 언어의 통사적 규칙에 맞지 않는 일련의 단어들을 비문법적이라 한다. 우리는 다음 절에서 문법성을 다룰 것이다.

문법규칙과 문법성

인간의 기억은 한정되어 있기에 화자들이 한 언어의 모든 가능한 단어와 문장들을 뇌 속에 저장할 수 없다. 대신 그들은 단어와 문법규칙을 저장하고 있고, 이로써 그들은 한정된 수단에 의거 무한한 문장들을 발화하고, 이해하고, 판단할 수 있게 된다. 어린 아이들은 모국어를 습득할 때 이런 방대한 잠재의식적 지식을 습득한다. 그 이유를 반드시 설명할 수 있는 것은 아니지만 모국어 화자들은 대개 **문법적인 문장**, 즉 해당 언어의 문법규칙을 준수하는 문장과 **비문법적 문장**, 즉 그 언어의 문법규칙을 위배하는 일련의 단어들 사이의 차이를 직관적으로 구분할 수 있다. 반세기 전 노엄 촘스키가 만든 다음 유명한 예를 살펴보자:

Colourless green ideas sleep furiously.
*Furiously sleep ideas green colourless.

영어를 유창하게 말하는 비모국어 화자들뿐만 아니라 모국어 화자들은 첫 번째 문장이 비록 알아듣기 어렵지만 문법적이라고 확인할 것이지만, 두 번째 예문을 영어에서 비문법적이라고 판단할 것이다. 몇몇 언어학자들은 또한 문법적인 문장에 대해 적격이라는 용어를, 그리고 비문법적인 일련의 단어들에 대해 비적격이라는 용어를 사용한다. 기술언어학자들이 일반적으로 가치판단을 피하기 때문에 우리는 이 용어들을 여기서는 사용하지 않겠다(1.3 참조).

모국어 화자들이 자라면서 사용하는 언어의 문법규칙에 대한 잠재의식적 지식을 언어능력이라 부른다. 그들의 **언어능력**을 바탕으로 그들은 문장 *Colourless green ideas sleep furiously*가 영어의 문법규칙과 일치하는 반면, **Furiously sleep ideas green colourless*는 일치하지 않는다고 말한다. 그러나 언어능력이 실제의 언어행동과 똑같지 않다. 인간들이 구어나 문어로 실제 발화하는 것은 그들의 언어능력을 반영할 수도 하지 않을 수도 있다. 특별히 구어에서 인간은 종종 언어의 통사규칙들이 친숙할지라도 엄밀히 따르지 않는다. 이것은 주의산만과 같은 장애요인에 기인하여 무심코 또는 특별한 효과를 위해 고의로 일어난다. 실제 언어행동을 **언어수행**이라 부른다.

언어능력과 언어수행

크리스탈(2003: 191)은 "영어 모국어 화자들이 자기들은 문법을 모른다거나 외국인이 자기들보다 영어를 더 잘한다고 종종 말하는 것"을 관찰한다. 이런 진술은 단지 비모국어 화자들에게 공손해 보이려는 문제만은 아니다. 사실상 모국어 화자들은 위에서 언급하였듯이 언어학적 지식이 주로 잠재의식적이기 때문에 언어의 문법규칙을 종종 설명할 수 없다. 그들은 **"문법을 알고 있지만"** 그것에 관해 **반드시 많이 알고 있는 것은 아니다.** 즉 그들은 종종 그들의 언어학적 선택을 지배하는 규칙을 정형화할 수 없다. 다른 한편, 비모국어 화자들은 우리 대부분이 개인적 경험을 통해 알고 있듯이 종종 이 규칙들을 의식적으로 배운다.

문법을 아는 것과 문법에 대해 아는 것

통사론에 대한 아주 최근의 **생성적 접근방법**은 우리의 언어능력을 구성하며 우리가 무한한 문장을 생성할 수 있게 하는 잠재의식적 규칙들에 특별히 관심을 둔다. 생성적 접

통사론에 대한 생성적 접근방법

근은 1950년대 노엄 촘스키에서 비롯되었다. 이 접근법 중의 하나로서 1970년대 말 촘스키가 창안한 **원리 및 매개변항이론**은 모든 언어에 공통적인 일반적(또는 보편적) **원리**들과 언어마다 다른 개별적 **매개변항**이 있다고 가정한다. 예를 들어, 하나의 일반적 원리로 서술문은 주어를 포함해야 한다는 것이 있다. 영어의 문장에서 주어는 대개 명사구에 의해서 표현되지만 다른 언어에서는 그것이 명시적 또는 암묵적으로 나타날 수 있다. 예를 들어, 이탈리아어 문장 *Parla francese*('그녀가 프랑스어를 말하다')는 명시적 주어가 없어도 완전히 문법적이지만 대부분의 영어 화자들은 이에 상응하는 영어 **Speaks French*가 비문법적이라고 생각할 것이다. 이탈리아어와 같은 언어들은 영-주어 언어로 알려져 있는 반면, 영어와 같은 언어들은 비-영-주어 언어로 알려져 있다. 이에 상응하는 매개변항은 주어가 명시적으로 표현되어야 하는지를 규정하는 영-주어 매개변항으로 알려져 있다. 술어의 위치와 같이 문장 안에서 통사적 요소의 위치는 언어들 사이에 차이가 나는 또 다른 매개변항이다(도해 5.20 참조).

> "문학에 심취한 독일인이 문장 속을 헤집고 들어갈 때에는 언제나 동사를 입 속에 물고 대서양 저편으로 나타나기 전까지는 그를 볼 수 없을 것이다."
> (마크 트웨인. 1889. 《아더 왕궁의 코네티컷 양키》)

통사론, 문법, 의미   이 장에서 보았듯이, 어떤 문장이 문법적인지 판단하게 할 뿐만 아니라 그 의미를 해석하는 데 도움을 주는 것은 문법규칙에 대한 의식적 또는 잠재의식적 지식이다. 우리는 다음 장에서 단어, 구, 문장의 의미를 더 자세히 살펴볼 것이다.

1   다음 문장에 있는 단어의 통사적 범주를 결정하여, 결과를 도해 5.3
    처럼 나타내시오.

   a) *Bob called a friend.*

   b) *She called him a genius.*

   c) *The baby cried.*

   d) *The students sent the teacher some very interesting*
   suggestions.

2   *Call*이 왜 동사인가? 세 가지 모든 관련 기준을 적용하여 이유를 말
    해보시오.

3   다음 문장의 유형을 말해보시오.

   a) *Twinkle, twinkle, little star!*

   b) *How I wonder what you are!*

   c) *Is the little star twinkling?*

   d) *The little star is twinkling.*

4   구성성분 판별법을 적용하여, 문장 *John read a book last night.*에
    있는 *a book*이 구성성분인지 말해보시오.

5   다음 문장들 중에서 단순한 구와 복잡한 구를 식별하시오.

   a) *April is a cruel month.*

   b) *Midnight shakes the memory.*

   c) *I met a traveller from an antique land.*

6 문장 *John read a book.*을

a) 수지도를 이용하여 나타내시오.

b) 명칭이 있는 각괄호 [ ]로 표시하시오.

7 복합명사구 *the husband of the lady with the cat*을

a) 수지도를 이용하여 나타내시오.

b) 명칭이 있는 각괄호 [ ]로 표시하시오.

8 연습문제 1번에 있는 예문들을 분석하여 각각 다음을 식별하시오.

a) 동사 유형

b) 절 형태

c) 동사의 결합가

9 엘리엇의 시에 기초한 다음의 예들 중 어느 것이 문법적인 문장인지 이유를 말해보시오.

a) *Houses rise fall and*

b) *Houses live and die*

c) *We are the hollow men*

d) *The we are hollow men*

INTRODUCTION TO ENGLISH LINGUISTICS

6 의미론

의미론은 인간 언어에서 의미에 대한 체계적 연구이다.
그것은 단어, 구, 문장의 언어학적 의미에 관심을 둔다.
화용론(7장 참조)과 달리 의미론은 맥락-독립적인 의미를 주로 다룬다.

의미의 연구

> *"의미가 없는 언어는 무의미하다."*
> (로만 잭슨)

언어학자들이 의미를 연구한다고 말할 때 그것은 무엇을 의미하는가? **의미론** 분야에서 연구하는 언어학자들은 **인간 언어에서의 의미**(또는 **언어학적 의미**)에 관심을 가진다. 수천 년 동안 철학자들은 의미와 의미의 본질에 대한 보다 일반적인 질문에 관심을 가져왔다.

우리는 1.3에서 어떤 언어에서 각 단어의 형태와 의미 사이에 임의적이지만 체계적인 관계가 있다는 것을 보았다. 소쉬르에 따르면, 각 언어기호(또는 단어)는 두 개의 불가분하게 연결된 부분, 즉 소리연쇄(기표)와 개념(기의)으로 이루어진다. 어떤 언어나 변이어 화자들은 단어들에 대해 일반적으로 일치된 의미를 알고 있다. 우리가 알고 있듯이, 의성어와 같은 몇 가지 예외를 제외하고 이 의미들은 관습의 문제일 뿐이다.

의미론의 갈래들　　특정한 언어로 다른 사람들과 의사소통하기 위해서 우리는 단어들의 일치된 의미와 단어들이 결합하여 구와 문장과 같은 더 큰 의미단위를 형성하는 방법을 배우고 고수해야 한다(5장 참조). 따라서 의미론은 두 갈래로 나눠질 수 있다; **어휘의미론**은 단어의 의미와 단어 사이의 의미관계에 관심을 가지는 반면, **문장의미론**(또는 **구의미론**)은 단어보다 큰 통사 단위들, 즉 구, 절, 문장의 의미와 그들 사이의 의미관계를 다룬다.

4장 형태론에서, 우리는 단어가 의미를 지닌 언어의 가장 작은 단위로 정의되는 소위 형태소 하나 이상으로 이루어진다는 것을 보았다. 어휘의미론에서 우리는 단어가 몇 개의 형태소로 이루어질 수 있다는 것을 명심하면서 단어의 의미를 논의할 것이다.

단어들 사이의 의미관계　　　　　　6.2.1

어떤 언어나 변이어의 단어들은 아주 다른 방법으로 서로 의미상 관련되어 있을 수 있다. 우리는 이제부터 가장 중요한 **의미관계**를 살펴볼 것이다.

집을 처음 사는 과정을 기술하는 에세이를 쓴다고 상상 　**동의성** 해보자. 단어 *buy*를 되풀이해서 사용하는 것을 피하기 위해 우리가 할 수 있는 것은 무엇일까? 하나의 전략은 *purchase*나 *acquire*와 같이 똑같거나 유사한 의미를 가진 동사들을 선택하는 것이다. *Buy, purchase, acquire*는 **동의어**라 하고, 그들 사이의 의미관계를 **동의성**이라 부른다. 동의어들은 똑같은 의미를 가진 단어로서 전통적으로 정의된다. 그러나 단어들이 정확하게 똑같은 의미(또는 완벽한 동의성)를 가지는 것이 아주 드물다. 많은 언어학자들은 한 언어가 정확히 똑같은 의미를 가진 둘 이상의 단어를 가지는 것이 비경제적이라고 주장하면서 동의성을 **광의의 의미 유사성**으로 정의하는 것을 좋아한다. 예를 들어, 동의어들은 문체상 다를 수 있거나(*buy*

~ purchase, 8.2절 문체에 나오는 예문 참조), 사회적 또는 지리적 방언에 따라 다를 수 있다(예: 영국영어 *lift* ~ 미국영어 *elevator*).

도해 6.1
몇 가지 영어 동의어들

car ~ automobile	begin ~ commence
worker ~ employee	informal ~ casual
house ~ domicile	eat ~ consume

동의어들은 **유의어 사전**에서 찾아볼 수 있다. 유의어 사전은 비슷한 의미를 가진 단어들을 한데 묶은 사전이다. 가장 유명한 영어 유의어 사전은 로젯의 유의어 사전이다. 그것은 동의어들을 제공해줄 뿐만 아니라 동의어의 반대, 즉 반의어들을 찾아볼 수 있게 도와준다.

반의성

의미가 반대인 단어들의 쌍을 **반의어**라 부른다. 그것들 사이의 의미관계는 **반의성**이라 한다. 반의어들은 그들 의미의 적어도 한 요소와 관련하여 반대이지만 나머지 다른 측면들은 공유한다. 예를 들어, 동사 *come*과 *go*는 방향과 관련하여 반대이지만 둘 다 이동의 개념을 포함한다. '반대의 종류'를 명시하기 위해 언어학자들은 반의성의 몇 가지 주요 유형들을 구별한다.

Present ~ *absent*나 *dead* ~ *alive*와 같은 단어 쌍을 **상보적 쌍**이라 부른다. **상보적 반의성**은 이 쌍에 들어 있는 두 요소 사이에 둘 중의 하나 관계로, 그리고 그 단어들 중 하나의 부정이 나머지 단어와 동의성이 있다는 사실에 의해 특징 지어진다. 예를 들어, 어떤 사람은 참석하지 않으면 결석하게 되고, 죽지 않으면 살게 되는 것이다. 더욱이 *not present*

는 *absent*와, *not absent*는 *present*와, *not dead*는 *alive*와, *not alive*는 *dead*와 동의어 관계에 있다.

*Hot ~ freezing, small ~ large*와 같은 반의어 쌍은 다른 유형의 반의성에 속한다. 이와 같은 쌍을 **단계적 쌍**이라 하고, 따라서 이와 같은 유형의 반의성을 **단계적 반의성**이라 부른다. 이 경우에 있어, 단어들 중 하나의 반대가 나머지 단어와 반드시 동의어 관계에 있는 것은 아니다. 우리 모두는 우리가 좋아하는 패스트푸드점에서 음료들이 *small*과 *large* 크기만 있는 것이 아니라 적어도 중간의 *medium* 크기가 있다는 것을 알고 있다. 그래서 *not hot*이 *freezing*과 꼭 동의어 관계에 있지 않듯이 *not large*가 *small*과 반드시 동의어 관계에 있지 않다. 단계적 반의성은 단계적 쌍이 중간에 하나 이상의 단계를 가진 표현들의 연속선상에서 정 반대의 극점을 나타내기 때문에 가끔 **극성**이라고 한다:

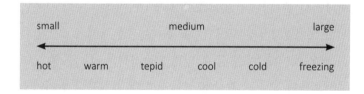

도해 6.2
단계적 반의성

위 예는 단계적 반의어들 사이에 둘 중의 하나 관계가 분명히 없다는 것을 보여준다. 단계적 쌍에서 하나의 더 많음은 다른 하나의 더 적음이다. 작음이 더 많은 것은 큰 것이 더 적은 것이고, 더 뜨거운 것은 덜 차가운 것이다. 대부분의 단계적 쌍은 절대적인 척도를 스스로 제공하지 못하는 형용사들의 쌍이지만 그것들이 수식하는 표현과 항상 관련이 있다.

예를 들어, *large bee*는 *small horse*보다 절대적 크기가 훨씬 작다.

단계적 반의성의 몇 가지 쌍들은 그것들의 용법 조건과 관련하여 비대칭을 보여준다. 이것은 단어들 중 하나가 다른 단어보다 더 많은 문맥에서 나타날 수 있다는 것을 뜻한다. *How **old** are you?*와 *How **high** is the skyscraper?*와 같은 질문을 할 때, 우리는 자동적으로 *young*이 아니라 *old*를, *low*가 아니라 *high*를 사용한다. 여기서 *old*와 *high*처럼 폭넓은 사용범위를 가진 표현들을 **무표적**으로 부르는 반면, 여기에서 *young*과 *low*처럼 사용범위가 보다 제한된 표현들을 **유표적**이라 부른다. 우리는 이러한 단계적 반의어들이 **유표성**과 관련하여 다르다고 말한다.

또 다른 유형의 반의성이 *teacher ~ pupil*과 *buy ~ sell*과 같은 쌍에 의해 예시될 수 있다. 이 쌍에 들어가는 단어들은 똑같은 상황을 반대의 관점에서 기술하기 때문에 **상관적 반의어**라고 한다. 만일 X가 Y의 학생이라면 Y는 X의 선생님이고, X가 Y로부터 무엇인가를 샀다면 Y는 X에게 무엇인가를 판 것이다. 예를 들어, 의존 도출접사 *-er*과 *-ee*를 붙여 동사로부터 도출된 각각의 명사들은 대개 상관적 반의어들이다. 만일 X가 Y의 고용인이라면 Y는 X의 고용주이다. 아니면 어형성에 대한 절(4.3.2 참조)에서 우리가 논의했던 쌍 *interviewer ~ interviewee*에 대해 생각해보라.

우리가 여기서 검토하고 싶은 네 번째이자 마지막 반의성 유형은 *come ~ go*와 *rise ~ fall*과 같은 쌍에서 보인다. 우리는 앞에서 *come ~ go*가 이동의 방향과 관련하여 반의어라고 말했다. 이것은 *rise ~ fall*에도 똑같이 적용된다. 따라서

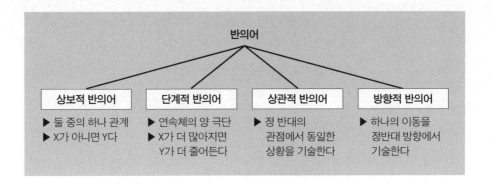

도해 6.3
반의어 유형- 개관

이동의 정반대 방향을 기술하는 이와 같은 쌍들을 **방향적 반의어**라고 부른다.

어형성 관점에서 볼 때, 반의어를 형성하는 많은 다른 방법들이 있다: *interviewer ~ interviewee*에서처럼 어떤 동사에 *-er ~ -ee*를 붙여 정반대의 명사를 만들 수 있다는 것을 우리는 위에서 살펴보았다. 반의어를 만드는 다른 형태론적 방법들은 *able ~ unable, sane ~ insane, sexist ~ nonsexist, honest ~ dishonest, behave ~ misbehave*처럼 접두사 *un-, in-, non-, dis-, mis-*를 첨가하는 것이다.

한 단어를 안다는 것은 그 단어의 발음과 의미를 안다는 것이다. 이것은 언제나 개념(=의미)뿐만 아니라 소리연쇄(=형태)로 이루어진 소쉬르의 언어기호 모형과 일치한다. 그러나 둘 이상의 다른 의미를 가진 소리연쇄가 있다. 한 소리연쇄의 개별적 의미들이 역사적으로 또는 의미론적으로 관련이 있을 때, 우리는 여러 다른 의미를 가진 **다의어**가 있음을 증명한다. 한 소리연쇄의 개별적 의미들이 관련이 없을 때, 우리는 **동음어**인 별개의 단어들이 존재함을 증명한다.

위 구별에 따르면, **동음성**은 *right*와 *write*를 표현하는

동음성, 다의성, 어휘적 중의성

/raɪt/처럼 하나의 형태가 둘 이상의 완전히 다른 의미를 가질 때 일어난다. 동음어들은 따라서 같은 발음을 가진 다른 단어들이다. 사전에서 동음어들은 대개 별개의 목록으로 표시된다. 철자는 완전히 관련이 없다. *Write*와 *right*는 *bank* '강 둑'과 *bank* '은행'과 마찬가지로 동음어들이다. 왜냐하면, 두 쌍에서 각각의 단어들은 동일한 발음을 가진 다른 단어들로 이루어져 있기 때문이다.

다른 한편, 위에서 언급했듯이, **다의성**은 하나의 어휘소가 다르지만 관련이 있는 의미들을 가지고 있을 때 일어난다. 다의성은 단어들이 둘 이상의 의미를 가지는 것이 아주 흔한 일이기 때문에 굉장히 널리 퍼져있는 현상이다. 사전의 어떤 페이지라도 들춰보면 둘 이상의 정의를 가진 많은 단어들을 쉽게 찾을 수 있을 것이다. 옥스퍼드 고급 학습자 사전(OALD)에서 동사 *buy*에 대한 목록은 다의어에 대한 하나의 예시로서 도움을 줄 수 있다.

buy /baɪ/ 동사

돈을 가지고

① ~sb sth/~sth (for sb) 돈을 지불함으로써 무엇인가를 얻다:

[VNN, VN] *He bought me a new coat. He bought a coat for me.*

[VN] *Where did you buy that dress? I bought it from a friend for £10.*

[V] *If you're thinking of getting a new car, now is a good time to buy.*

[VN-Adj] *I bought my car second-hand.*

반의어 *sell*

② [VN] (돈으로) 무엇인가를 위해 지불하기에 충분하다:

He gave his children the best education that money can buy.

Five pounds doesn't buy much nowadays.

③ [VN] 돈의 대가로 누군가에게 부정직한 일을 하도록 하다:

He can't be bought. (= 그는 너무 정직해서 이런 식으로 돈을 받지 않는다.)

유의어 *bribe*

획득하다

④ [VN] (대개 수동태로) 귀중한 다른 어떤 것을 잃음으로써 무엇인가를 얻다:

Her fame was bought at the expense of her marriage.

믿다

⑤ [VN] (비격식) 아마도 있을 법하지 않은 어떤 것이 사실이라고 믿는다:

You could say you were ill but I don't think they'd buy it. (그 설명을 받아들이다)

다의성과 동음성은 둘 이상의 의미를 가진 한 단일 형태를 언급한다. 둘 이상의 의미를 가진 이런 단어들을 **중의적**이라 하고, 따라서 다의성과 동음성은 **어휘적 중의성**을 불러온다고 말한다. 문장 *She has bought it*은 그녀가 돈을 주고 무엇인가를 획득했거나 또는 비유적으로 그녀가 들었던 무엇인가가 사실이라고 믿는 것을 의미할 수 있다(위 OALD에 나오는 *buy*에 대한 목록에서 정의 1과 5를 참조하라). 이 경우 우리는 이 문장의 화자나 저자가 두 개의 가능한 *buy*의 의미 중 어느 것을 염두에 뒀는지 말할 수 없다. 이 문장은 중의적이다. 많은 말장난과 농담이 중의성에 기초한다. 다음 예를 생각해보자:

*Is life worth living? It depends on the **liver**.*

위 예에서 *liver*는 '우리 신체의 커다란 기관(*organ*)' 또는 '살아있는 사람'을 뜻하는 중의적 명사로 사용되고 있다. 두 번째 다소 예외적인 의미로서 *liver*는 동사 *live*에 도출접사 *-er*을 첨가함으로써 도출된 명사로 해석된다. 이 예의 중의성에 대한 설명에서 우리는 방금 신체 일부나 악기를 가리킬 수 있는 어휘적으로 중의적인 말 *organ*을 사용하였다. 그러나 이 경우 맥락상 *organ*이 커다란 악기로서 '우리의 몸속에' 있는 것이 불가능하기 때문에 신체의 일부를 가리키는 것이 금방 분명해진다. 이것은 주변 단어들과 더 넓은 맥락이 대개 의도된 의미를 분명하게 해준다는 것을 보여준다. 따라서 우리는 한편으로 어휘적 중의성이 아주 널리 퍼져있지만, 다른 한편으로 그것은 일상의 말에서 진짜 이해문제를 좀처럼 불러일으키지 않는다고 말할 수 있다.

동음성과 다의성은 공통적인 것을 너무 많이 가지고 있어서 많은 경우에, 특별히 공시적 관점에서 볼 때, 두 유형을 구별하는 것이 불가능하지는 않더라도 어렵다. 경계선을 어디에 그어야 할지 그리고 두 의미가 관련이 있는지 없는지 결정하는 것이 항상 분명한 것은 아니다. 어원상의 정보, 즉 개별 단어들의 역사에 관한 정보가 일말의 단서를 제공해줄 수 있지만, 우리 연구에서 얼마나 멀리 거슬러 올라가야 할지 그리고 의미들이 관련이 있다고 말하기 위해서 얼마나 비숫해야 하는지에 대해 일반적으로 일치된 것은 없다.

bank '은행'과 *bank* '강둑', 또는 *dove* /dʌv/ '비둘기'와 *dove* /doʊv/ '미국영어의 동사 *dive*의 과거'처럼 철자가 똑같지만 다른 의미를 가진 단어들을 **동형이의어**라 일컫는다. 이러한 관계를 **동형이의성**이라 한다. 또한 *dove* /dʌv/와 *dove* /doʊv/ 같이 동일하게 발음되지 않는 동형이의어들을 동형이음이의어라 부른다. 이것은 모든 **동형이음이의어**들이 동형이의어이지만 모든 동형이의어들이 반드시 동형이음이의어는 아니라는 것을 의미한다. 동형이음이의어가 아닌 모든 동형이의어들은 똑같이 발음되므로 *bank* '은행'과 *bank* '강둑'처럼 동음이의어들이다. 다음 도표는 우리가 지금까지 살펴본 다소 겹치는 의미용어들 사이의 구분을 분명히 하는 데 도움을 줄 것이다.

동형이의성,
동형이음이의성,
동음이의성

구 분	동의성	반의성	다의성	동음성	동형이의성	동형이음이의성
같거나 비슷한 의미	O	X	X	X	X	X
동일한 발음	X	X	O	O	관계 없음	X
똑같은 철자	X	X	O	관계 없음	O	O
역사적 관련성	관계 없음	관계 없음	O	X	관계 없음	관계 없음

불행히도 모든 언어학자들이 의미에 관한 이 용어들을 정확히 똑같은 방법으로 사용하는 것은 아니다. 도해 6.4에서 개략적으로 기술한 용어들 이외에 몇몇 언어학자들은 둘 중의 한 가지 방법으로 이용되는 **동음이의성**이라는 용어를

도해 6.4
단어들 사이의 몇 가지
의미관계

사용한다. 그것은 **homophony**(동음성)과 동의어로 사용되든
지 아니면 동일한 발음과 철자를 가진 단어들만 일컫기 위해
좁은 의미로 사용된다. 후자의 정의를 이용해서 어떤 언어학
자들은 *right*와 *write* **동음어**와 *bank* '은행'과 *bank* '강둑' **동
음이의어**를 체계적으로 구별한다.

하위관계, 상위관계,
전체와 부분의 관계

　　우리가 여기서 살펴보고 싶은 마지막 의미관계는 어휘
들의 **계층관계**를 포함한다. 한 단어의 의미가 다른 단어의
의미에 포함될 때, 우리는 **하위관계**라 부른다. 예를 들어,
peach, orange, mango 같은 단어들은 보다 일반적인 표현
*fruit*의 **하위어**들이다. 이것은 *peach, orange, mango*가 *fruit*
이라는 표현에 종속되어 있다는 것을 뜻한다. 다른 한편, 표
현 *fruit*은 보다 특수한 표현들인 *peach, orange, mango*에 상
위적이기 때문에 **상위어**라 불린다.

도해 6.5
하위관계와 상위관계

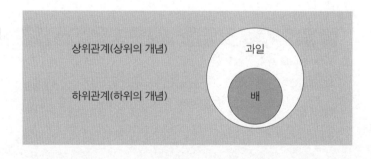

다른 종류의 계층적 관계는 **부분-전체의 관계**에 포함된
다. 마치 *trunk*와 *branches*가 *tree*의 부분이듯이 *pit*(또는 *stone*)
이 *peach*의 부분이다. 따라서 *pit*은 *peach*의 소위 **부분어**이
고, *trunk*와 *branch*는 *tree*의 부분어이다. 부분-전체 관계는
실존 물체의 부분을 뜻하는 표현들을 가리키는 반면 하위관

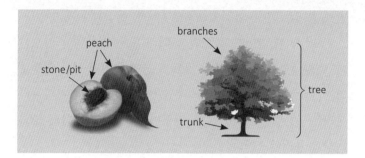

계는 단어들 사이의 계층을 언급한다는 점에서 둘은 다르다.
이것은 *peach*가 실제 *fruit*의 부분이 아니라 *peach*라는 단어
가 *fruit*라는 의미 부류의 한 요소라는 것을 의미한다.

단어 의미   6.2.2

앞 절에서 우리는 언어학자들이 단어 사이의 의미관계를 기
술하기 위한 비교적 정확한 체계를 개발했다는 것을 보았다.
우리는 또한 사람들이 수천 년 동안 의미에 관심을 가져왔다
고 앞에서 말을 했다. 그러나 우리는 의미의 본질과 의미가
인간의 마음에 어떻게 표현되는지에 대해 여전히 많이 알고
있지 못하다. 의미에 대한 많은 질문들이 여전히 답을 구하
지 못하고 있고 용어가 아직 표준화되지 않으며 여전히 논의
중이라는 것을 명심하면서 표현들의 의미에 관한 몇 가지 잘
알려진 제안들을 이제 검토해보자.

　　의미 분석에서 세 개의 쌍 **암시의미 ~ 표시의미, 의의 ~
지시, 내포 ~ 외연**으로 되어 있는 용어들이 중요한 역할을
한다. 일반적으로 말해서, 각 쌍에 있는 첫 번째 용어는 의미
의 언어-내적(또는 내부-언어적) 측면과 관계가 있는 반면, 두

번째 용어는 언어-외적(또는 외부-언어적) 현실과 관계가 있다.

우리가 한 단어를 들으면서 대개 많은 연상들이 떠오른다. 예를 들어, 독일 남부의 알프스 산맥 근처에 사는 대부분의 사람들에게 있어 *winter*라는 단어는 이것의 **암시의미**라 불리는 눈, 얼음, 추운 날씨, 미끌미끌한 길, 스키타기 등의 연상을 불러일으킨다.

암시의미와 대조적으로 **표시의미**는 어떤 언어표현과 그것이 가리키는 구체적인 언어-외적 존재와의 관계를 가리킨다. *Winter*의 표시의미는 '가을과 봄 사이의 계절'이라는 사전적 정의에서 찾아볼 수 있다.

도해 6.7
암시의미와 표시의미

단어	암시의미	표시의미
labrador	친구, 동료 등	네 발을 가진 개과에 속하는 동물
winter	눈, 얼음, 추위, 미끄러운 길 등	가을과 봄 사이의 계절

의의와 지시

한 표현의 **의의**는 한 언어 안에서 그것이 가지는 의미이다. 그것은 근본적으로 다른 표현들과의 관계, 즉 그것의 동의어, 반의어 등을 활용하여 정의된다(6.2.1 참조). 다른 한편, 한 단어의 **지시**는 그 단어와 언어 외적 세계와의 직접적인 관계로 정의된다. 지시는 한 표현과 그것이 가리키는 실세계에 있는 사람, 사물, 존재, 또는 상황 사이의 관계이다. *Cow*라는 단어의 의의는 '우유나 고기를 생산하기 위해 농장에 갇혀있는 네 발 달린 커다란 동물'인 반면, 지시는 색깔이나 크기가 어떻든 세상에 존재하는 모든 소들인 것이다. 의의 ~

지시 쌍은 또한 또 하나의 상징체계인 돈과 관련한 유추로 설명할 수 있다. 우리가 50센트로 살 수 있는 모든 것들을 가리킬 때 50센트라는 언어의 **지시물**에 들어가는 것들을 가리키고 있는 것이다. 50센트를 통화 눈금에서 그 위치를 가리킴으로써 기술하는 것은 10센트의 5배, 1쿼터(25센트)의 두 배, 또는 1달러의 반과 같이 그것의 의의일 것이다.

그러나 의의와 지시의 구별은 한계가 있다. *Unicorns*와 *dragons*처럼 분명히 의의를 가지고 있지만 실세계에서 명백한 지지물을 가지고 있지 않은 단어들이 있다. 또한 *the leader of the Republican Party*와 *the President of the United States*와 같은 구들처럼 똑같은 지시물에 대해 이야기하는 둘 이상의 표현들이 있을 수 있다. 그 표현들은 의의가 다르지만 똑같은 지시물, 즉 현재 *George W. Bush*를 가리키는 것은 당연하다. 이 예는 또한 하나의 특정한 의의를 가진 표현이 실세계에서 다른 존재를 가리키는 데 사용될 수 있다는 것과 이 지시물들이 시간이 흘러감에 따라 변할 수 있다는 것을 나타낸다(도해 6.8 참조). *The President of the United States*의 의의는 항상 같지만, 여기서 지시물들은 어떠한 대통령도 세 번 이상 봉직할 수 없다고 법으로 정해져 있기 때문에 정기적으로 바뀌어야 한다:

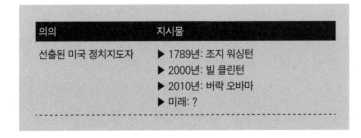

의의 | 지시물
선출된 미국 정치지도자 | ▶ 1789년: 조지 워싱턴
 | ▶ 2000년: 빌 클린턴
 | ▶ 2010년: 버락 오바마
 | ▶ 미래: ?

도해 6.8
의의와 시간에 따른
지시물

한 표현의 **내포**는 그것을 정의하는 의미적 특성들의 집합이다. 예를 들어, *bird*라는 표현은 그것이 내포하는 것의 일부인 '생명이 있는', '인간이 아닌'과 같은 언어-내적 정의들을 떠올린다. 따라서 내포라는 개념은 의의라는 개념과 아주 비슷하다. 언어학자들은 이제 흔히 소위 **의미자질**(또는 **의미특성**)을 보여줌으로써 한 표현의 의의/내포를 명시한다. *Bird*는 의미자질 [+생명], [-인간], [+날개], [+깃털]로 특징지어질 수 있는 반면, *child*의 내포는 [+생명], [+인간], [+젊음]으로 기술될 수 있다. 이와 같은 접근법에서 한 단어의 내포는 의미 구성성분들로 나누어지는데, 이런 이유 때문에 **성분분석**이라 부른다. 단어들의 성분분석을 통하여 우리들은 실재물을 자연류로 나눌 수 있게 된다. 예를 들어, 모든 동물들은 의미자질 [+생명, -인간]으로 정의되는 부류들인 반면, *child, baby, girl, boy*는 [+생명, +인간, +젊음]의 자질로 특징지을 수 있는 부류 속에 들어간다. 내포는 종종 심상과 일치한다고 한다.

   다른 한편, **외연**은 어떤 표현이 적용될 수 있는 실재물을 가리킨다. *Bird*라는 표현의 외연은 *robin, dove, parrot, duck, ostrich* 등을 포함한 실재물뿐만 아니라 신화 속에 나오는 새 *phoenix*도 포함될 수 있다. 한 표현의 외연은 그것의 잠재적 지시물들로 정의될 수 있다. 물론, 한 표현의 외연이 도해 6.9에서 보듯이 시간이 지남에 따라 또한 바뀔 수가 있다.

   요약하자면, 우리는 서로 상응하는 쌍인 암시의미 ~ 표시의미, 의의 ~ 지시, 내포 ~ 외연이 우리 마음속의 어휘부 체계, 즉 단어와 의미가 우리 마음속에 어떻게 표현되고 처리되는지 설명하려는 시도의 일환이라고 말할 수 있다.

단어/구	외연	내포
새	*robin, dove, parrot, duck, ostrich etc.,* but also *phoenix*	새를 정의하는 특성, 즉 [+생명], [-인간], [+날개], [+깃털]의 특성을 가진 모든 동물들
매사추세츠 주도	보스턴	주정부가 있는 도시
교황	베네딕트 XVI (2010)	로마 가톨릭 교회 지도자
미국 대통령	버락 오바마 (2010)	선출된 미국 정치지도자

개념화와 범주화   6.2.3

지금까지 우리는 대개 언어-내적 관점으로 의미에 대한 정의와 분석을 살펴보았다. 이런 종류의 의미 분석은 근본적으로 모든 언어 요소가 일련의 관계를 통해서 언어체계의 구조 속에 포함된다는 가정에 기초하기 때문에 **구조적 의미론**이라 불린다. 현재의 어휘의미론은 이러한 구조주의적 가정과 언어가 상호의존적 관계 요소들의 체계라는 견해를 대부분 여전히 가지고 있다.

  1930년대에 단어들의 관계에 대한 구조주의적 가정이 **의미장이론**이라 불리는 당시 새로운 접근법에 적용되었다. 이 이론은 단어들이 홀로 존재하는 것이 아니라 의미적으로 관련된 다른 단어들과 소위 **의미장**(또는 **어휘장**)을 형성한다고 주장한다. 색깔 표현들이 의미장의 한 예로 종종 인용된다. 이 이론에 따르면, 예를 들어, 영어의 *red*와 *blue*라는 표현들은 둘 다 색깔이라는 점에서 관련이 있다. 즉 그것들은 *colour*

라는 표현의 하위어들이다.

그러나 1980년대 이래로, **인지의미론**이라는 보다 최근의 접근법은 언어를 우리가 경험하는 모든 양상들을 조직하고 분류하는 인지능력의 일부로 간주한다. 이러한 견해는 의미가 모든 종류의 지각과 현상들을 **개념범주**로 나누는 방식과 관련이 있다는 가정에 근거한다. 범주화와 개념화는 새로운 것들을 우리가 이미 알고 있는 것들과 비교해서 그 결과 두 실재물 사이의 유사성에 대한 인지적 구성에 기초한다.

애매한 개념

개념들은 그 개념의 경계가 얼마나 명확한가 하는 문제와 관련하여 다르다. 표현 *the President of the United States* 가 가리키는 개념은 다소 명확하다: 오로지 한 사람만이 선출된 미국의 리더가 될 수 있다. 다른 개념들은 *tall*이나 *strong*과 같은 단어를 상상해보듯이 그리 간단하지 않다. 사람은 *tall*이라 불리기 위해서 얼마나 커야 하며, *strong*이라 불리기 위해서 얼마나 무거운 것을 들을 수 있어야 하나? 어떤 사람들은 분명이 *strong* 범주에 속하고, 다른 사람들은 그렇지 못하지만, *strong*한 축에 들어가는지 분명히 결정할 수 없는 경계선에 있는 많은 경우들이 또한 있다. '세기'라는 개념은 분명한 경계선을 가지고 있지 않으므로 **애매한 개념**으로 불린다. 이런 종류의 애매성은 인간 개념체계의 특징이다.

원형

많은 개념들은 애매한 경계를 가지고 있을 뿐만 아니라 그 요소들이 **전형성**에 따라 **등급**이 매겨질 수 있다. 예를 들어, 우리 모두는 사전 정의에 따라 생각해서 *birds*를 '깃으로 덮여있고, 두 개의 날개와 다리를 가지고 있으며, 대부분 날 수 있는 동물'로 상상한다고 가정할지라도, 우리는 이 동물 중 어떤 것들이 다른 것들보다 더 새와 같다는 느낌을 여전

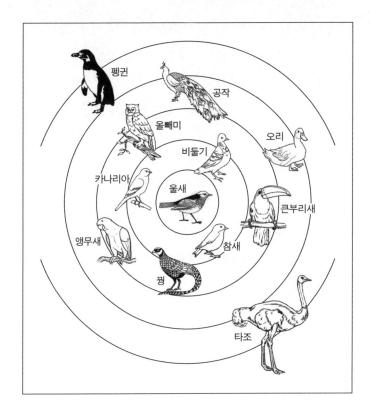

도해 6.10
새다움의 등급
(애치슨 2003: 56)

울새

카나리아

올빼미

펭귄

공작

비둘기

오리

앵무새

큰부리새

꿩

참새

타조

히 가지고 있다. 우리의 직관에 따르면 *robins*와 *sparrows*가 *penguins*와 *ostriches*보다 더 전형적이고 따라서 더 좋은 새의 본보기이다. *bird*라는 개념의 요소들을 직관적으로 등급을 매기는 것은 많은 개념들이 내적 구조를 가지고 있다는 사실을 반영한다. 이 경우에, *robbins*는 *bird* 개념에서 가장 **원형적**인 요소들 중의 하나로 여겨지는 반면, *ostriches*와 *penguins*는 덜 전형적이고 따라서 더 주변적인 예들로 여겨진다. *Bird*라는 개념에서 *robins*와 같은 **원형**은 인지적 판단의 기준이 된다. 원형이 인지의미론에서 가지는 중요한 역할 때문에 **원형의미론**이라는 용어가 가끔 대안으로 사용되곤 한다.

은유 　　　　인지의미론에서 또 다른 중요한 개념은 언어로 표현되는
개념들이 서로 관련을 맺어 하나의 커다란 망을 이룬다는 가
정이다. 많은 경우에, 하나의 개념은 다른 개념에 의해서 이
해될 수 있다. 이런 상호 관련을 **은유**라 한다. 우리는 모두 문
학 장치로서의 은유라는 용어에 익숙하다. 그러나 언어학적
의미에서 은유는 모든 인간이 공유하는 개념체계의 일부이
다. 은유의 사용은 너무 흔해서 많은 화자들이 흔히 대부분
의 은유를 알아차리지도 못한다. 예를 들어, 적어도 서양 언
어에서 *time*이라는 개념은 마치 구체적인 귀중품인양 일상
언어에서 종종 다루어진다. 이것은 영어의 다음 예에서 예시
되어 있다:

(1) *Home cleaning tips and tricks to **save** time.*

(2) *Ideas on how to **spend** time with your kids.*

(3) ***Invest** your time **profitably** and study linguistics.*

(4) *Time is **money**.*

6.3　　문장 의미

지금까지 우리는 단어의 의미에 집중해왔다. 그러나 대부분
의 시간 동안 우리는 구와 문장과 같은 보다 큰 단위로 의사
소통을 한다. 구와 문장의 의미는 **문장의미론**(또는 **구의미론**)
에서 연구된다. 구와 문장의 의미 분석은 소위 **합성성 원리**
에 기초한다:

구 또는 문장의 의미는 그것들을 구성하는 성분의 의미, 그리고 그것들이 구조적으로 결합되는 방식에 따라 결정된다.

문장들 사이의 의미관계 6.3.1

단어와 비슷하게 문장은 다른 문장의 의미와의 관계를 통하여 분석될 수 있는 의미를 가진다. 우리는 문장들 사이의 의미관계 중 세 가지 중요한 유형들을 이제 살펴볼 것이다.

똑같은 의미를 가진 두 문장은 서로의 **환언문**이라 한다. **환언**
환언관계를 만들어내는 보통의 방법들은, 예를 들면, 예문 (5a)와 (5b)에서처럼 한 단어를 동의적인 표현으로 바꾸거나, 아니면 (6a)와 (6b)에서처럼 능동문을 수동문으로 또는 수동문을 능동문으로 바꾸는 것이다.

(5a) *We have just bought a fairly expensive house.*
(5b) *We have just purchased a fairly expensive house.* ➤ 환언문

(6a) *The dog chased the cat.*
(6b) *The cat was chased by the dog.* ➤ 환언문

위 예에서 문장 (a)와 (b)는 의미가 매우 비슷해서, 한 문장이 다른 문장과 반대로 참인 경우는 없다. 똑같은 환경에서 참인 문장들은 똑같은 **진리조건**을 가졌다고 한다. 참의 개념을 이용해서 의미에 접근하는 유형의 의미론을 **형식의미론**이라 부른다. 참이거나 거짓이라고 할 수 있는 문장의

의미를 **명제**(또는 **명제내용**)이라 한다.

　문장 층위에서 환언문은 어휘 층위에서의 동의어에 상응한다. 동의어와 마찬가지로, 많은 언어학자들은 동일한 의미를 가진 문장에 대해 이야기하는 것을 주저한다. 왜냐하면 (5a)와 (5b) 사이에 문체상의 작은 차이가 있고, (6a)와 (6b) 사이에는 강조에 관한 미묘한 차이가 있기 때문이다 (*buy ~ purchase*에 대해서는 6.2.1과 8.2 참조). 이러한 언어학자들은 동의어처럼 환언문은 결코 완벽하지 않고, 우리는 실제로 매우 비슷한 의미를 가진 문장에 관심을 가지게 된다고 주장한다.

함의

　한 문장의 진리가 다른 문장의 진리를 **함의**(또는 **함축**)하는 경우도 있다. 따라서 이런 문장의 관계를 **함의**라 부른다. 다음 쌍으로 된 문장들 중에서 문장 (a)의 의미는 문장 (b)의 의미를 함의한다:

도해 6.13
함의

(7a) *The cat killed the mouse.*
(7b) *The mouse is dead.*   함의

(8a) *Anna likes every single kind of fruit.*
(8b) *Anna likes oranges.*   함의

　(5a)와 (5b), 그리고 (6a)와 (6b)에서처럼 함의는 똑같은 진리조건을 가지고 있어서 항상 서로를 함의한다. 관련된 함의는 대칭적이다. (7a)와 (7b), 그리고 (8a)와 (8b)에서의 함의는 다른 종류이다: 그것은 비대칭적이다. (7a)는 (7b)가 참이라는 것을 함의하고, (8a)는 (8b)가 참이라는 것을 함의하지만 그 역은 사실이 아니다. 우리는 쥐가 죽었다는 것을

알고 그것을 죽인 것이 반드시 고양이라고 결론지을 수 없다. 이와 비슷하게, *Anna*는 오렌지를 좋아하지만 복숭아를 싫어할 수도 있다.

(8a)와 (8b)의 쌍에서 함의는 *fruit*과 *orange*라는 표현들 사이의 어휘적 의미관계의 결과이다. *Orange*는 *fruit*의 하위 어이다(6.2.1 참조). 그래서 만일 그녀가 모든 종류의 과일을 정말로 좋아하는 것이 사실이라면 그녀는 오렌지 또한 과일의 부류에 들어가기 때문에 좋아하는 것임에 틀림없다. 어휘 항목들 사이의 하위관계에 기초하는 함의의 많은 예들이 있다. 예를 들어, 문장 *Cheeky is a dog*은 *dog*이 *animal*의 하위 어이기 때문에 문장 *Cheeky is an animal*을 함의한다.

환언과 반대로 서로 **모순**되는 문장들이 있다. 이것은 (9a)와 (9b), 그리고 (10a)와 (10b)에서 예시된 것처럼 한 문장의 참이 다른 문장의 거짓을 함축하는 것을 의미한다:

모순

(9a) *Cheeky is a dog.*
(9b) *Cheeky is a cat.* ⟩ 모순

(10a) *It is freezing in here.*
(10b) *It is hot in here.* ⟩ 모순

도해 6.14
모순

만일 문장 (9a)가 참이라면, 즉 *Cheeky*가 개라는 것이 사실이라면 문장 (9b) 또한 참이라는 것은 사실일 리 없다. 왜냐하면 하나의 동물이 개인 동시에 고양이일 수 없기 때문이다. 그 문장들은 하나가 참이면 다른 하나는 반드시 거짓이기 때문에 서로 모순된다. 우리는 또한 '부정적 함의'라 불릴

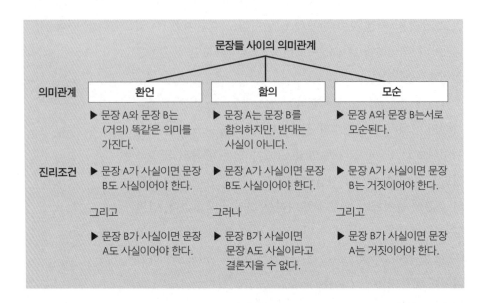

의미관계	환언	함의	모순
	▶ 문장 A와 문장 B는 (거의) 똑같은 의미를 가진다.	▶ 문장 A는 문장 B를 함의하지만, 반대는 사실이 아니다.	▶ 문장 A와 문장 B는 서로 모순된다.
진리조건	▶ 문장 A가 사실이면 문장 B도 사실이어야 한다.	▶ 문장 A가 사실이면 문장 B도 사실이어야 한다.	▶ 문장 A가 사실이면 문장 B는 거짓이어야 한다.
	그리고	그러나	그리고
	▶ 문장 B가 사실이면 문장 A도 사실이어야 한다.	▶ 문장 B가 사실이면 문장 A도 사실이라고 결론지을 수 없다.	▶ 문장 B가 사실이면 문장 A는 거짓이어야 한다.

<도해 제목>문장들 사이의 의미관계</도해 제목>

도해 6.15
문장들 사이의
의미관계 – 개관

수 있는 **모순**이 있다고 말한다.

도해 6.14의 (10a)와 (10b)의 문장들은 똑같은 논리를 따른다. 같은 방에서 동시에 덥고 추울 수가 없다. 이 경우 모순은 반의어의 사용, 즉 *hot*과 *freezing*에 기초한다(6.2.1 참조). 따라서 반의성은 문장 사이의 모순에 대한 하나의 원천이다.

6.3.2 문장 해석

문장들 사이의 가장 중요한 의미관계들을 살펴본 후 이제 우리는 몇 가지 **문장 해석**의 경우들을 선정하여 검토하겠다.

문장 의미와 통사론 위에서 언급한 합성성 원리는 문장의 의미가 그것을 구성하는 성분의 의미와 이 성분들이 결합하는 방식에 달려있다고 말한다(6.3 참조). 이 원리는 문장 의미의 해석을 위해서 통사론뿐만 아니라 어휘의미론의 중요성을 강조한다. 우리는 모두 한 문장의 통사구조가 그것의 의미와 여러 가지 방법으로 관련이 있다는 사실에 익숙하다. 가장 근본적으로, 똑같은 단어들이 다르게 결합하여 완전히 다른 의미를 가진 문장을 형성할 수 있다. 애니메이션 코미디 연속극에 나오는 허구의 인물들 중 각 편마다 일상적으로 죽는 케니 맥코믹과 그의 친구 중 한 명인 에릭 카트만을 포함하는 다음 쌍으로 된 예들을 생각해보자:

(11) *Eric kills Kenny.*

(12) *Kenny kills Eric.*

비록 문장 (11)과 (12)가 정확히 똑같은 단어로 구성되어 있고, *kills*가 두 문장에서 똑같은 방법으로 굴절되어 있더라도 이 문장들이 완전히 다른 의미를 가진다는 것은 더 이상 설명이 필요하지 않다. 어순의 단순한 변화, 즉 주어와 목적어 위치를 맞바꾸는 것이 의미적으로 완전히 다른 문장을 만들어낸다. 대부분의 경우에서처럼 합성성 원리는 이 예에서 타당한 것으로 입증된다.

그러나 때때로 동일한 단어연쇄조차도 둘 이상 가능한 의미를 가질 수 있다. 구 *rich women and men*은 두 개의 다른 해석(또는 **해독**)을 허용한다. *Rich*는 해당된 남녀들의 특성 또는 여자들만의 특성으로 해석될 수 있다. 도해 6.16은 이 구의 두 가지 해석이 구조적 차에 기인한다는 것을 보여준다. 따라서 둘 이상 가능한 의미를 가진 구와 문장을 **구조적으로 중의적**이라고 한다.

구조적 중의성

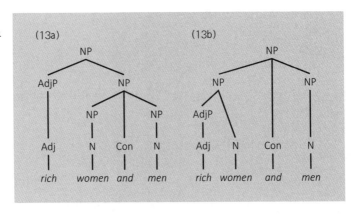

도해 6.16에서 (13a)의 구조는 남녀 모두 부유하다는 것을 보여주는 반면, (13b)의 구조는 형용사 *rich*가 여자들만 수식하는 해석을 나타낸다. 그러나 **구조적 중의성**이 단순한 구에서뿐만 아니라 전체 문장에서도 발견될 수 있다. 다음 문장 *Anna saw tourists with binoculars*를 생각해보자. 하나의 해석으로, 전치사구 *with binoculars*가 명사 *tourists*를 수식하여, '*Anna*가 쌍안경을 들고 있는 여행객을 보았다'로 해석된다. 또 다른 가능한 해석으로, 전치사구 *with binoculars*가 동사를 수식하여, '*Anna*가 쌍안경을 사용하여 여행객을 보았다'로 해석된다. 따라서 도해 6.17의 (14a)에서 여행객들이 쌍안경을 가지고 있는 반면, (14b)에서 여행객들을 보기 위해 쌍안경을 사용하는 사람은 *Anna*이다(도해 6.17).

합성성의 한계

그러나 합성성 원리는 한계가 있다. 우리가 위의 예 (11)에서 *Kenny*가 *passes away* 또는 *bites the dust* 한다고 말할 때, 그것은 그가 죽는 것 이외의 아무런 의미도 없다. 우리는 *pass*, *away*, *bite*, *the*, *dust*와 같은 단어들을 이해하는 데 아무런 어려움이 없지만 이 단어들의 개별 의미에 대한 지식으로

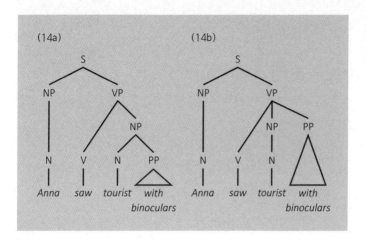

부터 전체 구의 의미를 여전히 즉각 추론할 수 없다. 이와 같이 고정된 구를 **관용구**라 부른다. 관용구의 의미가 그것을 구성하는 단어들로부터 예측할 수 없기 때문에 관용구는 마치 개별 단어들처럼 학습되어야 한다. 우리가 어형성에 대한 절(4.3.2 참조)에서 보았듯이, 구성성분의 의미로부터 추론될 수 없는 의미를 가진 *blackbird*와 *redneck*과 같은 외심복합어에게도 똑같이 적용된다.

전제

우리는 단어 의미와 통사구조에 대한 우리의 지식이 문장을 해석하는데 중요하다는 것을 보았으나 문장 해석에 포함된 훨씬 더 많은 요인들이 있다. 우리가 한 문장을 발화할 때, 많은 경우에 청자의 태도와 신념뿐만 아니라 우리의 태도와 신념이 문장 해석방식에 중요한 역할을 한다. 문장 *The mayor of Boston is in town today*는 보스턴 시장이 있다는 화자의 믿음이나 가정을 함축한다. 이런 가정을 **전제**라 한다. 문장 *The mayor of Boston is in town today*는 문장 *There is a mayor of Boston*을 **전제한다**고 한다.

전제는 전제를 유발하는 문장이 부정될 때에도 전제가 유효하다는 점에서 무엇보다도 함의와 다르다(6.3.1 참조). 이것은 다음에서 예시되어 있다:

도해 6.18
전제

The mayor of Boston is in town today. The mayor of Boston is not in town today.	} There is a mayor.를 전제함
I do regret leaving Boston. I don't regret leaving Boston.	} I left Boston.을 전제함

전제는 또한 의문문에서도 유효하다. 의문문 *Is the mayor of Boston in town today?*는 또한 문장 *There is a mayor of Boston*을 전제한다.

문장 *She managed to open the door*에서 동사 *manage*는 그녀가 문을 열려고 애를 써서 성공했다는 것을 함축한다. 전제문은 *She tried to open the door*가 될 것이다. 규칙적으로 어떤 가정과 연관 있는, 즉 그 가정들을 유발하는 *manage*와 같은 많은 단어들이 있다. 이런 단어들을 **전제 유발자**라 부른다. 전제가 맥락에서의 의미 해석에 중요한 역할을 하기 때문에, 전제는 의미론과 다음 장에서 논의할 화용론 사이의 경계에 있다.

1　다음 단어 쌍의 의미관계를 식별하시오.

　　a) *leave ~ return*

　　b) *door ~ house*

　　c) *young ~ old*

　　d) *bright ~ intelligent*

　　e) *flower ~ rose*

　　f) *examiner ~ examinee*

　　g) *freedom ~ liberty*

2　어휘중의성이라 불리는 현상을 설명하시오.

3　의미의 본질을 논의할 때, 우리는 외연과 내포를 구분한다. 다음 단
　　어나 구들의 외연과 내포를 말하시오.

단어/구	내포	외연
Prime Minister of the United Kingdom		
capital of United States		
Queen of the United Kingdom		
vegetable		

4　애매성

　　a) 단어 *rich*와 *clean*이 왜 애매한 개념을 나타내는지 설명하시오.

　　b) 모든 개념들이 애매한 것인가?

5 다음 문장들의 쌍에서 어떤 의미관계를 식별할 수 있는가? 각각의 쌍에 대해 진리조건을 제공하시오.

a) *William is single. ~ William is married.*

b) *Planes are very loud. ~ Planes are very noisy.*

c) *James is Mary's husband. ~ Mary is married.*

d) *I am rather exhausted. ~ I am very tired.*

e) *Christina and Mat are workaholics. ~ Mat and Christina are lazy.*

f) *My car is red. ~ My car is not white.*

6 다음 문장들에서 구조적 중의성을 설명하시오.

a) *The student hit the teacher with the book.*

b) *A lady watched an actor with opera glasses.*

7 다음 문장들에서 전제를 식별하시오.

a) *Some books written by Chomsky are not very expensive.*

b) *The present pope is German.*

c) *I am glad that my colleague sent me an e-mail.*

d) *They intend to close more libraries.*

8 다음 문장의 쌍 중에서 둘 중 하나는 전제를 포함한다. 각각 어떤 문장이 전제를 포함하고 있는지 말하고, 전제 유발자를 식별하시오.

1a) *Anna thought she was in debt.*

 b) *Anna realised she was in debt.*

2a) *Have you stopped running marathon?*

 b) *Have you tried running marathon?*

INTRODUCTION TO ENGLISH LINGUISTICS

7 화용론

화용론은 화자들이 단어나 문장의 글자 그대로의 의미보다
더 많은 것을 어떻게 이해하고 의사소통하는지 검토한다.
화용론에서 연구되는 의미의 유형은 담화 의미,
즉 맥락이나 상호작용에서의 의미로 알려져 있다.
간단히 말해, 화용론은 말한 것으로부터 의미하는 바가
무엇인지를 알아내는 것에 관한 것이다.

화용론은 무슨 일을 하나

화용론과 의미　　**화용론**은 사람들이 말을 하거나 글을 쓰거나 몸짓을 할 때, 또는 더 일반적인 말로, 언어학자들이 **발화**라고 부르는 것을 해석하고 생산해낼 때, 단어나 문장의 글자 그대로의 의미보다 더 많은 것을 이해하고 의사소통할 수 있는지에 대한 체계적인 연구이다. 발화란 특정 사회적 맥락 속에서 말하거나 글로 쓰거나 몸짓으로 표현하면서 그 맥락으로부터 발화의 의미를 부분적으로 도출하는 데 기여하는 것이다. 그러므로 화용론은 **발화의미**, **맥락의미**, 또는 **상호작용의미**의 연구로 불린다. 이러한 용어들은 맥락이 역동적으로, 특히 우리가 다른 사람들과 생생하게 마주칠 때 가장 두드러지게 전개되고 또 활발해진다는 사실을 설명한다. 우리의 발화는 그것이 발생하는 맥락에 의해 모양이 정해질 뿐만 아니라 뒤이어 나올 것에 대한 새로운 맥락을 만들어 준다. 다른 말로 표현하면, 발화는 **맥락 다듬기**일 뿐만 아니라 **맥락 갱신**이다. 화자, 텍스트, 맥락 사이의 이런 관계는 **담화분석**과 **텍스트언어학**에서 또한 탐구되고 있다. 이 장은 맥락의미를 만들어내고 해석할 수 있게 해주는 몇 가지 중심적인 화용론적 원리와 과정들에 주로 초점을 맞춘다.

화용론과 문화　　왜 우리는 아주 종종 우리가 의미하는 바를 명시적으로 말하지 않는가? 한편으로, 이것은 많은 것들을 말하지 않음으로써 노력을 절약하는 것과 관련이 있다. 다른 한편으로, 이것은 문화마다 아주 크게 다를 수 있는 사회적이고 문화적인 규범과 관계가 있다. 언어학자들은 이러한 차이를 여러 관점에서 접근한다. **범문화적 분석**은 문화 간 언어학적 관행, 예를 들어, 영국과 독일 텔레비전 인터뷰에서 인터뷰 진행자의 질문들 사이의 차이점을 비교한다. 최근에 언어학자들은 예를 들어 영국영어 용법과 미국영어나 아일랜드영어와 같은 변종들의 용법을 비교하는 것처럼, 같은 언어의 변종들 간의 화용론적 변이를 또한 탐구하기 시작했다(8장 참조). **문화 간 연구**는 예를 들어 미국학생과 독일학생 사이의 오해와 같은 다른 문화권 사이의 언어학적 상호작용을 분석한다. 글로벌 시대에 이런 종류의 연구는 급격히 중요성을 더해가고 있다.

외국어를 말하는 학생들은, 예를 들어 교환학생이나 여행과 같은 자신의 경험을 통해서, 언어에 대한 최고의 이론적 지식조차도 실제 사람들과 교류하게 되면서 곧 충분하지 않다는 것을 알게 될 것이다. 우리가 통사론과 의미론에 대한 장으로부터 알고 있듯이, 우리의 일반적인 언어능력은 한 문장이 문법적인지 아닌지 판단하는 방법과 단일 단어나 문장을 이해하는 방법을 말해주는 규칙을 우리에게 제공해준다. 그러나 위에서 말했듯이 이것은 다른 사람들과 의사소통하려고 할 때 충분하지 않을 수도 있다. 우리가 대면 대화나 전화로 또는 편지, 이메일, 문자를 쓸 때 성공적으로 의사소통하기 위해 필요로 하는 것은 **화용론적 언어능력**이다. 화용론적 언어능력은 사회적 맥락 속에서 적절하게 언어를 사용하는 능력이다. 다음 절들에서 **직시 현상**을 시작으로 화용론에 대한 몇 가지 핵심 개념들을 간단히 개관할 것이다.

화용론적 언어능력

직시 현상

직시 현상과 맥락

직시 현상이라는 용어 **deixis**는 '가리키다 또는 보여주다'를 뜻하는 그리스어 동사 *deiknynai*와 상응한다. 직시 현상은 언어 외적 맥락에서 가리키는 것과 주로 관계있는 모든 언어적 수단을 가리킨다. 언어학 수업이 있는 강의실이 다음과 같은 공고문이 문에 붙어 있고 텅 비어있다고 상상해보라:

도해 7.1
직시 현상과 맥락

> **Introduction to Linguistics**
> We are here today:
> Guest Lecture Professor XY
> Room Z

비록 우리는 분명히 강의실에 출석하지 않은 글을 쓴 사람들과 동일한 물리적 맥락 속에 있지 않지만 이 공고문을 어떻게 해석해야 할지 알게 될 것이다. 대신 그들의 결석으로 *here*가 연구실 Z를 가리킨다는 것을 알게 된다. 왜냐하면 *here*는 보통 화자에게 가까운 위치를 나타내기 위해 사용되는 표현이기 때문이다.

직시 표현

*Me*와 *you* 또는 *here*와 *there*와 같이 누군가나 무엇인가를 가리키기 위해 사용되는 모든 언어학적 표현을 **직시 표현**(또는 **직시어**)라 부른다. 때때로 직시 표현은 '가리키다 또는 보여주다'를 뜻하는 라틴어 동사 *indicare*에 상응하는 **지시어**로 불린다. 우리는 직시 표현을 사용하여 사람(**사람 직시**), 장소(**장소 직시**), 특정한 시점(**시간 직시**)를 보여준다. 어떤 저자들은 언어

에 반영되는 사회적 관계(**사회적 직시**)나 *in the next paragraph*
나 *as outlined above*와 같이 맥락 내의 지시활동(**담화 직시**)과
같은 추가적인 직시 차원을 또한 기술한다(도해 7.2 참조).

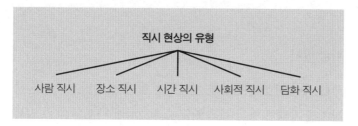

도해 7.2
직시 현상의 유형

위에서 언급했듯이, 모든 차원들의 직시 현상은 맥락을　　**직시 중심**
벗어나서는 이해될 수 없는 공통점을 가지고 있다. 그러므로
직시 현상을 이해하는 것은 무엇이 어떤 관점에서 의사소통
되고 있는지를 알아내는 것과 많은 관계가 있다. 이러한 관
점을 직시 중심이라 부른다. **직시 중심**은 대화의 모든 관련
자들이 참석한 대면 대화에서 확인하기가 가장 쉽다. 화자들
이 이러한 맥락에서 직시 표현을 사용할 때 우리는 대개 그
들의 관점이 담화의 직시 중심이라고 간주한다. 이외에 그들
은 제스처나 응시와 같은 비-언어 신호들을 함께 써서 직시
표현을 지원한다.

그러나 우리가 직시 중심을 바꿔도 우리말이 여전히 이　　**직시 투사**
해될 수 있다. 예를 들어 도해 7.1의 예에서, 직시 중심은 공
고문을 쓴 학생들과 함께 강의실에서 연구실 Z로 옮겨졌다.
직시 표현 *we*와 *today*가 여전히 똑같은 그룹과 시간을 가리
키고 있는 데 반하여, 공고문에 있는 직시 표현 *here*는 그 공
고문을 읽고 있는 빈 강의실을 가리키지 않는다. 이 경우에,

*here*는 초빙강의가 있을 연구실을 가리킨다. 이러한 전환을 **직시 투사**라 한다. 직시 중심을 확인하는 것은 모든 유형의 직시현상과 연관이 있다. 이것은 직시현상의 세 가지 주요 유형들을 더 자세히 살펴봄에 따라 더 분명해질 것이다.

7.2.1   사람 직시

사람을 가리키기

사람 직시 현상은 **사람을 가리키는 것**이다. 알리스터 비튼의 정치 풍자극인 영국 희곡 *Feelgood*(2001)에 나오는 다음 발췌문을 생각해보자. 1막 시작에 두 사람이 나오는데, 한 사람은 휴대용 컴퓨터를 분주히 사용하고 있고, 다른 한 사람은 그를 지켜보고 있다. 폴은 전문적으로 연설문을 작성하는 젊은 사람이고, 에디는 현 정부의 언론담당관이다. 이제 *Feelgood* 시작 부분의 대화에서 개인들을 가리키는 모든 표현들의 리스트를 작성해보도록 하자. 그들은 누구를 가리키고 있는가?

Paul   (reading from the laptop screen) 'There will be other challenges facing us in the twenty-first century. But I can tell you now: the greatest challenge of all will be the challenge of change. And to those who-'

Eddie   Ch. Ch.

Paul   Sorry?

Eddie   Ch. Ch.

Paul   Ch. Ch?

Eddie   Ch. Ch. Challenge of change. Don't like it.

Paul   It's alliteration.

Eddie   Yeah, bad alliteration. Challenge of change. Awful. It'll
make him sound like he needs dentures.

(비튼 2001: 1-2)

만일 그 희곡을 모른다면, 우리가 처음에는 폴이 *But I
can tell you now*의 1인칭 단수 *I*라고 생각할 수도 있다. 이것
은 1인칭 단수 대명사로서의 사람 직시가 보통 암시하는 것
이다. 왜냐하면 우리는 대개 화자들이 담화의 직시 중심이
라고 가정하기 때문이다. 오직 에디의 발화 *It'll make **him**
sound like **he** needs dentures*만이 폴의 텍스트가 명백히 폴에
의해서가 아니라 다른 남성에 의해서 읽히게 될 것을 드러낸
다. 우리는 3인칭 남성 단수 대명사 *him*에 의해 그렇게 듣는
다. 그러나 그 사람은 누구인가? 긴장감을 불러일으키기 위
해 *he*가 현재의 영국 수상이고 폴과 에디는 그를 위해 연설
문을 작성하는 공보 비서관들이라는 것이 폴과 에디가 대화
하는 동안 점차적으로 드러난다. 즉 폴이 수상이 앞으로 할
연설에서 인용한 *There will be other challenges facing us in
the twenty-first century*와 *But I can tell you now*라는 발화에
서 직시 중심이 될 사람은 폴이 아니라 수상인 것이다.

사람 직시의 또 다른 중요한 차원은, 프랑스어 *tu*(단수)와   **T/V 구별**
vous(단수와 복수)에서처럼, 많은 로망스어에서 인칭대명사의
각기 다른 친숙한 표현의 형태와 공손한 표현의 형태의 첫
글자에서 이름을 따온 **T/V 구별**에서 관찰될 수 있다. 이 형
태들은 궁극적으로 라틴어의 단수 대명사 *tu*와 복수대명사
*vos*로 거슬러 올라간다. T/V 구별은 또한 이름, 성, 직함과 같
은 호칭의 형태를 선택함에 있어서, 또는 특별히 친숙함이나

거리를 나타내기 위한 별개의 대명사를 가지고 있지 않은 영어와 같은 언어에서 문체와 언어사용역의 다른 선택에서 중요한 역할을 한다(8장 참조). 사람 직시 현상의 이러한 양상은 우리가 사회적 거리와 사회적 관계를 어떻게 나타내고, 확립하고, 변화시키는지를 반영하기 때문에 또한 **사회적 직시 현상**이라 불린다. 사회적 직시 현상의 규칙들이 문화마다 달리 준수되고 있기 때문에 제2언어 학습자들에게 상당한 어려움을 가져다줄 수 있다.

7.2.2   장소 직시

장소를 가리키기   **장소 직시 현상은 개인이나 사물의 위치를 가리키는 것이다.** 하나의 예를 들기 위해 시장에서 치즈를 산다고 상상해보자. 네가 먹고 싶은 특정 치즈의 이름을 모른다면 어떻게 하겠는가? 대부분의 사람들은 그저 해당 치즈를 가리키며 "이것 하나 주시겠어요?"라고 말하면서 요청을 할 것이다. 대개 이와 같은 단순한 장소 직시 현상의 관행은 아주 잘 진행된다. 그러나 만일 네게 물건을 팔 사람이 치즈를 똑바로 골라주지 못한다면 어떻겠는가? 너는 아마도 "아니오, 그것 말고 이것이요!"라고 말할 것이다. 이래도 또 실패한다면 너는 실수를 하지 않게 네가 원하는 치즈를 손가락으로 가리키거나 아니면 만일 그것이 당혹스럽게 하거나 비위생적이라 생각한다면, 너는 예를 들어 소를 채운 피망과 같이 어떤 두드러진 물체와 관련하여 치즈의 위치를 정확히 기술하듯이 추가적 언어 수단을 이용해야 할 것이다.

근접과 거리   일반적으로 영어는 직시 중심에 가까운 사람이나 사물을 가리키는 것과 직시 중심에서 먼 사람이나 사물을 가리키는 것을 구별한다. 우리는 화자에 비교적 가까운 사람이나 사물을 가리키기 위해 *this*나 *here* 같은 **근칭 표현**들을, 그리고 비교적 먼 사람이나 사물에 대해 *that*과 *there* 같은 **원칭 표현**들을 사용한다. 이것은 이 표현들의 지시가 바뀔 때조차도 적용된다. 예를 들어, 너의 친구 중 한 명이 세계를 여행하면서 인터넷 카페에 들를 때마다 네게 이메일을 보낼 때, 너는 그녀의 메시지에서 아주 열광적으로 칭찬하는 *here*가 정확히 어디인지 모를 수도 있다. 확실히 네가 말할 수 있는 한 가지는 그것이 그녀가 글을 쓸 때 있던 장소를 가리킨다는 것이다. 이 예는 장소 직시 현상에 시간의 차원이 또한 있다는 것을 보여준다. 재미있게도, *that*과 원칭 표현들이 물리적 거리나 심지어 싫어함을 표현하기 위해 종종 사용 된다 (*that boring book, that awful lesson*). 이러한 직시 표현들이 사람들을 가리키기 위해 사용될 때(*that silly cow, that stupid guy*), 이것은 사회적 거리를 나타내기 위해 사용되었기 때문에 사회적 직시 현상으로도 해석될 수 있다.

시간 직시

7.2.3

장소 직시 현상처럼 **시간 직시 현상도 직시 중심에서 가까운 것과 먼 것을 구별**한다. 이것은 말하는 순간에 가까운(근칭의) 시간을 나타내기 위한 *now, today, this week* 같은 표현들과 말하는 순간에서 먼(원칭의), 즉 과거나 미래의 시간을 나타내기 위한 *then, yesterday, next month* 같은 표현들에 반영되어 있다. *Soon, ten minutes later, two weeks ago*와 같은 표현들

시간과 거리

도 화자의 현 상황과 관련 있는 시점이나 기간을 표시한다. 많은 문학 서적들이 시간 직시 현상을 광범위하게 이용한다. 예를 들어, 우화들은 대개 "옛날에 …이 있었다."라는 식으로 시작한다. 이 우화의 시작은 또한 시간상의 지시를 마련하는 또 다른 중요한 장치가 **동사 시제**의 선택이라는 것을 보여준다. 다음 예들을 살펴보자:

(1) *I live here now.*

(2) *I lived there then.*

(3) *I could swim (when I was a child).*

(율 1996:15)

동사 시제의 선택은 한 언어가 제공하는 선택권에 따라 다르다: "다른 언어들은 시제 만큼 동사의 다른 많은 형태들을 가지고 있는 반면, 영어는 오로지 두 개의 기본형, 즉 현재와 과거만을 가지고 있다. […] 현재시제는 근칭의 형태이고 과거시제는 원칭의 형태이다." (율 1996: 14-15)

게다가 시간 직시 현상은 화자의 현 상황으로부터 가정적인 의미에서 먼, 즉 현실에서 떨어져 있는 사건들을 표시하는 데 이용될 수 있다. 이것은 가정법을 위한 과거동사 형태의 사용이나 (4)와 (5)의 예처럼 어떤 유형의 *if-*절에서 볼 수 있다:

(4) *I could be in Hawaii (if I had a lot of money).*

(5) *If I was rich …*

(율 1996: 15)

대체로 우리는 직시 현상이 의사소통노력을 아끼는데 아주 유용한 장치라고 말할 수 있다. 그러나 이 장치는 직시 중심이 분명할 때에만 효력이 있다. 다음 절들에서 대면 의사소통의 추가적인 화용론적 양상들을 논의할 것이다.

협동원리 7.3

인간의 대면 의상소통은 다음 세 가지 예처럼 일견 다소 관련이 없는 것처럼 보일지도 모를 대화들로 가득 차 있다. **관련이 없는 발화?**

(6) A *Can you tell me the time?*

B *Well, the milk man has come.*

(레빈슨 1994: 83)

(7) A *I do think Mrs. Jenkins is an old windbag, don't you?*

B *Huh, lovely weather for March, isn't it?*

(레빈슨 1994: 111)

(8) A *Where's Bill?*

B *There's a yellow VW outside Sue's house.*

(레빈슨 1994: 102)

우리는 이 대화들을 어떻게 해석할 수 있을까? 획기적인 강의 《논리와 대화》(1975)에서 폴 그라이스는 인간의 상호작용을 지배하는 기본적인 원리, 즉 소위 **협동원리**를 제시한다:

대화가 진행되는 각 단계에서 대화의 목적이나 방향에 의해 요구되는
만큼의 기여를 하라.
(그라이스 1975: 45)

그라이스의 격률　　　이 원리로부터 네 가지 격률이 도출된다:

양의 격률	1. 대화의 현재 목적을 위해 필요한 만큼의 정보를 제공하라.
	2. 필요 이상의 많은 정보를 제공하지 말라.
질의 격률	진실한 정보를 제공하도록 노력하라. 특별히
	1. 거짓이라 믿는 것을 말하지 말라.
	2. 적절한 증거가 부족한 것을 말하지 말라.
관련성의 격률	적합성이 있는 것을 말하라.
방법의 격률	명료하게 하라. 특별히
	1. 모호성을 피하라.
	2. 중의성을 피하라.
	3. 간결하게 하라.
	4. 조리 있게 순서대로 말하라.

대화 함축　　　　　위 (6)-(8)의 예들처럼 이 격률들 중 하나 또는 그이상이
준수되지 않을 때, 이것은 **대화상의 함축적 의미**를 불러일으
킨다. 대화 함축은 행해진 말의 관습적인 의미 부분이 아니
다. 그것의 해석은 맥락의존적이다. 만일 누군가가 대화상의
격률들 중 하나 이상을 **위반한다면**(또는 어기면), 우리는 그 발
화를 한 사람이 이성적이고 의도적으로 행동한다고 믿을 만
한 이유를 가지고 있다면 해당 발화를 의미 있게 만들 수도
있는 추가 정보를 찾으려고 정신을 바짝 차린다. 이와 같은

추가 정보를 찾는 것이 또한 **추론**하는 것으로 알려져 있다.

예를 들어, (6)의 예에서, B는 관련성의 격률을 준수하지 않는다. 일견 *Well, the milk man has come*은 질문 *Can you tell me the time?*의 적절한 대답이 아니다. 그러나 우리는 B의 대답을 비록 정확한 시간이 아닐지라도 A에게 적어도 어떤 도움이 되는 암시를 주려고 하는 협력의 시도로 해석함으로써 행해진 말과 그것이 의미하는 것 사이의 간격을 메울 수 있다. 분명히 B는 정확한 시간을 모르지만 우유 배달부가 대개 오는 시간을 A가 알고 있어서 B의 발화를 해석할 것이라는 것을 안다. 이것이 우리가 B의 답으로부터 추론할 수 있는 것이다.

(7)의 예는 관련성의 격률을 위반한 또 다른 예이다. B의 대답 *Huh, lovely weather for March, isn't it?*는 A의 발언 *I do think Mrs. Jenkins is an old windbag, don't you?*와 명백히 아무런 관련성이 없다. 그러나 그것은 젠킨스 부인을 험담하고 아마도 계속 그럴 것 같은 A에 대한 경고를 함축할지도 모른다. B의 관련 없는 발언에 놀란 A는 B의 발화가 *Watch out, her nephew's standing right behind you*와 같이 무엇인가를 의미할 수 있다고 추론할 수 있다.

때때로 둘 이상의 격률들이 동시에 위반된다. 이것이 예 (8)의 경우이다. A의 질문 *Where's Bill?*에 대해 B가 *There's a yellow VW outside Sue's house*라고 대답할 때, 그(녀)는 양의 격률과 관련성의 격률을 둘 다 어긴다. 그러나 그(녀)의 대답은 동시에 협력적이고 노력을 아끼는 것이다. 명백히 B는 *Bill*이 노란색 VW를 소유하고 있다는 것을 A가 알고 있다는 것을 안다. 만일 *Sue*의 집 밖에 있는 노란색 VW가 *Bill*의 것이라면 *Bill*이 *Sue*의 집에 있는 것은 당연하다. 그러나 B는 B

가 명시적으로 말하지 않은 것을 A로 하여금 추론할 수 있게 하는 발화를 함으로써 그런 장황한 대답을 회피한다.

대체로 이 예들은 화자들의 의사소통 의도를 알아내는 것이 우리가 발화를 해석할 때 중요한 역할을 한다는 것을 보여준다. 동시에 인간의 의사소통은 또한 일들이 실세계에서 일어나게 하는 것에 관한 것이다. 해석에서 의미의 이런 양상들은 **화행이론**에서 논의된다.

7.4 화행

행동으로서의 발화

단순한 발화 *It's cold in here*를 생각해보자. 이것은 무슨 의미인가? 어떤 상황에서 누가 누구에게 말할 수 있을까? 얼핏 보아 이것은 특정한 방안의 온도에 관한 진술이다. 그러나 이것이 항상 이 서술문이 발화되는 의사소통의 의도는 아니다. 다른 사람에게 *It's cold in here*라고 말하는 대부분의 사람들은 이 사람이 추위에 대해 무엇인가 하기를 원할 것이다. 이 경우에 *It's cold in here*는 *Could you please close the window?*, *Could you please turn on the heating?* 또는 *Could you please lend me one of your famous handknitted sweater?*를 의미할지도 모른다. 간단히 말해서 그 발화는 화자를 더 안락하게 하기 위하여 어떤 적절한 행동에 대한 공손한 요청으로서 역할을 할 수도 있다. 대화에 참여하는 사람들 사이의 관계에 따라 그것은 또한 명령으로 사용될 수도 있다.

화행과 화행이론

우리가 보았듯이, 행동을 수행하기 위하여 발화가 사용될 수 있다. 요청하기, 위협하기, 감사하기와 같이 **발화를 통**

하여 수행된 행동들은 **화행**에 근거한다. 화행에 대한 체계적인 연구는 **화행이론**에 근거를 둔다. 화행이론은 존 오스틴의 *How to Do Things with Words*(1962)와 존 설의 *Speech Acts: An Essay in the Philosophy of Language*(1969)에서 체계적으로 고안해낸 생각들에 기초를 두고 있다.

발화에 의해 수행되는 모든 행동들은 세 가지 관련된 행동, 즉 **발화행위**, **발화수반행위**, 그리고 **발화효과행위**로 나누어질 수 있다. 발화행위는 주어진 맥락 안에서 의미 있는 것으로 간주될 수 있는, 이해 가능한 언어를 만들어내는 물리적 행동이다. 다음 간접적인 요청문인 *Do you know where I left my textbook?*를 생각해보자.

**발화행위,
발화수반행위,
발화효과행위**

도해 7.5
발화행위

어떤 발화를 함으로써 우리가 무엇인가 하고자하는 것을 **발화수반행위**라 부르며, 이 경우엔 정보를 요청하는 의도를 가지고 있는 것이다.

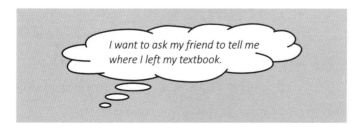

도해 7.6
발화수반행위

발화수반행위가 실제로 수신인(들)에게 끼치는 인지적 · 감정적 효과를 **발화효과행위**(또는 **발화효과**)라 한다.

도해 7.6
발화효과

Why can't she take care of her things herself, for a change? I'm not her nanny!

발화수반효력

도해 7.5-7.7에서 볼 수 있듯이 발화행위와 발화수반행위는 우리가 통제할 수 있는 반면, 발화효과행위는 그렇지 못하다. 이 예들에서 첫 번째 화자가 요청하는 발화수반행위는 발화효과가 부정적일지라도 그녀의 의사소통 의도를 전달하기 위해 알맞은 발화를 해냈기 때문에 성공적이다. 이러한 의사소통 의도를 종종 발화수반효력이라 한다.

화행 유형

사람들이 이러한 행동들을 수행함으로써 무엇인가 할 수 있는 것을 기술하기 위해 일반적으로 언어학자들은 화행의 몇 가지 주요 유형들을 구별한다. 우리는 세상에 관한 진술을 하기 위해 **표본형**(또는 **단정형**)을(*Germany is a country in Europe*); 다른 사람들이 부탁이나 질문에 대한 답과 같은 어떤 행동을 수행하도록 하는 요청이나 명령 같은 **지시형**을(*Please send me an e-mail*); 다른 사람들에게 앞으로의 행동에 대하여 알리기 위한 약속이나 위협과 같은 **언약형**을(*I will write to you*

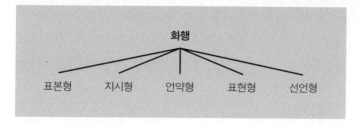

화행

| 표본형 | 지시형 | 언약형 | 표현형 | 선언형 |

every day); 우리의 감정을 나타내기 위한 인사, 감사, 축하와
같은 **표현형**을(*Hi!, Thank you!* 또는 *Happy birthday!*); 그리고 한 쌍
을 결혼시키거나 누군가에게 세례를 해주는 것과 같이 적절
한 형식적인 말을 함으로써 수행되는 행동을 위한 **선언형**을
사용한다.

화행이 성공적이려면 이행되어야 할 몇 가지 전제조건들 **적정조건**
이 있다. 이 전제조건을 **적정조건**이라 한다. 따라서 화행은
적절하거나 부적절할 수 있다. 예를 들어, 적절한 요청을 위
해서 다음과 같은 기준이 이행되어야 한다.

내용조건	미래 행동 (A)가 청자 (H)에 의해 수행되어야 한다.
준비조건	1. H가 A를 할 수 있어야 한다. 2. 화자 (S)는 H가 A를 할 수 있다고 믿어야 한다. 3. H가 대개 자신의 의지로 A를 할 것인지는 S와 H 두 사람에게 명백하지 않다.
성실조건	S는 H가 A를 하기를 원한다.
본질조건	H가 A를 하게끔 하는 하나의 시도로써 중요하다.

명령을 위한 적정조건은 요청의 적정조건과 비슷하다. 게다가 명령은 화자가 청자보다 권위 있는 위치에 있어야 하는 예비조건을 가진다. 이 경우 비-자명성의 준비조건은 관련성이 별로 없다.

선언형은 화자가 실제로 원하는 행동을 수행할 자격이 있고 사용된 형식적 말이 실제로 특정 문화 내에서의 행동을 수행하는 것으로 간주될 때에만 적절하다. 예를 들어 우리가 직업상 그렇게 할 권위를 갖지 않으면 다른 사람들에게 세례를 주거나 주례를 설 수 없다. 게다가 세례를 주거나 결혼에 주례를 서기 위한 적절한 형식적 언어를 말해야 한다. 제니 토마스(1995: 43)는 이혼에 필요한 세 번의 의식절차인 *Talaq* '나는 당신과 이혼합니다'를 말함으로써 아내와 이혼한 영화배우 역을 하는 동안 자신의 의도와 관계없이 자신의 아내와 이혼을 하게 된 파키스탄의 한 이슬람 배우에 관한 신문기사를 인용한다. 그의 실제 부인이 영화에서 아내 역을 했고 그 배우의 말을 거둬들일 수 없다고 종교 권위자들이 주장했기 때문에, 비록 그 말들이 예술 작업 과정에서 행해졌다고 해도 이혼은 유효하게 되었다.

직접화행　　언어학자들은 **직접화행**과 **간접화행**을 구별한다. 직접화행은 상응하는 기본 문형과 관계가 있다(5.2 참조). 예를 들어, **서술문**은 흔히 표현화행(또는 단정화행)을 위해 사용된다. **의문문**은(정보를 위한 요청으로 간주될 수 있기 때문에 지시화행의 특수형으로 종종 해석될 수 있는) 질문을 위해 흔히 사용된다. **명령문**은 지시화행과 연관이 있고, **감탄문**은 표현화행을 위해 사용된다:

	문형	직접화행
(9) *Anna is singing.*	서술문	표현화행(단정화행)
(10) *Is Anna singing?*	의문문	질문(지시화행의 특수형)
(11) *Sing!*	명령문	지시화행
(12) *How beautifully she is singing!*	감탄문	표현화행

간접화행은 이 방식에서 벗어난 화행이다. 예를 들어, 서술문은 위에서 언급되었듯이 *Close the window* 대신 *It's cold here*처럼 명령하는 것을 회피하기 위해, 또는 다음 *Feelgood*에서 가져온 예처럼 어떤 사회적 맥락에서 명령의 효력을 증대시키기 위해 간접화행으로 사용될 수 있다.

Asha	You don't switch off your bleeper. Ever. All right?
Paul	*(cowed)* Okay okay. *(Mutters.)* Sorry. *(Leans down, fumbles with the pager on his belt.)*

우리가 7.1-7.4에서 보았듯이, 화용론은 사회적 맥락에서 의미를 확인하고 만들어 내기 위해 우리가 발화를 어떻게 해석하고 생산하는지를 검토한다. 그러나 지금까지 사용된 대부분의 예들은 언어학자들이나 극작가들에 의해 만들어졌다. 만일 그것 때문에 사람들이 실제로 이렇게 이야기하고 행동하는지 궁금해서 의심을 가진다면 우리는 **대화분석** 방법으로부터 이로움을 얻을 수 있다.

7.5   대화분석

믿을 만한 자료로 연구하기

1960년대 말에 일단의 사회학자들은 믿을 만한 언어자료를 모아서 분석하는 것에 점점 관심을 기울이기 시작하였다. 이렇게 해서 **대화분석**이라는 하나의 새로운 분야가 시작되었다. 대화분석은 대면대화나 전화대화와 같이 일상적인 삶에서 나온 자료나 예컨대 법정의 소송절차나 뉴스 인터뷰와 같은 기관에서 나온 자료들을 중점으로 다룬다. 자료는 대화분석의 창시자들 중 한 사람인 에마뉴엘 쉐글로프의 홈페이지에 있는 글로 옮기기 과정에서 가져온 다음 예처럼 녹음되고 자세히 기록된다:

도해 7.12
자세하게 글로 옮긴
기록

Ava	*I'av **[a lotta t]**ough cou:rses.*
Bee	***[Uh really?]***

자세하게 글로 옮긴 기록은 말더듬, 말 멈춤, 말 가로막음, 동시에 한 말과 같은 특징들을 포함한다. 오늘날 대화분석과 화용론과 같은 언어학의 여러 하위 분야들 사이에 학문상의 많은 교류가 있다.

대화분석에서 하나의 중요한 연구 분야는 대화를 만드는 가장 작은 단위인 **순서**의 분석이다. 연구자들에 따르면 대화는 대개 다소 매끄럽게 연속으로 이어지는 순서로 이루어진다. 예를 들어, 도해 7.11에서 아샤와 폴 사이의 발화와 도해

7.12에서 아바와 비 사이의 발화는 각각 한 번의 순서로 되어 있다. 따라서 상호작용의 참여자들이 말할 때 순서를 바꾸는 방식의 체계적 구성을 **순서 바꾸기**라 한다. 순서는 소위 **순서구성단위**로 이루어진다. 이런 단위는 문장, 절, 명사구와 같은 통사적 단위와 정확히 일치한다. 게다가 화자는 하나의 순서구성단위가 완성되어 다른 화자가 말을 시작할 수 있는지를 보여주는 운율 또는 억양의 수단을 이용할 수 있다. 순서구성단위의 끝을 **전환관련위치**라 부른다. 말할 권리를 **발언권**이라 한다.

대개 대화에서 쌍으로 나타나는 발화를 **인접 쌍**이라 부른다. 첫 번째 모든 부분은 **선호되거나 선호되지 않는** 두 번째 부분과 관련이 있다. 다음 도해는 선호되는 두 번째 부분과 함께 인접 쌍을 이루는 전형적인 예들을 보여 준다:

인접 쌍

인사 – 인사
자기 확인 – 자기 확인
질문 – 대답
요청 – 수락
평가 – 동의

도해 7.13
인접 쌍

선호와 비선호는 대개 특징적인 동사자질과 비-동사자질하고 관련이 있다. 인접 쌍의 두 번째 선호 부분은 대개 즉시, 유창하게, 그리고 간단한 형태로 말해지는 데 반하여, 두 번째 비선호 부분은 종종 휴지 뒤에 나오고 소위 **비선호 표시**가 수반된다:

선호구조

- 침묵, 휴지 또는 *er, em*과 같은 말 더듬기
- *well*이나 *oh*로 시작하는 말
- 종종 *but*이 뒤 따르는 *yes*라고 하는 말
- 의심이나 불확신을 표현하는 것
- 변명, 소문, 책임에 대한 언급
- 이해를 위한 간청, 일반화

예를 들어, 한 동료에게 커피 한 잔 하고 싶은지 물어본다고 상상해보자. 그 요청에 대한 두 번째 선호 부분은 자발적으로 말하는 *Yes, I'd love to*일 것이지만, 두 번째 비선호 부분은 처음에 약간의 침묵이 흐르고 *Well ... er ... I'm awfully sorry but ... you know ... I've got to finish this essay today ...*와 같은 말이 이어서 나올 것이다. 어떤 언어학자들은 힘들인 의사소통 노력의 양과 특정 사회적 맥락에서의 비선호 반응의 상대적 무게 사이에 직접적인 관계가 있다고 생각한다. 이것은 **공손함**에 대한 이론에서 탐구되는데, 범위가 넓은 관계로 입문서인 이 책에서는 다룰 수 없는 주제이다. 공손함에 대한 많은 이론들은 화용론과 **사회언어학**으로부터의 통찰력을 결합한다.

7.6   연습문제

1   다음 문장에서 직시적인 표현과 장치들을 식별하여 어떤 유형의 직시를 나타내는지 말하시오.

a) *I like this shirt better than that one.*

b) *I saw him there.*

c) *I will meet her here.*

d) *I will visit them then.*

2   a) 영국 정치소설에서 발췌한 다음 문장에서 직시적인 표현과 장치들을 식별하시오.

Frank Rist was in the next room. Joseph could even hear that familiar voice, its staccato syllables drawn from deep in the larynx.

(맥스미스 2001: 80)

b) 직시 중심을 식별하시오.

c) 이 발췌문은 두 사람 사이의 관계에 대해서 무엇을 드러내는가? 직시 표현을 염두에 두고 이유를 밝히시오.

3   다음 발화에서 B가 위반한 대화상의 격률은 무엇인가?

a) A: *Are we late for the lesson?*

   B: *The teacher is still in the cafeteria.*

b) A: *I hate linguistics.*

   B: *Oh, you must see the new Harry Potter Film!*

c) A: *Did you bring the video and the DVD?*

   B: *I brought the DVD.*

4   다음 상황을 상상해보자: 한 가족이 저녁을 준비하고 있다. 어머니가 아버지와 딸의 행동을 지시하며 굽는 일을 하고 있을 때, 다음 대화가 이루어진다.

딸: (미니 양배추를 씻으며) 얼마나 많은 사람들이 미니 양배추를 먹을 건가요?

어머니: (굽기에 바쁜) 모든 배추를 씻어라.

딸: (한숨을 지으며) 네.

a) 어머니는 협동원리를 준수하고 있나? 이유를 설명하시오.

b) 어머니는 그라이스의 격률을 위반하고 있는가? 그렇다면 어떤 격률을 위반했나?

5   다음 문장을 발화함으로써 행해진 직접화행을 식별하시오.

a) *Berlin is the capital of Germany.*

b) *I hereby name this ship Mary Anne.*

c) *Pass the salt, please.*

d) *I promise you to be on time.*

e) *What a lovely morning!*

6   이 만화는 토니 블레어가 수상으로 있던 전 노동당 정부가 주도한 영국보건제도에서 대량 해고 시 출간되었다.

도해 7.15
Take up thy bed and ... work!

(인디펜던트 온라인판,
2005년 2월 5일,
⟨http://comment
independent.co.uk⟩)

a) 토니 블레어는 이 만화에서 어떤 문장 유형을 사용하는가?

b) 그는 어떤 화행을 수행하는가?

c) 이 화행에 대해 적정조건이 여기서 만족되고 있는가?

7   *MediaGuardian*에서 발췌한 다음 글에서 어떤 종류의 화행들이 볼드체 표현들에 의해 수행되고 있는가?

Guardian forces government u-tern on freedom of information
The Guardian today won a landmark victory in its campaign for freedom of information after the government **admitted** it had been wrong to impose a blanket gagging order on the parliamentary ombudsman preventing disclosure of information **requested** by the paper. (...) The order, also signed by Douglas Alexander, the minister for the cabinet office, **forbade** the parliamentary ombudsman, Ann Abraham, from releasing information about potential conflicts of ministerial interest. (,,,) "For the last four years the Guardian has been campaigning for freedom of information and arguing that the government was being unnecessarily secretive," **said** the Guardian editor, Alan Rusbridger. "The attempt to gag the ombudsman was disgraceful, and we hope this landmark judgment will encourage the government to be more open in future, and allow the ombudsman to do her lob."
(메디아구아디언, 3월 18일, 2004)

8 다음 대화는 영국 희곡 *Feelgood*에서 발췌한 것이다.

(1) Eddie   *There's more?*

(2) George   *It gets worse.*

(3) Eddie   *I find that hard to imagine, George.*

(4) George   *Well, it ... Right. The thing is ... the hops ... well, I mean, drinking the beer seems to have ... some ... side effects.*

(비튼 2001:47)

a) 이 발췌문에서 직접화행과 간접화행을 식별하시오.

b) 인접 쌍을 식별하시오.

c) 이 발췌문에서 조지의 마지막 말투는 선호적 반응인가 아니면 비선호적 반응인가? 이유를 설명하시오.

INTRODUCTION TO ENGLISH LINGUISTICS

8 사회언어학

사회언어학은 언어와 사회 사이의 관계를 과학적으로 연구한다.
사회언어학 탐구의 주요 관심사는 언어변이 그리고 사회 요인들이
언어사용과 언어구조에 미치는 영향을 조사하는 것이다.
사회언어학은 다양한 연구 관심사와 증가하는 이질성의 특징이 있는
태동한 지 오래되지 않았지만 빠르게 발전하는 학문 분야이다.

이 세상에서 정확하게 똑같이 말하는 사람 둘이 있을 순 없다. **언어공동체**, 즉 서로 의사소통할 수 있는 사람들 중 각 개인들의 언어는 다소 비슷할 수 있다. 화자 각각의 언어사용은 독특한 특성을 보여주고 있으며 **개인어**라고 불린다. 우리가 의사소통할 때 우리는 의식적이건 무의식적이건 **변종**(또는 **변이어**)로 알려진 언어의 다른 형태들을 선택한다. **언어와 사회 사이의 관계에 대한 과학적 연구**로서의 **사회언어학**은 우리가 하는 언어학적 선택에 대한 언어 이외의 요인들이 끼친 영향을 조사한다. 이 선택은 즉시 화자의 사회적 · 지리학적 배경에 대한 정보를 즉각적으로 전달한다. 비슷한 선택을 하는 화자들은 똑같은 **변이어**를 말한다고 한다. 이와 비슷하게 언어학적 선택은 또한 **집단 정체성**을 이루는 주 요소들 중의 하나이다. 청자들은 그들 언어의 기초위에서 화자들의 배경, 예를 들어, 그들의 교육, 사회적 · 경제적 지위, 또는 직업에 대한 결론을 내린다. 따라서 화자들은 그들이 어떤 집단에 속해 있거나 속하고 싶다는 것을 보여주기 위해서 심지어 의도적으로 언어를 사용할 수 있다.

사회언어학은 역사가 불과 반세기 밖에 안 된다. 1950년대 *sociolinguistics*라는 용어를 처음 사용한 이래로 이 분야는 언어학의 핵심 분야로 인정받게 되었다. 그러나 현대적 정의에서 이 학문의 분야는 이미 19세기 인기를 얻었고, 소위 **지리사회언어학**으로 부분적으로 계승된 **방언학**과 같은 언어학의 몇몇 오래된 하위 분야들을 포함한다.

그러나 사회언어학은 언어와 사회 사이의 관계를 연구하는 유일한 학문 분야가 아니다. 많은 언어학자들은 **협의의 사회언어학**(또는 미시 사회언어학)과 **언어의 사회학**(또는 거시 사회언어학) 사이를 구별하여, 다른 관점에서 주제를 바라본다. 사회언어학은 사회적 요인이 언어사용과 언어구조에 미치는 영향에 관심이 있는 반면, 언어의 사회학은 사회의 구조와 조직을 더 잘 이해하는 목표를 가지고 언어를 조사한다. 그러나 사회언어학과 언어의 사회학 사이를, 또는 사회언어학과 몇 개의, 예를 들자면, 심리언어학, 사회심리학, 인종학, 인류학, 인문지리학과 같은 인접 학문 분야 사이를 확연하게 구분하는 경계선은 없다.

따라서 사회언어학은 다양한 연구 관심을 받고 있고, 비교적 연륜이 짧고, 다면적이고, 빠르게 발전하는 학문의 분야이다. 현대 사회언어학자들은 여기서는 자세히 다룰 수 없는 다른 많은 연구 분야들을 포함시킨다. 이것에는 언어변화, 여러 언어의 사용, 언어 표준화 계획, 모든 종류의 언어접촉 상황에 의해 초래되는 광범위한 현상들이 포함된다. 예를 들어, 식민주의 맥락에서 대부분 발달한 접촉언어들인 **피진**과 **크레올**은 최근 수십 년 동안 사회언어학자들에 의해 상당한 관심을 받아왔다.

언어변이   8.2

"*사회언어학자들은 사회언어학적 변이를 기술하고, 가능하다면 왜 그런 일이 일어나는지 설명하는 것을 목표로 한다.*"
(홈즈 2001: 11)

언어변이의 관찰, 기술, 설명이 사회언어학의 주 관심사 중의 하나이다. 이런 변이는 발음, 어휘, 형태론, 통사론, 의미론, 화용론을 포함하는 **모든 층위의 언어학적 분석**에서 다른 언어사용으로 모습을 보인다. 예를 들어, *elevator*를 타고 *second floor*에 간 미국인 화자는 *lift*를 타고 *first floor*에 간 영국인 화자와 대개 똑같은 행동을 하는 것이다. 이 경우 두 화자 사이에 오해를 가져올 수 있는 것은 명백히 어휘변이이다. 동시에 대부분의 미국인들은 *floor*에서 철자에 의해 암시되는 어말 /r/을 조음하여 이 단어를 /flɔːr/라고 발음하는 반면, 대부분의 영국인 화자들은 /flɔː/로 발음할 것이다. 어떤 변이어 화자들 모두가 이 변이어와 관련된 모든 언어적 특징들을 매번 100퍼센트 모든 맥락에서 사용하는 것이 아니라는 것을 명심하는 것이 중요하기 때문에, 우리는 "대부분의 화자들"이라는 말을 쓴다. 이것은 비록 발음 /flɔː/가 영국에서 아주 흔하지만 때때로 또는 항상 어말에 /r/을 발음하는 화자도 있다는 것을 의미한다. 따라서 변이에 대해 이야기할 때 우리는 대개 배타적 차이보다 경향에 관심을 가진다.

변이어 종류　　변이어 사용의 이유가 되는 언어 외적 요인들에 따라서 우리는 **세 가지 주요한 변이어** 종류를 구별한다: **지리적 변이어**(전통적으로 **지역 방언** 또는 단순히 **방언**이라 부름, 8.2.1 참조), 사회적·경제적 지위, 직업, 인종, 성, 나이, 종교와 같은 사회적 요인들에 의해 동기가 부여되는 **사회방언**(또는 **사회적 방언**, 8.2.2 참조), 그리고 특정한 의사소통 상황에 의존하는 **기능적 변이어**가 있다. 게다가 대부분의 사회에서 특별한 지위를 가지고 있어서 변이어의 어느 다른 종류에 속하지 않는 소위 **표준어**라는 또 다른 변이어가 있다.

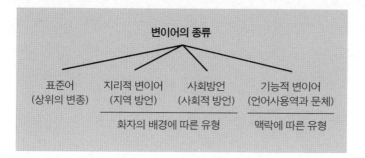

불행히도 **변이어**, **방언**, **말씨**라는 용어들의 언어학적 사용은 이 명칭들의 대중적 사용과 일치하지 않는다. 언어학에서 방언과 말씨는 일상적인 말에서 연관되는 부정적 함의를 가지고 있지 않으며 둘은 분명히 서로 다르다. 방언이라는 용어는 발음, 어휘, 문법에서 '언어의 종류' 사이의 차이를 가리키지만, 말씨는 발음에서의 차이에만 유독 적용된다. 변이어는 특정성을 나타내지 않고 '언어의 종류' 어떠한 것이든지 가리킬 수 있는 중립적인 용어로 대개 사용된다.

상황을 더 복잡하게 하는 것은 그 용어들이 언어학에서 항상 일관적으로 사용되지 않는 것이라는 것이다. 방언은 지리적 변이어를 위해서만 사용되기도 하고 넓은 의미에서 **사회방언**이나 **표준방언**과 같은 표현으로도 사용된다.

우리는 지금까지 방언이 한 언어의 하위구분이라고 생각해왔다. 비-언어학자들에게 **언어**라는 용어는 분명한 개념일지 모르지만, 다시 생각해보면 그것의 언어학적 정의 그리고 그것과 방언과의 차이는 보다 근본적인 문제를 야기한다.

예를 들어, 영국의 방언 상황에 관해서 우리는 흔히 '노픽방언'과 '서픽방언'에 대해 이야기한다. 그러나 연구결과에 따르면, 그 지역의 시골 방언들이 점차 이곳저곳에서 변화하

변이어, **방언**,
그리고 말씨

언어 vs. **방언**

도해 8.2
언어, 변이어, 방언,
말씨

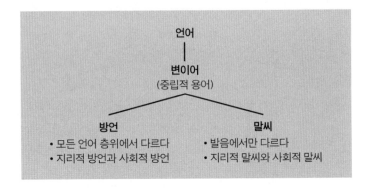

고 있으며 두 지역 사이의 명백한 언어학적 차이가 없다. 따라서 노픅방언과 서픅방언들은 언어학적 사실보다 사회적 사실, 즉 행정 구획선으로서의 군 경계에 기초한다. 순수하게 언어학적 관점에서 볼 때, 우리는 지리적으로 더 먼 거리가 더 큰 언어학적 차이를 의미하는 소위 **방언 연속체**(또는 **방언 사슬**)에 관심이 있다. 노픅 남부의 어떤 방언들은 사실상 그 군의 북쪽에 있는 다른 '노픅방언'들보다 북서픅방언들에 언어학적으로 더 가까울 수 있다.

> *"따라서 '상호 이해가능성'의 기준과 기타 순수 언어학적 기준들은 정치적·문화적 요인들보다 언어와 방언이라는 용어 사용에 있어서 덜 중요하다. [...]"*
> (트러드길 2000: 4)

우리가 언어에 대하여 순수하게 언어학적인 정의를 찾으려고 할 때 똑같은 문제에 직면한다. 서로 의사소통할 수 있는 사람들이 똑같은 언어를 말하므로 **상호 간 말을 알아들수 있는 것이** 정의상 중요한 요인이라고 우리는 대개 생각한다. 그러나 교육을 받은 덴마크어, 노르웨이어, 스웨덴어 화자들이 서로 잘 소통할 수 있음에도 우리는 여전히 그들의 말이 다른 언어라고 생각하는 이유는 무엇인가? 덴마크, 노르웨이, 스웨덴이 자립 국가이기 때문에, 다시 비-언어적 요인들, 여기서는 정치적·역사적·문화적 요인들이 언어적 기준보다 우리가 결정하는 데 더 중요하다.

비-언어적 기준의 중요성에 대한 또 하나의 두드러진 예는 독일인과 네덜란드인 사이의 관계에 있다. 독일-네덜란드 국경을 다라, 국경 양쪽에서 사용되는 방언들이 아주 비슷하여 대부분 서로 이해할 수 있는 지역들이 여럿 있다. 국경에서 독일 쪽에 사는 화자들은 종종 남부 독일, 오스트리아 또는 독일어를 말하는 스위스의 먼 지역에서 다른 독일 방언을 말하는 사람들보다 국경에서 네덜란드 쪽에 인접해서 사는 사람들과 소통하기가 더 쉽다는 것을 안다. 비록 우리의 결정에 대한 어떠한 언어학적 정당화는 없지만 국경 한 쪽의 사람들은 네덜란드어를 말하고 다른 쪽 사람들은 독일어를 말한다고 우리는 여전히 주저 없이 말할 것이다. 이 상황은 벨기에로부터 네덜란드와 독일을 거쳐 오스트리아와 스위스에 이르기까지 플라망어, 네덜란드어, 독일어 방언들을 연결시키는 서게르만어 연속체의 결과이다(도해 2.3: 인구어족 참조).

표준어 개념은 여러 면에서 특별하기 때문에 개별적 고려를 할 만하다. 표준영어는 대개 인쇄, 방송, 행정에서 사용되고, 보통 학교에서 그리고 비원어민 학습자들에게 가르쳐지며 대부분 교육을 받은 영어 화자들에게 늘 사용되는 영어의 변종이다. 이런 기능 때문에 그것은 모든 다른 방언들 보다 위에서 군림하며 따라서 **상위의 변종**이라 불린다.

표준어

표준영어 또한 하나의 방언이고 표준독일어나 기타 표준어처럼 언어학적으로 어떤 다른 방언과 다를 바 없다고 생각하는 것이 중요하다. 따라서 언어학적 의미에서 방언은 표준어로부터의 일탈도 아니고 어떤 면에서 결손이 있는 것도 아니다. 통시적 관점에서, 정확히 말하자면, 표준영어가 존재하기 훨씬 전에 영어의 방언들이 존재했기 때문에(2.1.1 참조), 방언이 표준어로부터의 일탈일 가능성이 절대적으로 없다. 사실상 언어체계로서 어떤 다른 것보다 열등한 언어나 방언은 없다. 표준어의 명망뿐만 아니라 정의, 그리고 사회에서의 그것의 중요한 위상은 사회적 · 기능적 고려에만 의존한다. 똑같은 선상에서 모든 발음의 변이어는 심지어 가장 명망이 있는 것조차 말씨라 일컬어지며 언어학적 관점에서 볼 때 어떤 말씨도 다른 것보다 위에 있다고 할 수 없다.

표준영어와 다른 방언들 사이의 차이점은 표준영어가 문법과 어휘에 의해서만 정의되는 반면 모든 다른 방언들은 발음을 포함한 모든 언어 층위에서 다르다는 것이다. 이런 이유로 표준영어는 영국표준영어나 일반미국영어와 같은 명망 있는 말씨만이 아니라 어떤 말씨로도 말해질 수 있다. 예를 들어 문장 *Linguistics is fun*은 정통적인 문법과 어휘를 사용하고 있고, 그것을 영국표준영어, 일반미국영어, 스코틀랜드어, 노동자 말씨, 또는 프랑스 말씨로 이야기하든 표준영어라고 생각된다.

기능적 변이어

문체와 **언어사용역**은 의사소통 상황의 맥락에 의존하기 때문에 소위 **기능적 변이어**이다. 문체와 언어사용역은 특정 상황에서 언어의 기능 그리고 화자의 배경보다는 수신자, 화제, 위치, 상호작용의 목표와 같은 요인들을 고려하는 특징이 있다. 문체와 언어사용역을 정확하게 정의하는 것은 어렵다. 두 용어는 언어학자들에게도 다르면서 종종 서로 중복되는 많은 방법으로 사용된다. 공통된 차이는 문체가 발화나 텍스트의 격식 수준을 언급하는 반면, 언어사용역은 특정의 의사소통 상황에서 어휘의 선택을 언급한다.

(1) *A not as such inexpensive domicile has recently been purchased by our family.*

(2) *We have just bought a pretty pricey house.*

대부분의 사람들은 위의 두 문장이 어느 정도 똑같다고 인정할 것이다. 두 문장의 차이는 근본적으로 문체의 차이이다: 그것은 격식의 수준에서 차이가 난다. 문장 (1)은 격식체로 쓰였고, 반면에 문장 (2)는 비교적 격식을 차리지 않았다. 대부분의 영어 화자들은 문장 *We have just bought a fairly expensive house*는 문체적으로 문장 (1)과 (2) 사이의 어딘가에 들어간다고 인정할 것이다. 문체는 매우 비격식적인 것에서 매우 격식적인 것까지 이르는 연속체를 따라 다양하게 체계화되어 있다. 무엇보다도 예문에서 *not inexpensive ~ pricey*, *domicile ~ house*, *purchase ~ buy* 쌍들은 영어의 문체가 주로 어휘의 차이로 특징이 묘사된다는 것을 보여준다. 그러나 문체상의 차이는 또한 어떤 통사구조의 빈도에서 모습을 보일 수 있다: 문장 (1)에서 사용된 수동태는 영어의 격식적인 문체에서 더 빈번하다.

문체

다른 한편, 언어사용역은 특별한 어휘들이나 어떤 집단의 사람들이 어떤 상황에서 사용하는 단어들의 특별한 의미로

언어사용역

대개 특징지어진다. 언어사용역은 종종 직업군과 연관이 있다. 예를 들어, 법률가들은 '난해한 법률용어'로 일컬어지는 그들의 언어사용역에서 *felony*, *tort*, *vagrant*와 같은 단어들을 사용한다. 비행사와 항공 애호가들은 *fuselage*라는 단어를 사용하는데 아마도 보통 사람들은 그것을 비행기 몸체라 부를 것이다.

The sternum requires great force to fracture.

의사들 사이의 대화에서 나온 위 예문이 보여주듯이, 의사들과 기타 의료진들은 우리의 가슴 한가운데 길고 평평하고 수직적인 뼈를 대개 *sternum*이라고 부르고 자기들끼리 이야기할 때 *break* 대신 *fracture*를 보통 사용한다. 그러나 그들은 아마도 의학적으로 훈련을 받지 않은 환자들에게 진단을 설명할 때엔 *breastbone*이라는 단어를 사용할 것이다. 기타 언어사용역은, 몇 가지 말하자면, 범죄인, 정치인, 스포츠 해설자와 언론인('신문기사체')과 연관이 있다.

우리는 화자들이 종종 자신들의 언어를 어떤 집단 속의 다른 사람들의 언어와 더 비슷하게 함으로써 그 집단에 속한다는 것을 종종 보여준다고 위에서 말했다(8.1 참조). 따라서 의사소통의 상황에 따라 우리는 우리의 언어, 방언, 말씨, 문체, 그리고 언어사용역을 수신자들의 것에 적응시킨다. 이러한 과정을 **언어적응**이라 부른다. 적응에 대한 이유 중에는 우리를 수신인들과 더 밀접하게 동일시하거나 사회적 수용을 성취하거나 단지 소통의 효율성을 증가시키기 위한 우리의 갈망이 있다. 적응이론은 또한 정반대의 과정, 즉 우리의

적응

230

말을 다른 사람이나 집단과 더 다르게 함으로써 의도적으로
멀리하는 것에 대한 설명을 제공해준다.

언어의 지리적 차이 8.2.1

전통적인 사회언어학적 관점에서 화자들의 배경 때문에 야
기되는 언어변이는 사람들이 지리적으로나 사회적으로 격리
되어 있을 때 발달한다. 한 지역이나 사회적 집단에서 말하
는 언어에서 생겨나는 새로운 단어나 발음과 같은 언어적 개
신은 다른 지역이나 집단으로 반드시 전파되는 것은 아니다.
사회적 · 지리적 **거리**가 더 먼 변이어로 전파되는 속도를 줄
여주고 **장벽**들이 언어적 개신을 완전히 멈추게 할 수 있다.
그래서 이것이 또한 **의사소통 고립**으로 알려져 있다. 결과적
으로 지리적 방언의 경계는 산맥, 바다, 강과 같은 지리적 장
벽들과 흔히 일치한다. 지리적 변이는 또한 **수평적 변이**로
일컬어진다.

이제 사회언어학의 중심 부분이 된 지리적 언어 차이에 **전통적인 방언학**
대한 연구는 **전통적인 방언학** 분야에 뿌리를 두고 있다. 전
통적인 방언학은 19세기 중엽 이래로 인기를 얻어왔으며, 두
드러진 지역 사투리의 음운적 · 어휘적 변이에 초점을 맞춘
다. 자료 수집을 위한 방언학의 연구방법은 대개 면접자들이
한 말의 양상을 필사하여 분석하고 설문지를 사용하는 것이
다. 이제 몇십 년 동안 방언학은 연구의 정확성을 더 살리기
위해 인터뷰를 녹음하여 사용해오고 있다.

이런 종류의 조사는 개별적 언어 특징에 대한 지리적 차
이를 연구한다. 예를 들어, 언어학자들은 영국에서 *but*과 같

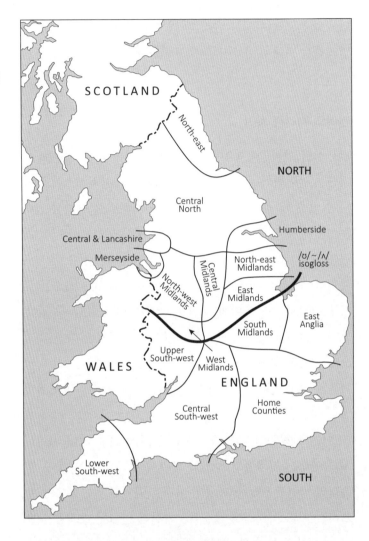

은 단어에 있는 모음의 발음을 연구해왔다. 영국의 북부는 옛날식 발음 /bʊt/로 하는 특징이 있지만, 영국 남부에서는 보다 새로운 발음 /bʌt/이 일반적인 형태이다. 방언학은 **등어선**이라 불리는 선을 이용하여 두 언어 사용지역 사이의 경계를 지도 위에 나타낸다. 영국에서 /ʊ/~/ʌ/ 등어선은 대략

232

서중부와 동·중부 방언 지역의 남쪽으로 이어져 있다(도해 8.3 참조). 다른 특징들을 구분하는 등어선이 대략 똑같은 방식으로 영국 전역에 펼쳐져 있다. 등어선들이 모여서 소위 방언 지도의 기초가 되는 중요한 **방언경계**를 형성한다.

지리적 변이는 발달하는 데 시간이 걸린다. 영어를 말하는 세계에서 방언의 다양성은 영어가 가장 오랫동안 사용된 영국 내에서 가장 크다. 미국은 중간적 위치를 차지하지만 영어가 보다 최근에 도입된 오스트레일리아와 뉴질랜드에서는 비교적 지리적 변이가 거의 없다.

그러나 영국영어, 미국영어, 캐나다영어, 오스트레일리아영어, 뉴질랜드영어와 같은 소위 영어의 **국가 변이어**들 사이에 모든 언어적 층위에서 다소 상당한 차이가 있다(2.2 참조). 이러한 차이점은 특히 국제 매스컴이 출현하기 전에 그리고 항공여행이 보편화되기 전에 개별 국가 변이어의 장기간 의사소통 고립에 주로 기인한다. 우리는 앞에서 미국 화자들이 영국 화자들보다 *car*에서 /r/을 더 발음할 것 같다는 것을 보았다. 영국의 대부분 화자들처럼 대부분의 오스트레일리아 사람들은 이 환경에서 /r/을 발음하지 않을 것이다. 다른 한편 문장 *I have come here today*에 대한 오스트레일리아 발음이 오스트레일리아 이외의 대부분 사람들에게 *I have come here to die*처럼 들린다는 사실에 근거하는 많은 재담과 이야기들이 있다. 어휘에 관해 말하자면, 영어를 학습하는 대부분의 외국인들은 미국의 *subway*는 영국에서 *underground*로 일컬어진다고 배우지만, 영어를 배우는 남아프리카공화국 화자들은 영국과 미국에서 함께 사용되는 *traffic light* 대신 *robot*을 사용한다. 어휘 차이는 심지어 당혹감을 가져올

국가 변이어

수 있다. 미국에서 '바지'를 뜻하지만 영국에서는 '남성용 팬티'를 뜻하는 *pants*의 사용에 대해 생각해보라. 문법 차이는 대개 두드러지지 않지만 또한 분명히 존재한다. 미국영어는 *I just came here*와 같은 문장에서 단순과거시제를 허용하지만 대부분의 영국영어 화자들은 현재완료를 사용하여 *I have just come here*를 선호할 것이다.

현대 방언학

두드러지게 시골 방언에 초점을 맞추었던 전통적인 방언학이 없어지지 않았지만 **현대 방언학** 분야는 지리적 · 사회적 변이어의 양상들과 더불어 도시 방언에 대한 연구에 점차 관심을 둔다(8.2.2 참조). 현대 방언학은 설문지와 면담자의 관찰을 여전히 이용하지만 소위 말뭉치, 즉 말 표본들의 대규모 데이터베이스의 통계적 분석을 또한 이용한다.

8.2.2 언어의 사회적 차이

언어의 지리적 차이와 비슷하게, 사회적 변이는 한 화자가 여러 사회집단 일원으로서의 자격에 달려있고 적어도 어느 정도 **사회적 장벽**과 **사회적 거리**에 기인한다(8.2.1 참조). 사회적 · 경제적 지위, 인종, 성, 연령이 언어학적 장벽으로 여겨질 수 있는 몇 가지 사회적 요인들이며 언어적 개신이 전파되는 것을 막을 수 있다. 보다 빈번히 어린 화자와 나이든 화자 또는 상류층과 하류층 화자와 같은 집단 사이의 사회적 거리가 지리적 거리처럼 한 집단에서 다른 집단으로 언어적 개신의 전파를 늦춰준다. 화자들이 대개 지리적 배경으로 주로 하나만 가지고 있는 데 반해, 사회적 변이는 다양한 사회집단에 속하기 때문에 매우 복잡한 현상이다. 예를 들어, 한 화자는 동시에 상류층, 흑인, 여성, 노인일 수 있다. 언어 **태도**는 사회변이의 발달을 가져올 수 있는 또 다른 중요한 요인이다. 언어의 사회적 차이는 또한 **수직적 차이**라고 한다.

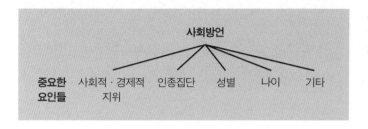

사회언어학에서 가장 먼저 눈에 띄도록 발견한 것 중 하나는 사회적 변이와 지리적 변이 사이의 관계에서 관찰할 수 있는 하나의 패턴이다. 연구에 따르면 어느 화자의 **사회적·경제적 지위**(또는 **사회계급**)가 그/그녀의 지역방언 형태의 사용에 영향을 미친다. 사회적·경제적 지위는 화자의 교육, 직업, 소득수준, 그리고 비슷한 특징들과 연관이 있다. 이 연구들에 따르면 최고의 사회적·경제적 지위를 가진 영국 화자들은 지역에 따라 차이를 보이며 비교적 지리적 변이를 거의 허용하지 않는 표준영국영어라 불리는 방언을 대개 말한다(8.2 참조). 반대로 지역적 변이는 비-표준어 특징을 아주 다양하게 사용하는 최하위의 사회계층 화자들에게 아주 널리 퍼져있다. 도해 8.5는 다른 사회적·경제적 배경을 가진 화자들의 언어에서 다른 범위의 지역적 변이를 예시한다.

사회적·경제적 지위

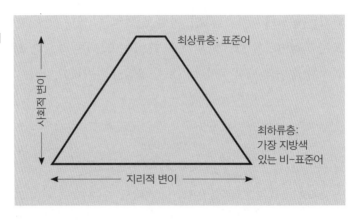

도해 8.5
사회적 · 지리적 변이어
(트러드길 2000: 30)

사회적 변이 (세로축)

지리적 변이 (가로축)

최상류층: 표준어

최하류층:
가장 지방색
있는 비-표준어

윌리엄 라보프

　　언어와 사회적 · 경제적 지위 사이의 관련성에 대한 분석은 1960년대 초 언어변이의 양적 연구를 개척했으며 많은 사람들이 현대 사회언어학의 창시자로 생각하는 미국의 언어학자 윌리엄 라보프와 불가분 관련이 있다. 라보프는 개별적 언어 특징들의 사회적 변이에 관한 많은 연구를 진행했다. 예를 들어, 한 연구에 따르면 뉴욕 시에서 모음 직전이 아닌 /r/의 실현이 조사되었다. 즉 다른 사회적 · 경제적 배경의 화자들이 자음이나 무성 앞에서 *cart*와 *car*와 같은 단어의 철자에 의해 암시된 *r*을 빈번하게 발음하는 것을 조사하였다. 이 예에서 *r*-음화음은 라보프가 **언어변이**로 언급한 것인데, 그는 이 변이의 가능한 실현들을 [ɹ]과 Ø, 즉 **언어변이음**으로 부른다.

예시: 첫 번째 연구

　　미국 동북부에서 대부분의 영어 말투처럼 뉴욕 말씨는 전통적으로 *r*-음화음이 아니지만 일반미국영어로 알려진 위신 있는 발음은 일반적으로 *r*-음화음이다(3.1.3 참조). 아마도 일반미국영어의 위신 때문에 뉴욕 말씨는 특히 2차 세계 대전 이래로 꽤 얼마동안 점차 *r*-음화음이 되었다. 라보프는 모음 직전이 아닌 /r/의 사용이 사회적·경제적 지위와 관련 있을 것이라는 그의 가설을 실험했다. 그는 뉴욕 시의 저급, 중급, 고급 백화점에 근무하는 많은 점원들에게 언어변이인 모음 직전이 아닌 /r/이 두 번 출현하는 *fourth **floor***라고 답하게 하는 *Excuse me, where **are** the women's shoes?*와 같은 질문을 했다. 저급 백화점에 근무하는 점원들의 83퍼센트, 중급 백화점의 49퍼센트, 그리고 고급 백화점에선 38퍼센트만이 위신이 적은 *r*이 없는 변이음을 사용한다. 라보프는 상점의 지위가 낮으면 낮을수록 상점 점원들이 위신이 적은 변이음을 더 사용할 것 같다는 것을 보여주었다.

　라보프의 초기 연구의 재미있는 결과만큼 적어도 똑같이 중요한 것은 라보프 자신이 개발하여 다른 분야의 언어학에 도입해서 그가 왜 다른 사회언어학자들로부터 '방법론의 귀재'라고 기술되는지를 보여주는 혁신적인 표본 방법들이다. 예를 들어, 뉴욕의 상점 점원들은 언어학자와 면접을 보고 있다는 것을 몰랐다. 이것은 그가 **관찰자의 역설**이라고 말한 것, 즉 사람들은 자신들이 체계적으로 관찰을 받고 있다는 것을 알 때 달리 행동한다는 사실을 극복하기 위하여 라보프가 이용했던 바로 그 기술 중의 하나이다. 라보프는 면접 상황임에도 불구하고 정보 제공자들로부터 자연스러운 말을 끄집어낼 수 있는 다양한 방법들을 개발하였다. 예를 들어, 그는 면접 대상자들 자신들이 처해 있었던 생명을 위협하는 상황에 대해 이야기할 것을 질문 받을 때 그 상황의 부자연스러움을 망각하는 경향이 있다는 것을 보여주었다. 게다가 대부분의 초기 연구들이 관련된 언어학자의 친구나 개인 접촉을 통해서 이루어진 반면, 라보프는 언어학에 임의 표본과 같은 사회학적 방법을 도입한 첫 번째 학자들에 속한다. 임의 표본은 한 언어 집단의 모든 사람들이 면접을 받을 수는 없지만 각각의 사람들이 면접을 위해 선정될 수 있는 동일한 기회를 가진다는 것을 보장한다. 이런 식으로 연구들은 조사된 언어집단을 진정으로 대표한다고 주장할 수 있다.

> *"하나의 인종집단은 언어나 국적 또는 문화라는 공통적 유대감으로 보다 큰 사회 속에서 결속된 사람들의 사회집단이나 범주이다."*
> (브리태니카 사전)

인종집단의 일원

우리가 의사소통을 할 때 종종 말하는 방식에 의해 의식적이건 무의식적이건 우리의 **인종 정체성**을 보여준다. 다른 한편 청자들은 특히 대화에 참여하는 사람들 사이에 어떠한 시각적 접촉이 없을 때 화자가 말하는 언어로부터 화자의 인종 배경에 대하여 결론을 낸다. 따라서 우리의 언어적 선택은 하나의 중요한 인종집단의 표지이다.

미국흑인영어

가장 많이 연구된 인종 변이어 중 하나는 미국의 흑인들을 식별하는 데 중요한 특징을 가진 소위 **미국흑인영어**이다. 미국흑인영어는 특히 미국 북부도시에서 사용되며 표준미국영어에서는 나타나지 않거나 어쩌다 나타나는 많은 언어적 특징들을 가지고 있다.

미국흑인영어의 문법적 특성은 *I ain't owe you nothing*처럼 다중부정을 빈번히 사용하며, *she say* 혹은 *he kiss*처럼 3인칭·단수현재·직설법 어미 *-s*를 생략한다. 미국흑인영어의 또 다른 문법적 특징은 표준미국영어의 화자들이 종종 축약형을 사용하는 언어적 맥락에서 연결동사 *be*를 생략하는 것이다: 표준미국영어 *she's happy*는 미국흑인영어 *she happy*에 상응한다. 습관적 양상을 나타내기 위해서, 즉 하나의 사건이 되풀이되지만 계속적이지 않을 때, 미국흑인영어는 굴절이 되지 않은 소위 불변화사 *be*를 사용한다. 연결동사 *be*의 생략과 더불어 이것은 *she tired* 'she is tired (now)'와 *she be tired* 'she is (always) tired' 사이의 대조를 가져오는데, 표준미국영어에서는 어휘 수단, 즉 *now*와 *always*의 첨가를 통해서만 확인될 수 있다.

미국흑인영어의 음운적 특성은 *cool* /kuː/ 또는 *help* /hɛp/처럼 어말이나 자음 앞에서 /l/이 빈번하게 생략되어 *toll*과 *toe*와 같은 동음이의어 쌍을 만들어낸다. 미국흑인영어는 *r*-음화음이 아니어서 모음 앞을 제외한 모든 위치에서 규칙적으로 /r/을 생략한다. 또 다른 음운적 특성은 소위 자음군의 단순화이다. 특히 어말에서 두 자음 중 하나가 치경음일 때 마지막 자음이 빈번하게 생략된다(앞표지 안쪽 면에 있는 국제음성기호 도표 참조). 이 과정은 *meant*와 *mend*가 똑같이 *men* /mɛn/으로 자주 발음되듯이 동음이의어를 만들어낼 수 있다.

그러나 미국흑인영어에 대해서 말할 때, 모든 흑인들이 흑인영어를 말하는 것이 아닐 뿐만 아니라 경제적·사회적 지위가 낮은 화자들의 언어에서 표준어가 아닌 흑인영어의 특징을 더 쉽게 볼 수 있다는 것을 명심하는 것이 중요하다. 사실상 실험에 따르면 화자들이 긴밀히 접촉하는 사람들의 언어적 특성을 항상 받아들이기 때문에 표준미국영어를 말하는 가정에서 길러진 미국 흑인 아이들은 물론 표준영어를 말하는 반면, 흑인영어를 말하는 환경에서 자란 백인 아이들은 흑인영어를 말한다. 이것은 언어적 차이가 완전히 학습된 행위의 결과라는 것을 보여준다.

언어와 성별 문제에 관한 연구는 현재 연구의 가장 역동적인 분야들 중 하나이고 두 가지 주요 조사 분야를 만들어냈다. 한편으로, 언어학자들은 남성과 여성의 의사소통 방법, 즉 소위 **성별 변이어**(또는 **성별 언어**)에 대한 언어적 특징을 오랫동안 연구해왔다. 다른 한편으로, 여성 언어학자들은 **언어학적 성**, 즉 여성의 언어학적 차별과 언어사용의 비차별 형태의 제안에 주로 관심을 가진다. 언어와 성별 연구에서 대부분의 학자들은 성별을 사회에서 여성과 남성의 역할과 관계가 있고 성의 생물학적 개념과 구별되는 **사회범주**로 간주하지만 물론 둘은 어느 정도 혼합되어 있다. 사회범주로서 성별은 개인들을 가리키고 언어학적 개념으로서의 문법적 성과 다르다(2.1.1 참조).

성별-특수적인 언어사용

여성과 남성이 정확히 똑같은 방법으로 말하는 사회가 없다는 것을 우리는 알고 있다. **성별-특수적인 언어사용**이 사회의 기본 구조를 반영한다는 것이 그동안 제안되었다. 서양이 아닌 몇몇 사회에서 여성과 남성이 완전히 다른 언어를 사용하거나 하나의 성별이 다른 성별이 사용하는 특수한 언어적 형태를 일반적으로 사용하지 않는다는 주장이 있었다. 그러난 이런 주장을 입증할 예들은 없다. 그와 같은 차이를 **성별-배타적 언어차이**라 부른다. 서양의 모든 사회를 포함한 대부분의 사회에서 여성과 남성의 역할은 어느 정도 중첩되므로 말 형태 또한 중첩된다. 따라서 여성과 남성은 완전히 다른 언어 형태를 사용하지 않지만, 오히려 다를 수 있는 것은 어떤 언어적 특징의 사용 빈도이다. 이러한 빈도와 비율의 차이를 **성별-선택적 언어특징**이라 부른다. 우리는 이제 그러한 예 한 가지에 초점을 맞추겠다.

영어에서 **성별-선택적 언어특징**을 조사하는 많은 연구들에 따르면 똑같은 사회계층의 여성과 남성이 사용하는 표준적 특징의 빈도에 관하여 분명한 차이가 있다. 예를 들어, *swimming*과 *walking*과 같은 단어 말에 있는 가변적인 *-ng*의 발음에 대한 연구가 영어권의 여러 도시에서 이루어졌다. 도해 8.6은 노리치에서 조사된 다섯 개의 사회계층 각각에서 남성들이 여성들보다 표준적 이형 [-ŋ] 대신에 비표준적 이형인 [-n]을 더 자주 사용하는 것을 보여준다:

성별-선택적 언어

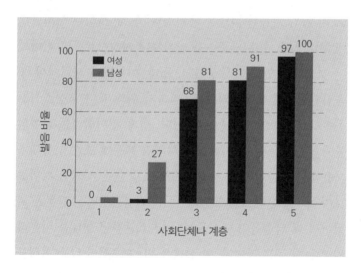

도해 8.6
노리치에서 성과
사회계층에 따른
[-n]의 발음(홈즈
2008: 161)

노리치의 결과는 다른 장소에서 실행된 연구들에 의해 확인되었다. 조사된 모든 도시의 언어자료에서 여성들이 똑같은 사회적·경제적 지위의 남성들보다 표준발음 [-ŋ]을 더 많이 사용하고 비-표준발음 [-n]을 덜 사용하는 것으로 드러났다. 여성들이 남성들보다 더 표준형태를 사용한다는 양상은 모든 언어 층위에서 다른 변항, 예컨대, 디트로이트에서 흑인 여성과 남성 화자들의 언어에서 다중부정의 빈번한 사용에도 적용된다. 사실상 성별과 표준형태의 사용 사이의 관계는 대부분 서양의 언어공동체에게 일반화될 수 있다. 사회언어학자 피터 트러드길은 이런 양상을 "지난 30년 동안 전 세계의 사회언어학적 연구로부터 나온 유일하면서 가장 일관된 발견"으로 기술한다.

우리는 그 양상이 지금까지 조사된 언어에서 분명하고 널리 퍼져있다는 것을 보았지만 왜 여성이 남성보다 더 표준적인 형태를 사용하는지 정확히 모른다. 언어학자들은 적어도 네 가지 가능한 설명을 제안한다: 첫째, 사회는 사회규범에 보다 높은 수준의 준수를 남성보다 여성으로부터 기대하는 것처럼 보인다는 주장이다. 둘째, 여성들이 사회에서 종속집단이어서 남성들의 화를 피하기 위해 보다 조심스럽고 공손하게 말해야 한다는 주장이다. 셋째, 언어학자들은 여성들이 남성들보다 더 지위를 의식하기 때문에 표준적 형태를 사용해서 그들이 말하는 방식으로 보다 높은 사회적 지위를 보여주려고 한다고 주장한다. 네 번째 접근방법은 질문을 뒤집어서 왜 남성들이 여성들보다 더 표준적인 형태를 사용하지 않는지 묻는 것이다. 이 설명은 비-표준적인 많은 형태들이 많은 남성들에 의해서 긍정적으로 간주되는 남성성과 거칠음의 함축의미를 지니고 있다는 사실에 놓인 것처럼 보인다. 여성들이 정확성의 모형이면서 라보프가 **공공연한 위세**라 부르는 명백한 위세를 가지고 있는 표준적 형태를 더 자주 선택하는 반면, 남성들이 비-표준적이고 방언적인 형태를 자주 사용하는 것은 아마도 이러한 남성의 함축의미 때문이다. 방언적인 형태들은 라보프가 **은밀한 위세**라 부른 '감춰진' 다른 종류의 위세를 지녔다고 한다. 따라서 언어 선택은 사회 · 경제적 지위와 인종집단의 일원임을 나타내는 데 중요한 만큼 자신의 성별 정체성을 보여주는 데 똑같이 중요하다고 한다(8.2.2 참조).

언어적 성

*Doctors and their wives*와 같은 문장들은 초대장에서 자주 목격되곤 한다. 이것은 사회에서 남성과 여성의 불평등성과 비대칭적 역할이 여성과 남성의 의사소통 방식뿐만 아니라 언어구조와 언어사용에서 여성과 남성이 표현되는 방식에 영향을 준다는 것을 보여준다. 언어에서 여성과 남성의 비대칭적 표현에 의한 언어 차이를 **언어적 성, 언어 속의 성, 또는 성별에 편견을 가진 언어사용**으로 부른다. 성차별주의 언어사용에 의해 배제되거나 하찮은 존재로 받아들여지거나 모욕을 받는 사람들은 대개 여성들이다.

언어사용에서 성차별주의 관행을 자각하고 기록함으로써 1970년대 이래로 활발한 논의와 더불어 다양한 언어에서 **비-성차별적 사용**을 위한 많은 지침의 발달이 이루어졌다. **성별에 공평한, 비-성차별적인, 성별-중립의, 성별을 고려한 언어**를 포함한 똑같거나 비슷한 개념을 가리키는 다른 많은 용어들이 있다. 우리는 이제 여성의 언어적 차별의 가장 중요한 기제들인 **여성의 비가시성, 고정관념,** 그리고 **비대칭적 성별표시**를 살펴보고 성차별주의 언어를 제거하기 위한 제안들을 간단히 논의하겠다.

영어는 어느 정도 여성이 언어에서 자주 사용되지 않는

여성의 비가시성

다는 이유로 가부장적(=남성우월적)이며 성차별주의 언어로 비난을 받아왔다. 개인을 가리키는 소위 인칭명사(또는 사람명사)와 대명사들이 논란의 중심적 역할을 한다. 전통적으로 여성과 남성을 총칭하는 의미로 *chairman*과 *mankind*처럼 남성에 치우친 명사들이 사용되었다. 이와 비슷하게, 전통적인 규범은 *If a student works hard, he will be successful*에서처럼 지시물의 성별이 특정화되지 않거나 중요하지 않는 맥락에서 소위 '총칭적 *he*'의 사용을 요구한다. 두 경우에서, 여성들은 주장된 바대로 포함되지만 가시적이지 않다. 이와 같이 남성에 치우친 명사와 대명사의 사용을 **남성중심적**(=남성우월적)이라 부르고 전통적인 *MAN*('표준으로서의 남성') 원리를 따른다. 심리언어학적 연구에 따르면 *he*와 *man*은 그것들이 총칭적으로 사용될 때조차 남성의 이미지와 관련이 있다. 그 결과 *man*이 완전히 총칭적 의미로 사용될 수 없게 되고, 단수의미로서의 *they*의 최근 사용을 제외하면 영어에 진정으로 성별 중립의 3인칭 단수 대명사가 없다. 이런 이유로 남성중심의 '총칭'이 또한 **유사 총칭** 또는 **가짜 총칭**으로 불린다. 똑같은 이유로, 텍스트에서 사용된 모든 남성의 대명사들이 여성도 포함된다고 설명하는 각주를 붙이는 것은 정말로 적합하지 않은 것으로 입증되었다.

고정관념과 비대칭적 성별표시

　어떤 인칭대명사들의 의미는 소위 **어휘적 성**의 개념을 포함한다. 예를 들어, *mother*와 *father* 같은 인칭명사들은 각각 [+여성]과 [+남성]의 어휘적 특성을 가지고 있기 때문에 성별-특수적이다. 그러나 *student*와 *passenger*와 같은 대부분의 영어 인칭명사들은 성별-중립적으로 여겨진다. 여성이 대개 *Studentin* '여학생'에서처럼 생산적인 어미 *-in*으로 표시되는 독일어와 반대로, 대부분의 영어의 인칭명사는 *princess*나 *widower*와 같은 것들을 제외하면 어휘적 성별을 위한 공식적인 표시가 없다. 따라서 영어에서 성별은 인칭명사와 함께 사용되는 대명사에서 주로 모습을 보인다.

만일 관련된 대명사의 선택이 문법적 성이나 어휘적 성에 의해 설명될 수 없다면 그 명사는 소위 **사회적 성**(또는 은밀한 성)을 갖는다. 사회적 성은 사회에서 여성과 남성의 '적절한' 역할에 대한 고정관념적인 가정에 의존한다. 이것이 *nurse*나 *typist*와 같은 인칭명사들이 흔히 *she*로 대명사화되는 반면, *pilot*, *doctor*, *scientist*와 같은 많은 고급스런 직업 용어들이 그 사람의 성이 알려져 있지 않거나 관계가 없는 상황에서 종종 *he*로 대명사화되는 이유이다.

언어학적 **고정관념**과 **비대칭적 성별표시**는 알려진 바대로 사회에서 여성과 남성의 고정관념적 역할의 결과이다. 처음의 예문 *Doctors and their wives*는 성별 편향적이고 비대칭적인 사회구조에 기초한 소위 고정관념을 보여준다. 이와 비슷하게, 점차 사용이 줄어드는 어휘들인 *woman doctor, lady scientist, male nurse*처럼 비대칭적 성별표시는 어휘적으로 성별-중립적인 명사와 그 명사의 지시물이 고정관념에 의해 가정된 성별을 가지고 있지 않을 때 성별-특수적인 요소를 결합하는 것을 가리킨다. 형태론적으로 대칭적인 어휘들조차도 종종 여성이 더 적은 범주를 나타내면서 의미적으로 매우 비대칭적일 수 있다. 이러한 과정을 **의미퇴화현상**이라 부르며, *governor* '주나 지역의 공식적 우두머리'와 *governess* '한 가정과 함께 생활하며 아이들을 돌보고 가르치는 여인'의 쌍에서 만나볼 수 있다. 의미퇴화현상은 원래 긍정적이거나 중립적으로 연상되는 여성에 대한 많은 어휘들에 적용되어 퇴화과정을 겪는다. 예를 들어, *mistress*는 단지 *master*에 상응하는 여성이었지만 이제는 다른 여성과 결혼한 남성과 성적 관계를 맺는 여성을 가리킨다.

또 다른 비대칭은 남성과 여성에 대한 호칭에서 모습을 보인다. 영어와 독일어에서 여성들은 전통적으로 남성과의 결혼 관계에 의해서 식별된다. 독일에서 미혼인 성인여성에 대한 호칭으로서 *Fräulein* 'Miss'가 소멸하면서 진정으로 대칭적인 호칭의 쌍(*Frau/Herr*)이 만들어졌다. 영어에서 중립적인 새로운 어휘 *Ms* [mɪz]를 도입하는 전략은 그다지 성공적이지 못했다. *Ms*가 증가일로에 있기는 하지만 *Mrs*와 *Miss*를 완전히 대치하지는 못했고 '별거/이혼'이나 '동거'와 같은 의도하지 않은 많은 의미들을 전달한다.

비-성차별적
언어개혁

특히 1970년대 이래로 여성 언어학자들은 성차별적 언어를 회피하기 위한 방법에 대하여 많은 제안을 해왔다. **비-성차별적 언어개혁**에 대한 **두 가지 주요 전략**이 제안되었다:

한 가지 접근법은 **성별-중립화**, 즉 총칭적 맥락에서 성별-특수적인 형태의 제거에 의해 언어적 평등성이 성취될 수 있다고 주장한다. *Everybody should wash their hands now*에서처럼 총칭적 *he*를 단수의 *they*로 대치하는 것이 아마도 영어에서 가장 자주 사용되는 성별-중립화의 형태이다. 흥미롭게도, 이 사용법은 18세기 문법학자들이 남성대명사의 총칭적 사용을 요구하는 규칙을 만들기 전에 영어의 대부분의 역사를 통해서 널리 퍼져 있었다. 총칭적으로 사용된 *man* 또한 성별-중립적으로 바꿔질 수 있는데, 예컨대 *chairman* 대신 *chairperson* 또는 그냥 *chair*를, 그리고 *mankind* 대신 *humankind*를 사용함으로써 가능하다. *Flight attendant, firefighter, police officer*의 도입과 같이 성별-중립적인 직업 명칭에 관해 이와 비슷한 제안들이 있었다.

두 번째 접근법은 소위 **성별-특수화**(또는 **여성화**), 즉 명시적 명명 또는 양 성별의 포함을 통해 여성이 가시적이 되게 함으로써 언어적 평등성을 성취할 것을 제안한다. 예를 들어, 전통적인 총칭 *he* 대신 *she or he* 또는 *he or she*와 같은 구조에서 양 성별을 명시적으로 언급하는 것이 이제는 흔하게 되었다. 글에서 흔히 마주하게 되는 철자 *s/he*에 의해 똑같은 효과가 이루어질 수 있다. 여성화는 또한 우리가 지시물의 성별을 모르는 맥락에서 *chairwoman or chairman*처럼 소위 **'성별분리'**를 이용해서 총칭적 *-man*을 회피하기 위해 적용될 수 있다. 분리는 이제 또한 *Dear Madam or Sir*처럼 편지의 수신인에 대해 모를 때 자주 보는 전략이다.

이러한 예들은 두 전략이 오늘날 널리 퍼져 사용되고 있다는 것을 보여준다. 성별-중립화 또는 성별-특수화에 대한 선호는 어느 정도 이념과 기타 비언어적 매개변인의 문제이기도 하고 해당 언어의 구조적 특성에 기인하기도 한다. 언어적 관점에서 볼 때, 여성화 전략은 성이 대명사의 사용에서 주로 모습을 보이는 영어와 같은 자연적 성을 나타내는 언어에서 보다 문법적인 성을 가지고 있어서 형태론적으로 성을 규칙적으로 표시하는 독일어와 같은 언어에서 더 효과적이다. 독일어는 *jede Studentin und jeder Student* '모든 남녀 학생'과 같은 구에서 성별분리에 의해 양 성별을 명시적으로 언급하기 위해 사용될 수 있는 생산적인 여성접사 *-in*을 가지고 있다. 글에서 독일어 화자들은 *student*의 총칭적 개념을 *der/die Student/in* '학생'이나 *die Studentinnen* '학생들'처럼 철자로 가리킬 수 있다. 비록 *Studentinnen* '여학생들' 대신에 복수로 *Studierende* '학생들', 또는 '남학생들'이나 전통적으로 '남녀 학생들'을 뜻하는 중의적인 단어 *Studenten*을 사용하듯이 중립화의 예가 몇 가지 있기는 하지만 여성화를 많은 독일의 여성 언어 활동가들이 선호한다. 다른 한편, 영어에서 성별을 전혀 표시하지 않는 *chairperson*이나 *salesperson* 같은 단어를 만들어냄으로써 성별차이를 중성화하는 것이 더 유행하고 있다. 다음 도표는 영어에서 비-성차별적 사용에 대한 가장 중요한 지침들을 개관한다:

도해 8.7 영어에서 비-성차별적 사용에 대한 정선된 지침

지침	전통적인 사용법	비-성차별적 대안
▶ 유사 총칭어 *he/his/him*의 사용을 피하라.	▶ *Everyone should wash his hands now.*	▶ 단수 *they*를 사용하라: *Everyone should wash their hands now.*
	▶ *If a student works hard, he will be successful.*	▶ *she or he* 또는 *he or she* 사용: *If a student works hard, she or he will be successful.* ▶ 단수 *they* 사용: *If a student works hard, they will be successful.* ▶ (글에서만) 서기소 장치 사용: *... s/he will be successful.* ▶ 복수 사용: *Students who work hard will be successful.*
▶ 유사 총칭어 *man*의 사용을 피하라.	▶ *mankind or man (The history of man*에서처럼)	▶ 대신 *humankind*를 사용하라.
	▶ *chairman or policeman*	▶ 성별 중립적인 형태 사용: *chair, chairperson* 또는 *police officer*
	▶ *the best man for the task*	▶ 대신 *person* 사용: *the best person for the task*

	▶ man the ticket booth	▶ 성별 중립적 대안 사용: *staff the ticket booth*
▶ 틀에 박힌 비대칭적 성 표시의 사용을 피하라.	▶ *doctors and their wives*	▶ 성별 중립적 대안 사용: *doctors and their spouses*
	▶ *woman scientist* ▶ *lady scientist*	▶ 성별 특수적인 요소를 첨가하지 말고 대신 *scientist*로 사용하라.
	▶ *The reading list includes Joyce, Jane Austen, Virginia Woolf and Faulkner*	▶ 언급된 사람들의 이름을 모두 부르거나 모두 부르지 말라: *The reading list includes Joyce, Austen, Woolf and Faulkner* (또는 *James Joyce, Jane Austen, Virginia Woolf and William Faulkner*)
	▶ *forefathers*	▶ 대신 *ancestors*를 사용하라.
▶ 결혼 여부를 표시하는 호칭의 사용을 피하라.	▶ *Miss* (unmarried) *Mrs* (married)	▶ 두 용어 대신 *Ms/mɪz/*를 사용하라.
	▶ *Mr and Mrs James Smith*	▶ 이름을 사용하든지 무표적인 칭호를 사용하라: *Emma and James Smith* 또는 *Mr and Ms Smith*
▶ 작게 보이거나 의미를 악화시키는 형태의 사용을 피하라.	▶ *authoress, poetess, stewardess* (비행기 승무원)	▶ *-ess* 사용을 피하고, 대신 *author, poet, flight attendant*로 사용하라.

요약하자면, 우리는 오늘날 적어도 공식적으로 성별 평등성이 사회적 발달의 주요 목표 중의 하나라고 말할 수 있다. 많은 정부, 세계기구, 그리고 개인 단체들이 공공 언어와 문서에서 비-성차별적 언어사용에 대한 지침을 **성 주류화** 정책의 일환으로 받아들이고 있다. 성 주류화의 목표는 모든 의사결정 과정에서의 성 평등성뿐만 아니라 남성과 여성의

명시적 고려이다. 언어적 관점에서 볼 때, 성 주류화는 비-성차별적 언어계획의 문제이다. 이런 계획의 첫 번째 결과와 비-성차별적 언어의 사회전파는 현재 연구·평가 중에 있다.

8.4	연습문제

1   1945년에 언어학자 막스 바인라이히는 언어와 방언의 차이를 다음과 같이 제안하였다: "언어는 육군과 해군의 방언이다." 만일 우리가 육군을 가진 것이 언어가 아니라 그 언어에 상응하는 나라라는 사실을 무시한다면, 이 정의는 대부분 상호 이해할 수 있는 세 개의 다른 언어에 우리가 관심을 가지고 있는 스칸디나비아(덴마크, 스웨덴, 노르웨이)의 언어적 상황에 잘 들어맞는다. 이 정의를 영국영어, 미국영어, 호주영어의 상황과 어떻게 관련지을 수 있는가?

2   다음 문장에서 우리가 어떤 종류의 변이어에 관심을 가지고 있는지 이유를 설명하시오.

Henry scored twice in the first half and once in the second half when he raced on to a pass from Reyes in the 68th minute.

3   문장 a)는 다소 격식적인 문체로, b)는 비격식적인 문체로 되어 있다.

   a) 이 문장을 덜 격식적인 문체로 다시 쓰고, 왜 그렇게 바꿨는지 설명하시오.

   Mother was somewhat fatigued after her lengthy journey.

   b) 이 문장을 보다 격식적인 문체로 다시 쓰고, 왜 그렇게 바꿨는지 설명하시오.

   I gotta head home and hit the hay. I'm pretty beat.

4 다음 발췌문을 성-중립적으로 만들기 위해 무엇을 변화시켜야 하나?

a) *We had these truths to be self-evident, that all men are created equal, that they are endowed by their Creator with certain unalienable Rights, that among these are Life, liberty and the pursuit of Happiness.* (독립선언서에서 발췌)

b) *The English have no respect for their language, [...]. They spell it so abominably that no man can teach himself what it sounds like. [...] German and Spanish are accessible to foreigners: English is not accessible even to Englishmen.* (3.1.3 참조)

c) *And the maker of a verse*
Cannot rhyme his horse with worse? (3.1.3 참조)

d) *Miss Power has been named "fireman of the month".*

e) *The poetess Joanna Verse read from her new book on the radio last night.*

5 닐 암스트롱이 1969년 첫 번째로 달에 발을 디딘 후 달착륙선에서 나오면서, 작은 말실수를 포함한 다음 문장을 말했다.

That's one small step for man, one giant leap for mankind.

a) 무엇이 이 발화의 비-성차별적 표현이며, 엄밀히 말해서, 암스트롱의 말이 왜 이치에 닿지 않는가?

b) 아마 그가 무엇이라고 말하고 싶었는지 경험에서 우러난 추측을 해보고, 그가 의도한 문장의 비-성차별적 표현을 해보시오.

INTRODUCTION TO ENGLISH LINGUISTICS

부록: 연습문제 해답

54쪽⇨ **1** 역사 언어학의 주목표는 시간의 흐름에 따른 언어 변화의 기술과 설명이다.

2 *Kentish, West-Saxon, Anglian*이 고대영어의 주요한 세 방언 지역들이다. *Anglo-saxon*은 *Old English* 대신 사용되는 용어이거나 또는 노르만 정복 이전의 영국 사람을 가리킨다. *Cockney*라는 용어는 동 런던의 일부 사람들에 의해 사용되는 영어를 가리키거나 런던 사투리를 말하는 사람을 가리킨다.

3 a) T b) F c) F d) T e) F

4 현대영어 *moon*에 있는 /u:/는 중세영어 장모음 /o:/로 거슬러 올라간다. 그것은 대모음추이 동안 인상의 결과이다. 현대영어의 철자는 그 변화가 일어나기 전에 대체로 고정되었기 때문에 음 변화를 반영하지 않는다. 현대영어 *I*의 발음 /aɪ/는 대모음추이 과정에서 이중모음화된 중세영어 /i:/로 거슬러 올라간다. 역시 그 철자는 그 음 변화를 반영하도록 조정되지 않았다.

55쪽⇨ **5** 인도, 싱가포르, 나이지리아, 남아프리카공화국 같은 소위 외곽원의 나라들에서 영어는 대다수 국민들의 모국어가 아니지만 많은 중요한 기능들을 가지고 있다. 예컨대 인도에서 영어는 교육과 행정에서 그리고 공용어, 즉 같은 모국어를 가지고 있지 않은 사람들 사이의 의사소통 수단으로서 널리 사용되고 있다.

254

6   이 자료들을 살펴볼 때, 관찰할 수 있는 변화는 소위 고지독일 어 자음추이(또는 제2차 게르만어 자음추이)의 일환이다. 전체의 음 변화는 여기서 자세히 설명할 수 없다. 그러나 단어의 철자 로부터 우리가 관찰할 수 있는 것은 역사적으로 관련된 많은 단어들의 시작 부분에서 현대영어 *p*-가 현대독일어 *pf*-에 상 응한다. 그 변화는 서게르만어가 고지와 저지 변이어로 나뉘 기 전에 일어났음이 틀림없다.

3장 음성학과 음운론

⇐96쪽

1   a) [b], [k], [d]는 파열음이고,

     b) [s], [ʃ], [x], [θ]는 마찰음,

     c) [b], [w], [l], [ŋ], [d]는 유성자음이다; [ʊ], [ɪ]는 항상 유 성음인 모음들이다.

2

⇐97쪽

조음장소	조음방법	영어의 예
a) 양순음	파열음	[b], [p]
b) 치음	마찰음	[θ], [ð]
c) 연구개음	비음	[ŋ]
d) 순치음	마찰음	[f], [v]
e) 연구개음	파열음	[k], [g]
f) 양순음	비음	[m]

3   자음들이 같은 조음위치를 가질 때 동일 조음점이라 한다. 연 습문제 2번의 자료에서 네 가지 그룹의 자음들이 있다:

     1) [b], [p], [m]은 양순음이다.

     2) [k], [g], [ŋ]은 연구개음이다.

3) [θ], [ð]는 치음이다.

4) [f], [v]는 순치음이다.

4 공유하는 조음자질은 다음과 같다:

음	자질
a) [m], [ŋ], [n]	유성음, 비음
b) [k], [g], [ŋ], [x]	연구개음
c) [i], [e], [ɛ], [æ]	전설모음
d) [f], [θ], [s], [ʃ]	무성음, 마찰음
e) [u], [i]	폐 (또는 고) 모음
f) [d], [n], [r], [l]	유성음, 치경음

5 조음 기술에 상응하는 음성기호는 다음과 같다.

a) [z]   b) [ɛ]   c) [u]   d) ʔ   e) ɪ   f) ʃ

98쪽 ⇨

6 다음 조음 기술이 제시된 음성기호에 상응한다.

a) 중 · 중설 · 평순 모음

b) 유성 · 치경 · 비음

c) 반저/저 · 전설 · 평순 모음

d) 무성 · 치경 · 파열음

e) 반고/고 · 후설 · 원순 모음

f) 유성 · 치경 · 접근음

7 바꿔 쓴 단어나 구에 대한 표준적인 영어철자는 다음과 같다:

a) *cheat*

b) *son/sun*

c) *bite/byte*

d) *Old English*

e) *assimilation*

f) *linguistics is fun*

g) *phonetics too/phonetics two*

h) *enough*

8 철자와 발음 사이의 불일치에 대한 예:

유형

1) 같은 철자 다른 음(1연과 2연의 예):

⟨ea⟩ ⇨ [eɪ] *break*

[i:] *freak, speak, beard*

[ɜ:] *heard*

⟨ew⟩ ⇨ [əʊ] *sew*

[ju:] *few*

⟨o⟩ ⇨ [ɔ:] *horse, cord*

[ɜ:] *worse, word*

2) 같은 음 다른 철자(1연과 2연의 예):

[u:] ⇦ ⟨ue⟩ *true*

⟨ew⟩ *few*

[ɜ:] ⇦ ⟨e⟩ *verse*

⟨ea⟩ *heard*

⟨o⟩ *worse, word*

3) 묵음(4연과 5연의 예):

tomb, bomb, comb, some, home, could, done, gone, lone,
known

4) 유령 발음:

[j] *few*

9 철자와 발음 사이의 불일치에 대한 추가 예:

유형   **예**

1) ⟨o⟩ ⇨ [ɪ] *women*

[u:] *do*

[ɔ:] *fort*

[ʊ] *wolf*

영국표준영어 [ɒ] 또는 미국일반영어 [ɑ:] *sock*

[ʌ] *son*

영국표준영어 [əʊ] 또는 미국일반영어 [oʊ] *phone*

[ə] *oblige*

2) [i:] ⇐ ⟨e⟩ *we*

⟨i⟩ *ski*

⟨ea⟩ *meat*

⟨ee⟩ *meet*

⟨eo⟩ *people*

⟨ei⟩ *deceive*

⟨ey⟩ *key*

⟨ae⟩ *Caesar*

⟨ay⟩ *quay*

⟨ie⟩ *field*

⟨oe⟩ *Phoenix*

3) *debt, handkerchief, name, gnu, hour, knee, half, mnemonic, autumn, psyche, island, glisten, write, grand prix*

4) [j] *cute, abuse, futile*; 영국표준영어의 *news, tube, deuce*

10 이 설명은 영어의 철자와 발음 사이의 불일치에 근거한다. [f] 는 *cough, laugh*와 같은 단어에서 ⟨gh⟩로, [ɪ]는 *women*에서 ⟨o⟩ 로, 그리고 [ʃ]는 *nation*에서 ⟨ti⟩로 나타난다. 그러므로 우리 는 ⟨gh,o,ti⟩가 [fɪʃ]의 철자가 될 수 있다고 이론적으로 주장할 수 있다. 그러나 영어는 ⟨gh⟩가 어두에서 [f]를, 그리고 ⟨ti⟩가 어말에서 [ʃ]를 나타낼 수 없다는 것을 명심할 필요가 있다.

99쪽 ⇨ 11 다음 최소 대립쌍은 단지 제안일 뿐이다. 물론 해당 음소 쌍에 맞는 많은 최소 대립쌍들이 존재한다:

음소	최소 대립쌍
a) /p/-/b/	*pit* - *bit* /pɪt/-/bɪt/
b) /iː/-/uː/	*reef* - *roof* /riːf/-/ruːf/
c) /b/-/m/	*beat* - *meat* /biːt/-/miːt/
d) /n/-/s/	*knee* - *sea* /niː/-/siː/
e) /t/-/d/	*bat* - *bad* /bæt/-/bæd/
f) /ɪ/-/æ/	*sit* - *sat* /sɪt/-/sæt/

12 고대영어의 음소 /f/의 이음들 [f]와 [v]의 분포는 다음과 같다:

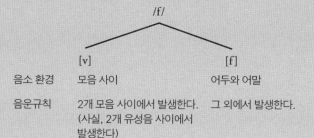

	[v]	[f]
음소 환경	모음 사이	어두와 어말
음운규칙	2개 모음 사이에서 발생한다. (사실, 2개 유성음 사이에서 발생한다)	그 외에서 발생한다.

4장 형태론

1 7개의 단어 징표와 6개의 단어 유형이 있다. 2개의 단어 유형, 즉 *the*와 *and*만이 문장에 있는 모습의 형태로 수록될 것이다. 명사 *bird*와 *bell*은 단수의 형태로, 동사 *sing*과 *ring*은 부정형의 형태로 수록될 것이다. ⇦129쪽

2 a) *cat*   자립

  -s   의존굴절접미사

b) *un-*   의존파생접두사

    happy   자립

c) *mild*   자립

    -er   의존굴절접미사

d) *bi-*   의존파생접두사

    cycle   자립

e) *sign*   자립

    post   자립

f) *re-*   의존파생접두사

    join   자립

g) *greed*   자립

    -y   의존파생접미사

h) *hate*   자립

    -ful   의존파생접미사

3   a) *comfort*   자립

    -able   의존파생접미사

b) *re-*   의존파생접두사

    condition   자립

    -ed   의존굴절접미사

c) *sense*   자립

    -less   의존파생접미사

d) *ration*   자립

    -al   의존파생접미사

    -is(e)   의존파생접미사

    -ation   의존파생접미사

e) *environ*   자립

    -ment   의존파생접미사

⇦ 130쪽

⇦ 131쪽

       -al   의존파생접미사

f) *thick*   자립

       -en   의존파생접미사

       -er   의존파생접미사

       -s   의존굴절접미사

4   a) 어기 = 동사, 전체 단어 = 명사

     b) 어기 = 명사, 전체 단어 = 형용사

     c) 어기 = 형용사, 전체 단어 = 형용사

5   a) 파생접미사 = *-ful*, 어기 = 명사, 전체 단어 = 형용사

     b) 파생접두사 = *un-*, 어기 = 형용사, 전체 단어 = 형용사

     c) 파생접두사 = *re-*, 어기 = 동사, 전체 단어 = 동사

6   접요사 첨가: 접요사 *-um-*을 첫 자음 뒤에 삽입

7   a) 합성(명사 *career*와 명사 *change*와 명사 *opportunity*)

     b) 혼성(동사 *decrease*와 명사 *recruitment*) 여기서 명사 *recruit-
ment*는 V → N 파생, 즉 동사 *recruit* + 파생접미사 *-ment*
의 파생으로부터 형성된다.

     c) 합성(전치사 *out*과 명사 *placement*) 여기서 명사 *placement*는
V → N 파생, 즉 동사 *place* + 파생접미사 *-ment*의 파생으
로부터 형성된다.

8   *Catfish*, *swordfish*는 내심복합명사이고 *shellfish*는 외심복합명
사이다. 형용사 *selfish*는 다른 종류이다. 그것은 명사 *self*와 의
존파생접미사 *-ish*로 이루어졌다.

9 a) 합성(*air* + *plane*)과 파생(*talk* + *-er*);

　　합성(*airplane* + *talker*)

　　b) 합성(*fat* + *finger*); 전환(N → V)

　　c) 합성(*ash* + *hole*)

163쪽 ⇨ **5장 통사론**

1 a) [N *Bob*] [V *called*] [Det *a*] [N *friend*]

　　b) [Pro *She*] [V *called*] [Pro *him*] [Det *a*] [N *genius*]

　　c) [Det *The*] [N *baby*] [V *cried*]

　　d) [Det *The*] [N *students*] [V *sent*] [Det *the*] [N *teacher*] [Det *some*] [Adv *very*] [Adj *interesting*] [N *suggestions*]

2 *Call*은 (1) 의미, (2) 굴절, (3) 분포에 대한 기준을 만족하기 때문에 동사이다: (1) *call*은 행동을 나타내고, (2) 동사 굴절(3인칭 단수현재 *-s*, *-ing* 형태, 과거시제 *-ed*, 과거분사 *-ed*)를 취하며, (3) 술어로서 대개 주어 뒤, 목적어 앞에 나타나며(예: *Bob called a friend*), 조동사와 결합될 수 있고(*is calling*, *has called*), 부사의 수식을 받을 수 있다(예: *She called frequently*).

3 a) 명령문　　b) 감탄문　　c) 의문문　　d) 서술문

4 *A book*은 몇 가지 구성성분 판별법을 통과하기 때문에 구성성분이다: 대명사 *it*이 대신 사용될 수 있고(*John read **it** last night*); *a newspaper*와 등위접속 될 수 있고(*John read a book and a newspaper last night*); 질문에 답이 될 수 있다(*What did John read last night? A book*).

5 a) 단순한 구: *April* (NP)

복잡한 구: *a cruel month* (NP), *is a cruel month* (VP)

b) 단순한 구: *midnight* (NP)

복잡한 구: *the memory* (NP), *shakes the memory* (VP)

c) 단순한 구: *I* (NP)

복잡한 구: *a traveller* (NP), *an antique land* (NP), *from an antique land* (PrepP), *a traveller from an antique land* (NP), *met a traveller from an antique land* (VP)

6 a) ⇦164쪽

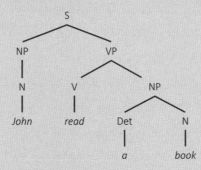

또는

b) [$_S$ [$_{NP}$ [$_N$ *John*]] [$_{VP}$ [$_V$ *read*] [$_{NP}$ [$_{Det}$ *a*] [$_N$ *book*]]]]

7 a)

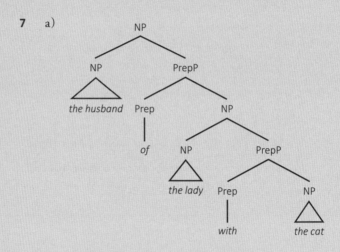

b) [_NP_ *the husband* [_PrepP_ *of* [_NP_ *the lady* [_PrepP_ *with* [_NP_ *the cat*]]]]]

8 a) 1a) 일타동사; 1b) 복합타동사; 1c) 자동사; 1d) 이타동사
   b) 1a) SPO; 1b) SPOC; 1c) SP; 1d) SPOO
   c) 1a) 2가; 1b) 3가; 1c) 1가; 1d) 3가

9 예문 b)와 c)가 문법적이다. 예문 b)는 등위접속사 *and*로 연결된 두 개의 단순 동사구로 이루어진 술어를 가지고 있는 SP 절 형태를 따른다. 예문 c)는 SPC 절 형태를 가진다. 예문 a)에서는 등위접속사 *and*가 두 개의 단순 동사구 *rise*와 *fall*(사이가 아니라) 뒤따르고 있으며, 예문 c)에서는 어순상 주어 *we*와 술어 *are*이 보어 *the complete men* 속에 삽입된 것으로 해석될 수 있겠다. 영어(그리고 많은 다른 언어들)에게서 이러한 형태는 비문법적이다.

1 a) *leave ~ return* ⇨ 반의성(방향상 정반대) ⇦193쪽

b) *door ~ house* ⇨ 부분전체관계

c) *young ~ old* ⇨ 반의성(단계적 쌍)

d) *bright ~ intelligent* ⇨ 동의성

e) *flower ~ rose* ⇨ 하위관계(*rose*는 하위어이고, *flower* 는 상위어이다)

f) *examiner ~ examinee* ⇨ 반의성(관계상 정반대)

g) *freedom ~ liberty* ⇨ 동의성

2 어휘중의성은 같은 음 연속체가 두 개의(또는 그 이상의) 다른 의미를 나타날 때 발생한다. 따라서 어휘중의성은 하나의 다 의어나 두 개의(또는 그 이상의) 동음이의어에 의해 만들어진다.

3

단어/구	내포	외연
Prime Minister of the United Kingdom	*David Cameron*	여당 지도자
capital of United States	*Washington, D.C.*	미국 연방정부가 자리 잡고 있는 도시
Queen of the United Kingdom	*Queen Elizabeth II*	영국 국가수반
vegetable	당근, 완두콩, 양파, 고추, 양배추 등	[+식물, +음식, −과일]의 의미 자질을 가진 모든 단어

4 a) 단어 *rich*와 *clean*은 *rich*와 *not rich* 또는 *clean*과 *not clean* 사이에 명확한 경계가 없기 때문에 애매한 개념을 나타낸다.

b) 아니다. *Pope, senator*와 같은 비교적 간단하고 명확한 개념들이 있다.

194쪽⇨

5 a) 모순: *If William is single, he cannot be married.*

b) 환언: *If planes are loud, they are also noisy.*

c) 함의: *If James is Mary's husband, Mary must be married.*

d) 환언: *If I am exhausted, I am also tired.*

e) 모순: *If Christina and Mat are workaholics, they cannot be lazy.*

f) 함의: *If My car is red, it cannot be white.*

6 a) *The student hit the teacher with the book.*
두 가지 해석이 가능하다: 한 학생이 책을 손에 쥐고 선생님을 때렸다. 또는 한 학생이 책을 들고 있는 선생님을 때렸다.

b) *A lady watched an actor with opera glasses.*
한 숙녀가 오페라글라스를 끼고 한 배우를 보았다. 또는 한 숙녀가 오페라글라스를 낀 한 배우를 보았다.

7 a) 전제: *Chomsky has written books.*

b) 전제: *There is a pope.*

c) 전제: *My colleague sent me an e-mail.*

d) 전제: *They have closed at least one library already.*

8 1b)가 전제를 포함한다; 동사 *realise*가 *Anna*가 빚을 지고 있

었다는 것을 함축하므로 전제 유발자이다.

2a)가 전제를 포함한다; 동사 *stop*은 청자가 이미 마라톤을 했
었다는 것을 함축하므로 전제 유발자이다.

7장 화용론

1 a) *I*　　　⇨ 사람 직시　　　　　　　　　　　　　　⇦216쪽

　　like　　⇨ 현재를 가리킨다: 시간 직시

　　this　　⇨ 장소 직시(근칭)

　　that　　⇨ 장소 직시(원칭)

　b) *I*　　　⇨ 사람 직시

　　saw　　⇨ 과거를 가리킨다: 시간 직시(원칭)

　　him　　⇨ 사람 직시

　　there　⇨ 장소 직시(원칭)

　c) *I*　　　⇨ 사람 직시

　　will meet ⇨ 미래를 가리킨다: 시간 직시(원칭)

　　her　　⇨ 사람 직시

　　here　⇨ 장소 직시(근칭)

　d) *I*　　　⇨ 사람 직시

　　will visit ⇨ 미래를 가리킨다: 시간 직시(원칭)

　　them　⇨ 사람 직시

　　then　⇨ 시간 직시(원칭)

2 a) *Frank Rist was*(시간 직시, 원칭) *in the next room*(장소 직시,　⇦217쪽
　　원칭). *Joseph could*(시간 직시, 원칭) *even hear that*(장소 직시,
　　원칭, 그리고 사회적 직시) *familiar voice, its staccato syllables*
　　drawn(시간 직시, 원칭) *from deep in the larynx.*

b) *Joseph*이 직시 중심이다.

c) 표현 *that*은 거리를 나타내는데, 여기서는 *Frank Rist*, 그리고 그의 목소리에 대한 부정적인 태도를 전달하기 위해 사용되었다.

3 a) 관련성 격률

b) 관련성 격률

c) 양의 격률

4 a) 그렇다. 왜냐하면, 딸의 긍정적인 대답은 그녀가 대화의도를 분명히 이해하고 있다는 것을 보여주기 때문이다.

b) 그녀의 대답은 관련성의 격률을 위배한다.

218쪽 ⇨

5 a) 표본형(단정형)

b) 선언형

c) 지시형

d) 언약형

e) 표현형

6 a) 명령문

b) 지시형

c) *H is able to do A*라는 예비조건은 충족되지 않았다. 그럼에도 불구하고 만화에서 암시하기를, 화자(영국수상 토니 블레어)는 자신의 권위나 초능력 때문에 청자가 바람직한 행동을 수행할 수 있다고 믿는다(그 화행은 *Take up thy bed and walk* '네 자리를 들고 걸어가라'고 말씀하시면서 병든 자를 고치는 예수님을 암시한다).

7 a) *admitted* 표본형(단정형)

  b) *requested* 지시형

  c) *forbade* 지시형

  d) *said* 표본형(단정형)

8 a) (1) 지시형(직접)

⇐219쪽

  (2) 표본형(직접)

  (3) 지시형(간접)

  (4) 표본형(직접)

  b) 질문–답의 쌍으로 이루어진 두 개의 예가 있는데, 각각 *Eddie*가 질문하고 *George*가 답을 한다.

  c) 그것은 비선호 반응의 특징을 가진다. *Well*, 휴지, 말더듬기와 같은 비선호 표시로 나타난다.

8장 사회언어학

---

1 방언과 언어에 대한 바인라이히의 정의는 영국영어, 미국영어, 오스트레일리아영어와 관련하여 사실이 아니다. 영국, 미국, 오스트레일리아는 각각 자국의 육군과 해군을 가지고 있지만, 상응하는 국가의 영어 변이어, 즉 영국영어, 미국영어, 오스트레일리아영어는 독립된 언어가 아니라 영어의 변이어이다. 미국영어를 미국인의 언어로, 오스트레일리아영어를 오스트레일리아인의 언어로 부르는 제안들이 있지만 이러한 용어는 결코 주류가 아니고, 현대언어학자들 사이에 그것들이 별개의 언어가 아니라는 것에 일반적으로 일치된 견해를 가지고 있다.

⇐250쪽

2 다음 발췌문은 스포츠 보도, 정확히 말하자면 축구 보도 사용역에서 쓰인 문장이다. *Score, first half, second half, pass, 68th minute*과 같은 표현들이 이러한 종류의 언어사용역에 분명하게 포함된다. 언어사용역은 화자의 배경보다는 의사소통 상황에 더 의존하는 기능적 변이어이다.

3 a) 여러 힌트 중에서, *fatigued, lengthy, journey*와 같은 표현을 통해 이 문장이 다소 격식적인 문체로 쓰였다는 것을 알 수 있다. 덜 격식적인 문체의 문장은 다음과 같을 것이다: *Mum was pretty tired after her long trip.*

b) 축약형 *gotta*, 형용사 *beat*, 숙어 *hit the hay*와 같은 표현들은 이 발화가 다소 비격식적인 문체임을 보여준다. 보다 격식적인 문체는 다음과 같이 제안해볼 수 있다: *I think I have to go home and go to bed. I am very tired.*

251쪽 ⇨ **4** a) *all **men** are created equal* ⇨ ***human beings** are created equal*

b) *no **man** can teach **him**self* ⇨ *nobody can teach **them**selves; English**men*** ⇨ *English **people*** 또는 *The English*

c) *maker* ⇨ *makers;*
***his** horse* ⇨ ***their** horse*

d) ***Miss*** ⇨ ***Ms;***
*fire**man*** ⇨ *fire**fighter***

e) *poet**ess*** ⇨ *poet*

5 a) 암스트롱 발화의 비–성차별적 표현은 *That's one small step for humankind, [but] one giant leap for humankind*일 것이다. 그 문장은 발화의 두 번째 부분이 첫 번째 부분과 모순

270

되기 때문에 이치에 닿지 않는다.

b) 그는 아마도 *That's one small step for **a** man, one giant leap for mankind*라고 이치에 맞게 말하고 싶었을 것이다. 그가 의도한 문장의 비–성차별적 표현은 다음과 같을 것이다: *That's one small step for **a** person/human being, one giant leap for mankind.*

참고문헌

1장 서론

Aronoff, Mark & Janie Rees-Miller. 2001. *The Handbook of Linguistics*. Malden, MA, Blackwell. *(An overview of linguistics and its subdisciplines)*

Bauer, Laurie. 2007. *The Linguistics Student's Handbook*. Edinburgh: Edinburgh University Press. *(An ideal supplement to introductory textbooks)*

Bergmann, Anouschka et al., eds. 2007. *Language Files: Materials for an Introduction to Language & Linguistics*. 10th edition. Ohio: Ohio State University Press. *(A hands-on introduction to general linguistics with many useful exercises)*

Brown, Keith, ed. 2006. *Encyclopedia of Language and Linguistics*. 2nd edition. Oxford: Elsevier. *(The most comprehensive reference work in the field of linguistics)*

Biihler, Karl. 1990 (1934). *Theory of Language: The Representational Function of Language*. Translation by Donald Fraser Goodwin. Amsterdam: Benjamins. *(A classic work in the field of functionalism)*

Chomsky, Noam. 1957. *Syntactic Structures*. The Hague: Mouton. *(The foundation of generative linguistics)*

Chomsky, Noam. 2004. *The Generative Enterprise Revisited*. Berlin: Mouton de Gruyter. *(Two interviews with Noam Chomsky)*

Crystal, David. 2008. *A Dictionary of Linguistics & Phonetics*. 6th edition. Malden, MA: Blackwell. *(Alphabetic dictionary of linguistic terms)*

Crystal, David. 2010. *The Cambridge Encyclopedia of Language*. 3rd edition. Cambridge: Cambridge University Press. *(An accessible guide to a wide range of language-related issues)*

Finch, Geoffrey. 2005. *Key Concepts in Language and Linguistics*. 2nd edition. Basingstoke: Palgrave Macmillan. *(An introduction to the terminology of the core areas of linguistics)*

Fromkin, Victoria A., ed. 2001. *Linguistics: An Introduction to Linguistic Theory*. Malden, MA: Blackwell. *(A detailed introduction to the traditional core areas of linguistics from a generative perspective)*

Fromkin, Victoria A. et al. 2010. *An Introduction to Language*. 9th edition. Boston: Wadsworth. *(A fairly comprehensive introduction to linguistics)*

Harris, Roy. 2003. *Saussure and His Interpreters*. 2nd edition. Edinburgh: Edinburgh University Press. *(A reassessment of Saussure's ideas)*

Kortmann, Bernd. 2005. *English Linguistics: Essentials*. Berlin: Cornelsen. *(Rich in information, based on a class for advanced undergraduates)*

Mair, Christian. 2008. *English Linguistics: An Introduction*. Tubingen: Narr. *(A compact introduction to the linguistics of English)*

Matthews, Peter H. 2007. *The Concise Oxford Dictionary of Linguistics*. 2nd edition. Oxford: Oxford University Press. *(A concise dictionary of linguistics; since 2003 also available online to subscribers at www.oxfordreference.com)*

Matthews, Peter H. 2003. *Linguistics: A Very Short Introduction*. Oxford: Oxford University Press. *(An extremely short and lighthearted introduction for linguistic novices)*

Meyer, Paul Georg et al. 2005. *Synchronic English Linguistics*. 3rd edition. Tubingen: Narr. *(A detailed introduction to the linguistics of contemporary English)*

O'Grady, William et al., eds. 2004. *Contemporary Linguistics: An Introduction*. 5th edition. Boston: St. Martin's. *(Another fairly comprehensive introduction to linguistics)*

Robins, Robert H. 1997. *A Short History of Linguistics*. 4th edition. Harlow: Addison Wesley Longman. *(Covers thousands of years of language study in different parts of the world)*

Saussure, Ferdinand de. 1983 (1916). *Course in General Linguistics*. Originally published as *Com de linguistique generate*. Translation by Roy Harris, edited by Charles Bally and Albert Sechehaye. London: Duckworth. *(The basis of structural linguistics)*

2장 간결한 영어사

Bailey, Richard. 1991. *Images of English: A Cultural History of English*. Ann Arbor: University of Michigan Press. *(Focus on the cultural history of English-speaking peoples)*

Bammesberger, Alfred. 1989. *English Linguistics*. Heidelberg: Winter. *(Introduction to English linguistics from a primarily historical perspective)*

Barber, Charles et al. 2009. *The English Language: A Historical Introduction*. 2nd edition. Cambridge: Cambridge University Press. *(Chronological approach; fmm Indo- European to Present Day English)*

Baugh, Albert C. & Thomas Cable. 2002. *A History of the English Language*. 5th edition. London: Routledge. *(One of the standard works on the history of English)*

Blake, Norman F. 1996. *A History of the English Language*. Houndmills and London: Macmillan. *(Written from a primarily British perspective; focus on Standard English)*

Bragg, Melvyn. 2003. *The Adventure of English: 500 AD to 2000 - The Biography of a Language*. London: Hodder & Stoughton. *(Entertaining overview)*

Burnley, David. 2000. *A History of the English Language: A Some Book*. 2nd edition. Harlow: Longman. *(An annotated collection of texts from all periods of English)*

Crystal David. 2002. *The English Language: A Guided Tour of the Language*. 2nd ed. London: Penguin. *(A brief survey of the many roles the English language plays today)*

Crystal, David. 2003a. *English as a Global Language*. 2nd edition. Cambridge: Cambridge University Press. *(Focus on the role of English around the world today)*

Crystal, David. 2003b. *The Cambridge Encyclopedia of the English Language*. 2nd edition. Cambridge: Cambridge University Press. *(Highly recommended overview with many illustrations)*

Crystal, David. 2005. *The Stories of English*. London: Penguin. *(A history of both Standard English as well as other varieties)*

Fennell, Barbara. 2001. *A History of English: A Sociolinguistic Approach*. Oxford: Black-well. *(Systematic approach with focus sections on sociolinguistic* *topics)*

Fischer, Roswitha. 2003. *Tracing the History of English: A Textbook for Students.* Darmstadt: Wissenschaftliche Buchgesellschaft. *(Very brief but well-structured sketch of the history of English)*

Gorlach, Manfred. 2002. *Einfuhrung in die englische Sprachgeschichte.* 5th edition. Heidelberg: Winter. *(also in English translation: The Linguistic History of English: An Introduction, Basingstoke: Macmillan)*

Graddol, David et al., eds. 1996. *English: History, Diversity and Change.* London: Routledge. *(Overview of history and variation in English today; plenty of illustrations)*

Hickey, Raymond, ed. 2004. *Legacies of Colonial English: Studies in Transported Dialects.* Cambridge: Cambridge University Press. *(Overview of colonially induced varieties of English in the world)*

Hogg, Richard M., ed. 1992/2001. *The Cam- bridge History of the English Language.* 6 volumes. Cambridge: Cambridge University Press. *(The standard comprehensive history of English)*

Jucker, Andreas H. 2007. *History of English and Historical Linguistics.* 2nd edition. Stuttgart: Klett. *(Short overview with text samples)*

Knowles, Gerry. 1997. *A Cultural History of the English Language.* London: Arnold. *(Short history of the English language as a product of cultural developments)*

Leith, Dick. 1997. *A Social History of English.* 2nd edition. London: Routledge. *(Highly readable, written from a sociolinguistic perspective)*

Moessner, Lilo. 2003. *Diachronic English Linguistics: An Introduction.* Tubingen: Narr. *(Overview of the methods of historical linguistics)*

Smith, Jeremy J. 2005. *Essentials of Early English.* 2nd edition. London: Routledge. *(Introduction to Old English, Middle English and Early Modern English with many illustrative texts)*

Viereck, Wolfgang et al. 2002. *dtv-Atlas Englische Sprache.* Miinchen: dtv. *(Well-illustrated survey of many aspects of English, including the history of the language)*

3장 음성학과 음운론

Ashby, Patricia. 2005. *Speech Sounds*. 2nd edition. London. Routledge. *(A very manageable introduction to the description and classification of speech sounds)*

Carr, Philip. 1999. *English Phonetics and Phonology: An Introduction*. Malden: Black-well. *(A concise but highly recommendable introduction to English phonetics and phonology)*

Clark, John & Colin Yallop. 2006. *An Introduction to Phonetics and Phonology*. 3rd edition. Oxford: Blackwell. *(A rather comprehensive introduction to phonetics and phonology)*

Crystal, David. 2008. *Dictionary of Linguistics and Phonetics*. 6th edition. Oxford: Blackwell. *(A comprehensive collection of linguistic and phonetic terminology)*

Davis, John F. 2007. *Phonetics and Phonology*. 7th edition. Stuttgart: Klett. *(A basic but very useful introduction to phonetics and phonology)*

Eckert, Hartwig & William Barry. 2005. *The Phonetics and Phonology of English Pronunciation*. 2nd edition. Trier: Wissen-schaftlicher Verlag Trier. *(A self-study textbook for native speakers of German - with a CD-ROM)*

Giegerich, Heinz J. 1992. *English Phonology: An Introduction*. Cambridge: Cambridge University Press. *(Rather comprehensive overview of English phonetics and phonology)*

Gimson, Alfred C. 2008. *Cimson's Pronunciation of English*. 7th edition. Revised by Alan Cruttenden. London: Arnold. *(A comprehensive and systematic treatment of the pronunciation of English)*

International Phonetic Association. 1999. *Handbook of the International Phonetic Association: A Guide to the Use of the International Phonetic Alphabet*. Cambridge: Cambridge University Press. *(The comprehensive guide to the International Phonetic Alphabet)*

Jones, Daniel. 2006. *English Pronouncing Dictbnary*. 17th edition. Edited by Peter Roach, James Hartman & Jane Setter. Cambridge: Cambridge University Press. *(A comprehensive and up-to-date guide to the pronunciation of English)*

McMahon, April. 2002. *An Introduction to English Phonology*. Edinburgh: Edinburgh University Press. *(A concise overview of English phonology)*

Pullum, Geoffrey K. & William A. Laduslaw. 1996. Phonetic Symbol Guide. 2nd edition. Chicago: University of Chicago Press. *(A comprehensive treatment of all phonetic symbols)*

Roach, Peter. 2001. *Phonetics*. Oxford: Oxford University Press. *(A very short introduction to phonetics)*

Roca, Iggy & Wyn Johnson. 1999a. *A Course in Phonology*. Malden: Blackwell. *(A comprehensive textbook on phonology)*

Roca, Iggy & Wyn Johnson. 1999b. *A Workbook in Phonology*. Malden: Blackwell. *(A workbook accompanying the textbook)*

Rogers, Henry. 2000. *The Sounds of Language: An Introduction to Phonetics*. Harlow: Pearson. *(A good overview of English phonetics and phonology)*

Skandera, Paul & Peter Burleigh. 2005. *A Manual of English Phonetics and Phonology: Twelve Lessons with an Integrated Course in Phonetic Transcription*. Tubingen: Narr. *(A very approachable and hands-on introduction to English phonetics and phonology - with a CD-ROM)*

Upton, Clive et al. 2003. *The Oxford Dictionary of Pronunciation for Current English*. Oxford: Oxford University Press. *(Paper- back edition of this current and comprehensive record of the pronunciation of both British and American English)*

Wells, John C. 2008. *Longman Pronunciation Dictionary*. 3rd edition. Harlow: Pearson Longman. *(An up-to-date guide to the pronunciation of English)*

Interesting Links

Speech Accent Archive <http://accent.gmu.edu>
International Dialects of English Archive <http://web.ku.edu/~idea/>

4장 형태론

Aronoff, Mark & Kirsten Fudeman. 2005. *What is Morphology?* Malden, MA: Blackwell. *(A beginner-friendly introduction with many valuable examples and exercises)*

Bauer, Laurie. 1983. *English Word-Formation*. Cambridge: Cambridge University

Press. *(A standard reference book)*

Bauer, Laurie. 2003. *Introducing Linguistic Morphology*. 2nd edition. Edinburgh: Edinburgh University Press. *(Updated version of a standard introductory textbook)*

Bauer, Laurie. 2004. *A Glossary of Morphology*. Edinburgh: Edinburgh University Press. *(An excellent overview of current terminology)*

Booij, Geert. 2007. *The Grammar of Words. An Introduction to Linguistic Morphology*. 2nd edition. Oxford: Oxford University Press. *(Ambitious and comprehensive)*

Carstairs-McCarthy, Andrew. 2001. *An Introduction to English Morphology: Words and their Structure*. Edinburgh: Edinburgh University Press. *(Accessible and thorough)*

Coates, Richard. 1999. *Word Structure*. London: Routledge. *(Very beginner-friendly and basic)*

Haspelmath, Martin. 2002. *Understanding Morphology*. London: Arnold. *(Extensive treatment of languages other than English)*

Katamba, Francis. 2004. *English Words. Structure, History, Usage*. 2nd edition. London: Routledge. *(Profound and highly readable)*

Katamba, Francis & John Stonham. 2006. *Morphology*. 2nd edition. London: Pal- grave Macmillan. *(Updated version of a standard reference book)*

Lieber, Rochelle. 2010. *Introducing Morphology*. Cambridge: Cambridge University Press. *(A lively and motivating introduction to morphology)*

Oxford English Dictionary Online. 2010. <www.oed.com> *(The most comprehensive dictionary of the English language)*

Plag, Ingo. 2003. *Word-Formation in English*. Cambridge: Cambridge University Press. *(Critical and user-friendly)*

Quinion, Michael. 2002. *Ologies and Isms. Word Beginnings and Endings*. Oxford: Oxford University Press. *(A collection of 1.250 productive English affixes)*

Quirk, Randolph et al. 1985. *A Comprehensive Grammar of the English Language*. London: Longman. *(Still one of the most important reference grammars)*

Spencer, Andrew & Arnold Zwicky, eds. 2001. The Handbook of Morphology.

Oxford: Blackwell. *(Expert articles on central issues in morphology including the relationships between morphology and other linguistic disciplines)*

Stockwell, Robert & Donka Minkova. 2001. *English Words: History and Structure*. Cambridge: Cambridge University Press. *(Combines language history and the study of word formation for beginners)*

The Oxford Dictionary of Abbreviations. 2nd edition. 1998. *(The most comprehensive dictionary of abbreviations available)*

Further References

Burridge, Kate. 2004. *Blooming English. Observations on the Roots, Cultivation and Hybrids of the English Language*. Cambridge: Cambridge University Press. *(Brilliant scientainment)*

Quinion, Michael. 1996-2010. *World Wide Words*. <http://www.world-widewords.org> *(A website that should deny access to anybody with deadlines to meet)*

Research and Development Unit for English Studies at the University of Liverpool (RDUES). 2004-2010. *Neologisms in Journalistic Text*. <http://rdues.uce.ac.uk/neologisms.shtml> *(Another temptation)*

Twain, Mark. 1880. "The Awful German Lan- guage." In: Twain, Mark. A Tramp Abroad. Appendix D. Hartford, Conn.: American Publishing Company. *The Project Gutenberg EBook 119*. Release date June 2004. Posting Date June 2, 2009. <http://www.guten berg.org/files/119/119-h/119-h.htm> *(Unflattering but to the point)*

Urban Dictionary 1999-2010. <http://www. urbandictionary.com> *(A user-created online dictionary)*

5장 통사론

Aarts, Bas. 2008. *English Syntax and Argumentation*. 3rd edition. Houndmills: Palgrave Macmillan. *(Thorough but accessible)*

Bdrjars, Kersti & Kate Burridge. 2010. *Introducing English Grammar*. 2nd edition. London: Hodder Education. *(Beginner-friendly and lively)*

Burton-Roberts, Noel. 1997. *Analysing Sentences. An Introduction to English Syntax*. 2nd edition. London: Longman. *(Comprehensive and clear)*

Chomsky, Noam. 1995. *The Minimalist Program*. Cambridge, MA: MIT Press. *(A milestone in generative grammar)*

Chomsky, Noam. 1957. Syntactic Structures. Berlin: de Gruyter. *(The vantage point of generative grammar)*

Crystal, David. 2003. *The Cambridge Encyclopedia of the English Language*. 2nd edition. Cambridge: Cambridge University Press. *(Very illustrative and appealing)*

Fabb, Nigel. 2005. *Sentence Structure*. 2nd edition. London: Routledge. *(Contains a wealth of useful exercises)*

Gelderen, Elly van. 2010. *An Introduction to the Grammar of English*. Revised edition. Amsterdam: Benjamins. *(Excellent for beginners)*

Haegeman, Liliane & Jacqueline Cueron. 1999. *English Grammar. A Generative Perspective*. Oxford: Blackwell. *(Substantial and clear)*

Huddleston, Rodney. 1984. *Introduction to the Gmmmar of English*. Cambridge: Cambridge University Press. *(Traditional but strongly aware of theoretical discussions)*

Huddleston, Rodney & Geoffrey K. Pullum. 2002. *The Cambridge Grammar of the English Language*. Cambridge: Cambridge University Press. *(An advanced comprehensive reference grammar)*

Matthews, Peter. 2007. *The Concise Oxford Dictionary of Linguistics*. Oxford: Oxford University Press. *(Very helpful as a first orientation)*

Miller, Jim. 2008. *An Introduction to English Syntax*. 2nd edition. Edinburgh: Edinburgh University Press. *(Basic and accessible)*

Quirk, Randolph et al. 1935. *A Grammar of Contemporary English*. London: Longman. *(Still one of the most comprehensive traditional ref6f€nce grammars)*

Radford, Andrew. 2004a. *Minimalist Syntax. Exploring the Structure of English*. Cambridge: Cambridge University Press. *(Very thorough, with extensive workbook sections and practical hints)*

Radford, Andrew. 2004b. *English Syntax. An Introduction*. Cambridge: Cambridge University Press. *(Abridged version of Minimalist Syntax, suitable for ambitious beginners)*

Tallerman, Maggie. 2005. *Understanding Syntax*. 2nd edition. London: Arnold. *(Very accessible and beginner-friendly)*

Verspoor, Marjolijn & Kim Sauter. 2000. *English Sentence Analysis*. Amsterdam: Benjamins. *(Great for absolute beginners, accompanied by an exercise CD-ROM)*

Further References

Eliot, T. S. 1963. *Collected Poems 1909-1962*. New York: Harcourt Brace. *(Thought-provoking and rich in linguistic challenges)*

Peccei, Jean. 2005. *Child Language*. <http://childlanguage.homestead.com> *(A beginner-friendly site with many useful links)*

Twain, Mark. 1889. *A Connecticut Yankee in King Arthur's Court*. New York: Webster. The Project Gutenberg EBook 86. Released August 20,2006. <http://www.gutenberg.org/files/86/ 86-h/86-h.htm>

6장 의미론

Aitchison, Jean. 2003. *Words in the Mind. An Introduction to the Mental Lexicon*. 3rd edition. Malden: Blackwell. *(A readable up-to-date introduction to mental lexicon issues)*

Cruse, Alan. 2004. *Meaning in Language. An Introduction to Semantics and Pragmatics*. Oxford: Oxford University Press. *(Accessible and thorough, mostly devoted to semantics)*

Davidson, George. 2006. *Roget's Thesaurus of English Words and Phrases: 150th Anniversary Edition*. London: Penguin. *(A new edition of the most famous English thesaurus)*

Gregory, Howard. 2000. *Semantics*. London: Routledge. *(Rich in useful exercises)*

Hitchings, Henry. 2005. *Dr Johnson's Dictionary. The Extraordinary Story of the Book that Defined the World*. London: Murray. *(An excellent portrait)*

Hiillen, Werner. 2004. *A History of Roget's Thesaurus. Origins, Development, and Design*. Oxford: Oxford University Press. *(Another excellent portrait)*

Hurford, James R. et al. 2007. *Semantics: A Comebook*. 2nd edition. Cambridge: Cambridge University Press. *(An introductory comebook with exercises)*

Jackson, Howard & Etienne Zé Amvela. 2007. *Words, Meaning and Vocabulary. An Introduction to Modern English Lexicology*. 2nd edition. London: Continuum. *(A beginner-friendly survey)*

Jaszczolt, Katarzyna M. 2002. *Semantics and Pragmatics. Meaning in Language and Discourse*. London: Longman. *(Broad in scope, highly recommended)*

Johrwon, Samuel. 1765. *A Dictionary of the English Language: in which the Words are Deduced from their Originals, and Illustrated in their Different Significations by Examples from the Best Writers, to which are Pref ixed a History of the Language, and an English Grammar*. 3rd edition. London: Strahan. *(One of the most influential English dictionaries of all times)*

Lakoff, George & Mark Johnson. 2003 [1980]. *Metaphors We Live by*. Reprint with a new afterword. Chicago: University of Chicago Press. *(One of the most influential texts on the cognitive theory of metaphor)*

Löbner, Sebastian. 2002. *Understanding Semantics*. London: Arnold. *(Rich in useful exercises)*

Lyons, John. 1995. *Linguistic Semantics. An Introduction*. Cambridge: Cambridge University Press. *(One of the classic introductory texts)*

Oxford English Dictionary *online (OED online)* <http://www.oed.com>

Portner, Paul. 2005. *What is Meaning? Fundamentals of Formal Semantics*. Malden, MA: Blackwell. *(Beginner-friendly)*

Saeed, John I.2003. *Semantics*. 2nd edition. Malden, MA: Blackwell. *(A comprehensive introduction)*

The Oxford Advanced Learner's Dictionary. 2005.7th edition. Oxford: Oxford University Press.

7장 화용론

Austin, John L. 1962. *How to Do Things with Words*. Oxford: Clarendon. *(Foundations for the development of speech act theory)*

Cutting, Joan. 2008. *Pragmatics and Discourse: A Resource Book for Students*.

2nd edition. New York: Routledge. *(Beginner-friendly, with key readings and suggestions for activities)*

Fillmore, Charles. 1997 (1971). *Lectures on Deixis*. Stanford: CSU Publications. *(A collection of central observations on deixis)*

Grice, H. Paul. 1975. "Logic and conversation." In: Cole, Peter & Jerry L. Morgan, eds., *Syntax and Semantics 3: Speech Acts*. New York: Academic Press, 41-58. *(Groundbreaking text)*

Grundy, Peter. 2008. *Doing Pragmatics*. 3rd edition. London: Arnold. *(Applied perspective, with lively examples and exercises)*

Horn, Lawrence & Gregory Ward, eds. 2004. *The Handbook of Pragmatics*. Oxford: Blackwell. *(Excellent survey over the core areas of pragmatics, with contributions by leading scholars)*

Huang, Yan. 2007. *Pragmatics*. Oxford: Oxford University Press. *(An advanced students' textbook focussing on theoretical issues in pragmatics, with exercises)*

Jaworski, Adam & Nikolas Coupland, eds. 2006. *The Discourse Reader*. 2nd edition. London: Routledge. *(Contains a wealth of seminal texts)*

Kasper, Gabriele & Kenneth Rose. 2002. *Pragmatic Development in a Second Language*. Malden, MA: Blackwell. *(Examines the acquisition of pragmatics by second language learners)*

Levinson, Stephen C. 1983. *Pragmatics*. Cambridge: Cambridge University Press. *(Still an important standard reference book)*

LoCastro, Virginia. 2003. *An Introduction to Pragmatics. Social Action for Language Teachers*. Ann Arbor: University of Michigan Press. *(Accessible introduction with applied orientation)*

Mey, Jacob L. 2001. *Pragmatics. An Introduction*. 2nd edition. Malden, MA: Blackwell. *(Focuses on social aspects of pragmatics)*

Östman, Jan-Ola et al., eds. 1995-2002. *Handbook of Pragmatics. Manual and Installments*. Amsterdam: Benjamins. *(Excellent survey over pragmatics and adjoining fields of research, written by prominent scholars and constantly updated between 1995 and 2002)*

Östman, Jan-Ola et al., eds. 2003. *Handbook of Pragmatics Online*. Amsterdam: Benjamins. <www.benjamins.com/online/hop/> *(Online successor of Östman, Jan-Ola et al., eds. 1995-2002)*

Renkema, Jan. 2004. *Introduction to Discourse Studies*. Amsterdam: Benjamins. *(Comprehensive and accessible)*

Sacks, Harvey. 1992. *Lectures on Conversation*. Edited by Gail Jefferson. Oxford: Blackwell. *(A collection of central texts in Conversation Analysis)*

Schegloff, Emanuel (n.d.) *Emanuel Schegloff's Home Page*. <http://www.sscnet. ucla.edu /soc/faculty/schegloff/> *(Extensive online material on conversation analysis)*

Schneider, Klaus P. & Anne Barron, eds. 2008. *Variational Pragmatics: A Focus on Regional Varieties in Pluricentric Languages*. Amsterdam: Benjamins. *(One of the cornerstones of variational pragmatics)*

Searle, John R. 1969. *Speech Acts. An Essay in the Philosophy of Language*. Cambridge: Cambridge University Press. *(Important text for the development of speech act theory)*

Searle, John R. 1979. *Expression and Meaning. Studies in the Theory of Speech Acts*. Cambridge: Cambridge University Press. *(Further central texts for the development of speech act theory)*

Thomas, Jenny. 1995. *Meaning in Interaction: An Introduction to Pragmatics*. London: Longman. *(Brief but profound, with excellent examples)*

Verschueren, Jef. 1999. *Understanding Pragmatics*. London: Arnold. *(Accessible introduction, focuses on pragmatics as a perspective)*

Wooffitt, Robin. 2005. *Conversation Analysis and Discourse Analysis. A Comparative and Critical Introduction*. London: Sage. *(Inspiring and accessible)*

Yule, George. 1996. *Pragmatics*. Oxford: Oxford University Press. *(Brief and beginner-friend- ly, with well-chosen readings to incite discussion)*

Selected Journals

Intercultural Pragmatics
Journal of Pragmatics
Pragmatics

Further References

Beaton, Alistair. 2001. *Feelgood*. London: Methuen. *(A satirical political play)*

McSmith, Andy. 2001. *Innocent in the House*. London: Verso. *(A satirical political novel)*

8장 사회언어학

Ammon, Ulrich et al., eds. 2004-2006. *Socio- linguistics/Soziolinguistik: An International Handbook of the Science of Language and Society/Ein internationales Handbuch zur Wissenschaft von Sprache und Cesellschaft*. 3 vols. 2nd edition. Berlin: de Gruyter. *(The authoritative and comprehensive handbook on sociolinguistics)*

Chambers, J. K. 2003. *Sociolinguistic Theory: Linguistic Variation and Its Social Significance*. 2nd edition. Oxford: Blackwell. *(A rather comprehensive treatment of sociolinguistic theory)*

Chambers, J. K. et al., eds. 2002. *The Handbook of Language Variation and Change*. Oxford: Blackwell. *(A collection of articles on issues concerning language variation)*

Coates, Jennifer. 2004. *Women, Men and Language: A Sociolinguistic Account of Gender Differences in Language*. 3rd edition. Harlow: Longman. *(An up-to-date introduction to gender differences in language)*

Coulmas, Florian. 1998. *The Handbook of Sociolinguistics*. Oxford: Blackwell. *(A collection of articles on core sociolinguistic topics)*

Coulmas, Florian. 2005. *Sociolinguistics: The Study of Speakers'Choices*. Cambridge: Cambridge University Press. *(An introductory textbook)*

Coupland, Nick & Adam Jaworski, eds. 1991. *Sociolingustics: A Reader and Gjmebook*. Basingstoke and London: Macmillan. *(A collection of essays from leading sociolinguists)*

Eckert, Penelope & Sally McConnell-Ginet. 2003. *Language and Gender*. Cambridge: Cambridge University Press. *(An overview of the relation between gender and language use)*

Hellinger, Marlis & Ulrich Ammon, eds. 1996. *Contrastive Sociolinguistics*.

Berlin: Mouton de Gruyter. *(A contrastive approach to basic issues in sociolinguistics)*

Hellinger, Marlis & Hadumod Bussmann, eds. 2001-2003. *Cender Across Languages*. 3 vols. Amsterdam: John Benjamins. *(A comprehensive and systematic description of gender issues concerning a variety of different languages)*

Holmes, Janet. 2008. *An Introduction to Sociolinguistics*. 3rd edition. Harlow: Longman. *(An up-to-date introductory textbook on sociolinguistics)*

Holmes, Janet & Miriam Meyerhoff, eds. 2003. *The Handbook of Language and Gender*. Oxford: Blackwell. *(A valuable collection of articles addressing issues concerning language and gender)*

Kortmann, Bernd & Edgar Schneider in collaboration with Kate Burridge, Rajend Mesthrie & Clive Upton, eds. 2004. *A Handbook of Varieties of English*. 2 vols. + 1 CD-ROM. Berlin: Mouton de Gruyter. *(A comprehensive overview of varieties of English around the world)*

Labov, William. 1966. *The Social Stratification of English in New York City*. Washington D.C.: Center for Applied Linguistics. *(The groundbreaking study for the field of sociolinguistics)*

Labov, William. 2001. *Principles of Linguistic Change*. Volume 2: Social Factors. Malden: Blackwell. *(A detailed account of the social origins and the social motivation of linguistic change)*

Lakoff, Robin Tolmach. 2004. *Language and Woman's Place*. Revised ed. by Mary Bucholtz. Oxford: Oxford University Press. *(Revised edition of one of the classic texts on language and gender with commentaries from a number of leading scholars of the field)*

Mesthrie, Rajend. 2001. *Concise Encyclopedia of Sociolinguistic*s. Amsterdam: Elsevier. *(A broad and comprehensive overview of sociolinguistics)*

Miller, Casey & Katie Swift. 1995. *The Hand- bcfok of Non-Sexist Writing for Writers, Editors and Speakers*. 3rd edition. London: The Woman's Press. *(A pioneering guide to non-sexist language use)*

Romaine, Suzanne. 2000. *Language in Society: An Introduction to Sociolinguistics*. 2nd edition. Oxford: Oxford University Press. *(An introductory textbook to the field of sociolinguistics)*

Stockwell, Peter. 2002. *Sociolinguistics: A Resource Book for Students*. London: Rout- ledge. *(A hands-on introductory textbook)*

Swann, Joan et al., 2004. *A Dictionary of Sociolinguistics*. Tuscaloosa: University of Alabama Press. *(A comprehensive dictionary of sociolinguistic terminology)*

Trudgill, Peter. 2000. *Sociolinguistics: An Introduction to Language and Society*. 4th edition. London: Penguin. *(One of the standard introductory textbooks on sociolinguistics)*

Trudgill, Peter. 2003. *A Glossary of Sociolinguistics*. Edinburgh: Edinburgh University Press. *(A collection of the most important terms used in sociolinguistic analysis)*

Wardhaugh, Ronald. 2005. *An Introduction to Sociolinguistics*. 5th edition. Oxford: Black- well. *(A comparatively comprehensive introductory textbook)*

Wolfram, Walt & Natalie Shilling-Estes. 2005. *American English: Dialects and Variation*. 2nd edition. Oxford: Blackwell. *(An up-to- date description of language variation in American English)*

Selected Journals

Journal of Sociolinguistics
Language and Society
Language Variation and Change
English World-Wide

찾아보기